Böhmann / Schäfer / Neumann · Kursbuch Lehramtsstudium

Marc Böhmann / Regine Schäfer / Anja Neumann

Kursbuch Lehramtsstudium

Pädagogik kompakt – Wissenschaftlich arbeiten – Trainingsbausteine für den Studienalltag

Beltz Verlag · Weinheim und Basel

Marc Böhmann, Diplompädagoge, ist Hauptschullehrer und war wissenschaftlicher Mitarbeiter im Fach Deutsch an der Pädagogischen Hochschule Heidelberg.

Regine Schäfer ist Grundschullehrerin und war wissenschaftliche Mitarbeiterin an der Pädagogischen Hochschule Heidelberg sowie kommisarische Schulleiterin.

Anja Neumann ist Studentin der Diplompädagogik (Schwerpunkt Mediendidaktik) an der Pädagogischen Hochschule Heidelberg, Erstes Staatsexamen »Lehramt an Grund- und Hauptschulen«.

Lektorat: Peter E. Kalb

www.beltz.de
Herstellung: Lore Amann
Satz: Druckhaus »Thomas Müntzer«, Bad Langensalza
Druck: Druckhaus Beltz, Hemsbach
Umschlaggestaltung: Federico Luci, Köln
Umschlagabbildung: argus Fotoarchiv, Hamburg
Illustrationen: Dennis Rausch, Mannheim
Printed in Germany

ISBN 3-407-62515-4

Inhaltsverzeichnis

Vorwort

Liebe Studentin, lieber Student,

ein Lehramtsstudium, das bedeutet noch immer die Vorbereitung auf einen besonderen Beruf. Wie viel am Lehrerberuf Handwerk ist, wie viel Kunst, wie viel Theorie es braucht und wie viel praktische Vorbereitung, darüber gehen die Meinungen weit auseinander.

Wer Lehrerin bzw. Lehrer werden will, tut dies oft aus einem Motivations-Mix: Das wird bei Ihnen möglicherweise auch so sein. Da gibt es die Motivation, den Schülerinnen und Schülern etwas beibringen zu wollen. Oder es gibt solche Lehramtsstudierende, die gerne mit Kindern und Jugendlichen arbeiten, ihnen nicht nur Fachkenntnisse und Schlüsselqualifikationen vermitteln möchten, sondern auch das Bedürfnis nach Begegnung, nach Kontakt, nach Gemeinschaft haben. Oder es gibt die, die deshalb Lehrer/in werden, weil sie es besser machen möchten als die eigenen Lehrer/innen früher. Früher wurden einige Lehrer, weil man dachte, die Schule sei die Schaltstelle für gesellschaftliche Reform- bzw. Revolutionsprozesse. Die Lehrerbiografie-Forschung meint auch, es gäbe Lehramtsstudierende, die deshalb aufs Lehramt studieren, weil es für einen anderen Studiengang nicht gereicht habe oder weil ihnen nichts Besseres einfiel.

So oder so – Sie studieren Lehramt. Und das ist gut so. Denn Lehrer/innen werden in den nächsten Jahren gebraucht. Bis zum Jahr 2015 wird ein dramatischer Generationenwechsel die Lehrerzimmer in Deutschland verändern: Bis dahin wird ca. die Hälfte der heute im Dienst befindlichen Kolleg/innen durch junge Lehrer/innen, also Sie, ersetzt. Dabei gibt es große Unterschiede bei den Einstellungschancen, je nach Bundesland, Lehramt und Fächerkombination. Und offen ist auch, ob die Bundesländer die nötigen Stellen wirklich wieder besetzen oder ob sie stattdessen versuchen, den Schülerberg bis 2008 zu »untertunneln« d.h. Stellen einzusparen, den Klassenteiler und die Lehrerdeputate zu erhöhen oder sich andere Grausamkeiten einfallen zu lassen.

Lehrer/in sein – das bedeutet, eine Vielzahl komplexer Handlungsfelder zu beherrschen: Unterrichten, Erziehen, Beraten, Beurteilen und Innovieren, d.h. den Unterricht und die Schule vor Ort schrittweise verbessern. Lehrer/innen stehen unter einer besonderen Beobachtung: Die Schüler/innen, die Eltern, die Schulaufsicht, die Rektorin und das Kollegium, die allgemeine Öffentlichkeit – alle sehen sehr genau hin. Und dies hat gute Gründe.

Es ist fraglich, wie sehr es Ihrer Universität, Ihren Dozent/innen gelingt, Sie auf diesen Beruf wirklich vorzubereiten. Die zahlreichen wissenschaftlichen Studien bestätigen immer wieder, dass die wirklichen Herausforderungen der Praxis im Studium zu wenig vorkommen. Das mag auch an den gegenwärtigen Studienbedingungen liegen: Riesige Vorlesungen, überfüllte Seminare, Wartelisten für Veranstaltungen und Praktika, auf das Minimum reduzierte Beratung durch die Dozent/innen – all das frustriert und senkt auch die Effektivität des Studiums. Die meisten Studiengänge sind voll von Fachwissenschaft. Schulpädagogik, Fachdidaktik, Pädagogische Psychologie, Diagnostik, das Lernen an konkreten Fällen aus der Schulpraxis, vor allem aber auch die individuelle Weiterentwicklung Ihrer eigenen professionellen Persönlichkeit kommt offenbar zu kurz.

Mit diesem »Kursbuch Lehramtsstudium« wollen wir Ihnen helfen, sich selbst Orientierung in Ihrem Studium zu verschaffen, wollen Ihnen Grundwissen zum Lehrerberuf, zur Pädagogik und zum wissenschaftlichen Arbeiten vermitteln und Ihnen gleichzeitig vielfältige Trainingsmaterialien an die Hand geben, damit Sie in Ihrem Studium möglichst effektive und nachhaltige Lernprozesse machen können.

Das weite und komplexe Feld der Schulpraktika im Studium behandelt der ergänzende Band »Kursbuch Schulpraktikum«. Hier finden Sie alles Wichtige zu Ihrer Rolle als Praktikantin, zur Analyse, Planung, Durchführung und Auswertung von Unterricht, verbunden mit zahlreichen Trainingsbausteinen für alle relevanten Bereiche des Schulpraktikums.

Die hinreißenden und tiefgründigen, zuweilen auch abgründigen Cartoons, die hoffentlich zum Lesegenuss beitragen, stammen aus der Feder von Dennis Rausch.

Ein erfolgreiches Lehramtsstudium wünschen Ihnen

Marc Böhmann / Regine Schäfer / Anja Neumann

PS. Wenn Sie Vorschläge oder Kritik zu diesem Buch haben, freuen wir uns über Ihre kurze Rückmeldung. Benutzen Sie dafür einfach den Fragebogen am Ende des Buches.

PPS. Da die meisten Lehramtsstudierenden weiblich sind, schreiben wir in der weiblichen Form, z.B. »Lehrerin« oder auch »Schülerin« etc. Die Männer bzw. Jungen sind jeweils mit gemeint.

Lehrer/in werden in der Schule von heute

1. Eine etwas andere Einleitung – Elf Tipps fürs Lehramtsstudium

Elf Tipps für Ihr Lehramtsstudium – zum Herausnehmen und über den Schreibtisch hängen

Wie soll man »richtig« Lehramt studieren? Welche Orientierung gibt es für den Durchblick im Lehramts-Dschungel? Was ist wichtig, was zweitrangig im Hinblick auf eine möglichst gute Vorbereitung auf den Lehrerberuf? Was zählt, in einigen Jahren oder Monaten, im schulischen Alltag? Es gibt auf diese Fragen weder eindeutige Antworten noch Rezepte. Hier dennoch einige Tipps, von denen wir meinen, dass sie Ihnen Orientierung bieten und weiterhelfen können.

1. Reflektieren Sie bewusst Ihre eigene Lebenserfahrung in Elternhaus, Schule und Freizeit

Sie haben in den zurückliegenden zwanzig (oder mehr) Jahren vielfältige Erfahrungen in pädagogischen Handlungsfeldern gemacht, schöne, aber auch schmerzhafte. Sie wurden, von Eltern, Lehrer/innen, Freund/innen, gefordert, gefördert, Ihnen wurde geholfen, Sie wurden unterstützt, Ihnen wurde Leid zugefügt, Sie wurden missverstanden oder gedemütigt. Sie haben selbst Nachhilfe gegeben, Ferienlager mitorganisiert, in sozialen Bereichen Praktika absolviert oder eine Jugend-Volleyballmannschaft trainiert. Vielleicht haben Sie auch selbst schon Kinder. All dies spielt eine Rolle dabei, welche pädagogischen Vorstellungen, Ziele und Konzepte Sie entwickelt haben. Das sollte Ihnen bewusst sein. Besuchen Sie deshalb gezielt biografisch arbeitende Seminare, in denen Sie dies, professionell begleitet, erfahren und reflektieren können.

2. Qualität vor Quantität

Egal, was andere sagen: Die Qualität Ihres Studiums ist wichtiger als die Quantität. Das heißt: Wichtig ist nicht, wie viele Semesterwochenstunden Sie in wie vielen Semestern belegen, sondern ob Ihnen die Beschäftigung mit Ihren Studienthemen etwas bringt, fachlich, aber auch persönlich. Studieren Sie auch das, was Sie interessiert. Nur dort, wo Sie sich in die Seminare persönlich einbringen oder wo Sie die Vorlesungen bewusst belegen, d.h. z.B. auch vor- und nacharbeiten, bleibt auch was hängen. Sitzscheine sind zwar oft unvermeidlich, sollten aber die Ausnahme sein. Auch Studienordnungen sind eher als grobe Leitlinie statt als detaillierter Ablaufplan Ihres Studiums zu lesen. Belegen Sie, wo immer das möglich ist, sinnvolle Seminarformen, die eine intensive und praktische Auseinandersetzung mit den Studienthemen ermöglichen. Besonders vorteilhaft sind dabei Wochenend-Seminare, Workshops, Projekte oder Veranstaltungen, die theoretische und praktische Aspekte verknüpfen.

3. Fachinhalte im Studium und Schulwissen – eine riesige Kluft, die Sie selbst überwinden müssen

Seit Beginn Ihres Studiums werden Sie sich häufig die Frage stellen, was diese Vorlesung, dieses Seminar oder Oberseminar mit Themen wie »Mittelhochdeutsche Dichtung«, »Nietzsches Moralkritik« oder »Außenpolitik in Europa im 17. Jahrhundert« nun denn mit dem zu tun hat, wofür Sie letztlich ausgebildet werden: Dem Unterricht in der Schule. Und wahrscheinlich werden Sie feststellen, dass zwischen den verschiedenen Fachinhalten Ihres Studiums und den Schulinhalten eine riesige Kluft besteht. Ob das unbedingt so sein muss, ist zweifelhaft. Einerseits ist es notwendig, dass Lehrerinnen viel drauf haben müssen, wenn sie gut unterrichten wollen. Ein altes didaktisches Bonmot besagt: Um den kleinen Finger zu unterrichten, muss man den ganzen Arm kennen. Andererseits schaffen es offenbar weder die Universität als Institution noch viele Professoren, Ihnen die Bezüge zwischen dem ganzen Arm und dem kleinen Finger klar zu machen. Das bedeutet: Diese Kluft müssen Sie selbst überwinden, durch Selbststudium, Nachfragen im Seminar, Teamarbeit im Studium. Und einige Veranstaltungen müssen Sie dann einfach über sich ergehen lassen.

4. Ihre Person ist wichtig

Als Lehrerin arbeiten Sie nicht nur mit Ihren fachlichen Kenntnissen, sondern vor allem mit Ihrer Person. Nutzen Sie deshalb das Studium, um sich selbst, Ihre Stärken und Schwächen besser kennen zu lernen und Ihre Persönlichkeit weiter zu entwickeln. Dabei helfen beispielsweise selbst gestaltete Seminare statt nur heruntergelesene Referate, Video-Konfrontationen, Rollenspiel-Seminare und vor allem schulische Praktika.

5. Schule und die andere Welt kennen lernen

Ob Ihnen die zukünftige Arbeit in der Schule Spaß macht und etwas für Sie ist, lernen Sie nur in der Schule selbst, d.h. durch schulische Praktika. Sie werden sehen, dass die Lehrerrolle oft nicht einfach auszufüllen ist, dass Lehrerin zu sein etwas anderes und mehr ist als eine Jugendgruppe zu leiten, dass die Kinder und Jugendlichen heute anders sind als Sie damals und dass der Beruf oft sehr anstrengend ist, besonders, wenn Sie versuchen, moderne Unterrichtsformen zu realisieren oder einen sozial-integrativen Erziehungsstil zu praktizieren.

Es gibt nichts Schlimmeres, als wenn Lehrerinnen nur Schule kennen und diese für die große, einzig wichtige Welt halten. Nutzen Sie daher das Studium dafür, außerschulische Berufsfelder kennen zu lernen, zu jobben, im Ausland zu studieren oder an Auslandsschulen zu arbeiten, Praktika zu belegen, mit anderen zusammen zu arbeiten und sich dabei Kenntnisse und soziale Fähigkeiten anzueignen, die Ihnen im Lehrerjob viel helfen können. Aber auch, wenn Sie später nicht in der Schule landen werden (was angesichts der andauernden Lehrer-Arbeitslosigkeit nicht unwahrscheinlich ist), erweitern Sie so Ihr berufliches Spektrum.

6. Kooperieren ist nicht alles, aber viel wert

Ohne Kooperation und Teamarbeit geht in der Schule von morgen nichts mehr. Deshalb: Studieren Sie immer wieder mit anderen zusammen, übernehmen Sie gemeinsam in Gruppen Referate oder Hausarbeiten, überlegen Sie sich mögliche Projektarbeiten, bilden Sie mit anderen vor Klausuren oder Prüfungen Lerngruppen und suchen Sie weitere kreative Kooperationsmöglichkeiten im Uni-Alltag. Kooperation heißt nicht nur Sonnenschein, deshalb: Verschweigen Sie nicht die eigenen Belastungen im Studium, sondern tauschen Sie sich mit anderen aus. Das hilft auch, wenn es Ihnen einmal nicht so toll geht.

7. Auf der Höhe der Diskussion

Verfolgen Sie aufmerksam die pädagogischen, fachwissenschaftlichen und fachdidaktischen Entwicklungen. Wenn Sie wissen wollen, was sich in Sachen PISA, Offener Unterricht, Schulentwicklung, Autonomie oder Fachdidaktik tut, müssen Sie schon etwas Zeit und Mühe investieren. Die aktuellen Diskussionen laufen zum einen in aktuellen Fachbüchern, eher aber in den Fachzeitschriften, von denen Sie mindestens eine wichtige abonnieren sollten, entweder eine Zeitschrift zu einem Ihrer Studienfächer oder Schulstufen oder die bedeutendste deutsche pädagogische Fachzeitschrift, die »Pädagogik«, Schrittmacher und zugleich Seismograph der aktuellen pädagogischen und bildungspolitischen Debatten. Wer sich während des Studiums entschließt, einem Berufsverband beizutreten (die Bildungsgewerkschaft GEW z.B. bietet kostenlose Mitgliedschaften für Studierende an), erhält regelmäßige Verbandszeitschriften und Hinweise auf Tagungen oder Kongresse. Auch hier können Sie Ihren Erfahrungshorizont erweitern.

8. Wirklich Lehrer/in?

Der Lehrerberuf ist kein einfacher Job (siehe auch unseren Selbst-Test auf S. 39ff.). Nutzen Sie Ihr Studium deshalb, um Ihre Berufswahl zu überprüfen und eventuell auch zu revidieren. Weder Ihnen noch den Schülerinnen nutzt es viel, wenn Sie Lehrer/in sind und Ihnen der Beruf keinen Spaß macht, er Sie überfordert oder schier zur Verzweiflung bringt. Egal, ob Sie sicher Lehrerin werden wollen oder Zweifel haben: Der gemeinsame Austausch, auch mit Lehrerinnen im Dienst, wird Ihnen helfen, ein realistisches Berufsverständnis zu entwickeln.

9. Nehmen Sie die Lehrerrolle an

Wenn Sie sich zu diesem Beruf entschieden haben, müssen Sie, über kurz oder lang, die Berufsrolle annehmen und individuell ausfüllen. Sie werden in Praktika, spätestens aber im Referendariat, einige Dinge tun müssen, von denen Sie nicht hundertprozentig überzeugt sind oder die Sie gar ablehnen: Noten geben, Strafen aussprechen, Unterricht minuziös planen, sich Anordnungen Ihrer Mentorin oder Rektorin fügen. Wie jeder andere Beruf besteht der Lehrerberuf nicht nur aus schönen Aspekten, nicht nur aus Selbstverwirklichung oder Freiheit. Das System Schule und darüber hinaus jede einzelne Schule vor Ort erzieht – nicht nur die Schülerinnen, sondern auch die Lehrerinnen. Stellen Sie sich früh darauf ein, mit Fremdbestimmung und Frustrationen professionell-reflektiert umzugehen.

10. Engagement und Distanz

Die meisten Lehrerinnen gehen vor Erreichen der regulären Altersgrenze in Ruhestand. Die »Burnout«-Forschung zeigt, dass insbesondere sehr engagierte Kolleginnen im Laufe ihres Lehrerlebens Gefahr laufen, sich zu verausgaben und auszubrennen. Wichtig ist also, und dies können Sie schon im Studium immer wieder trainieren, Engagement für die pädagogische oder fachliche Sache mit der Distanz zum Beruf und zur eigenen Person zu verbinden. Wer alles richtig machen will, scheitert an vielem. Und wer sich selbst als Lehrerin nicht immer bierernst nimmt, erspart sich auf Dauer Frustrationen und Magengeschwüre.

11. Vergessen Sie das Leben nicht!

Ach so: Den letzten Tipp haben wir fast vergessen: Vergessen Sie beim ganzen Studieren nicht das Leben, Ihre Freundinnen und Freunde, Ihre Hobbys und all das, was Ihnen Spaß macht. Vielleicht ist das der wichtigste Tipp von allen.

2. Lehrerin – Welche beruflichen Aufgaben erwarten Sie?

Wenn Sie dieses Buch in der Hand halten, haben Sie sich für ein Studium entschieden, das mehr als viele andere Studiengänge auf einen festen Beruf hinführt – den der Lehrerin. Eine Jurastudentin weiß zu Studienbeginn nicht genau, ob sie später als Richterin, Rechtsanwältin oder Wirtschaftsjuristin arbeiten wird. Beim Lehramtsstudium ist die Zielrichtung klarer: Sie werden Kinder und Jugendliche in einer Schule unterrichten. Auch das Bild vom künftigen Beruf ist den Studierenden klarer. Schließlich war man selbst in der Schule und hat genügend Lehrerinnen kennen gelernt.

Es gibt verschiedene Gründe den Lehrerinnenberuf zu ergreifen. Sie wollen es besser machen als Ihre eigenen Lehrerinnen. Vielleicht haben Sie auch besonders gute Lehrerinnen erlebt, die Ihnen als Vorbild dienen.

Manche erwarten einen lockeren Job gemäß dem Motto: »Lehrer haben vormittags Recht und nachmittags frei!« (und außerdem viele Ferien). Die Attraktivität der freien Zeiteinteilung ist nicht von der Hand zu weisen. Niemand schreibt Ihnen vor, ob Sie die Klassenarbeiten der 7b nachmittags auf dem Balkon, abends oder nachts korrigieren. So viel Freiheit bieten nicht viele Berufe.

Eine weitere Motivation ist »einen sicheren Beamtenjob« zu haben. Doch der finanziell gut gepolsterte Beamtenstatus ist nicht mehr obligatorisch, je nach Bundesland werden immer weniger Lehrerinnen verbeamtet. Außerdem müssen Sie dort arbeiten, wo Vater Staat Sie braucht – auch in Hintertupfingen müssen Kinder unterrichtet werden ...

So viel zu den Vorurteilen und allgemeinen Vorstellungen vom Lehrerin-Sein. Doch was bedeutet es wirklich, als Lehrerin zu arbeiten? Wahrscheinlich gibt es nicht viele Berufe, an die die Gesellschaft so widersprüchliche Anforderungen stellt:

> Gerecht soll er sein, der Lehrer, und zugleich menschlich und nachsichtig, straff soll er führen, doch taktvoll auf jedes Kind eingehen, Begabungen wecken, pädagogische Defizite ausgleichen, Suchtprophylaxe und Aids-Aufklärung betreiben, auf jeden Fall den Lehrplan einhalten, wobei hoch begabte Schüler gleichermaßen zu berücksichtigen sind wie begriffsstutzige.
> Mit einem Wort: Der Lehrer hat die Aufgabe, eine Wandergruppe mit Spitzensportlern und Behinderten bei Nebel durch unwegsames Gelände in nordsüdlicher Richtung zu führen, und zwar so, dass alle bei bester Laune und möglichst gleichzeitig an drei verschiedenen Zielorten ankommen.[1]

1 Die Weltwoche, 02.06.1988

Dieses Zitat schildert sehr anschaulich die Vielfältigkeit der Aufgaben und Anforderungen im Lehrerberuf. Wir möchten im Folgenden verschiedene Tätigkeitsfelder von Lehrerinnen beschreiben.

1. Lernprozesse planen und gestalten

Die zentrale Aufgabe von Lehrerinnen ist es, Lehr- und Lernprozesse gezielt zu planen, zu organisieren, zu gestalten und zu reflektieren. Die Zukunft der Schülerinnen in einer Wissensgesellschaft hängt heute mehr denn je vom Lernen ab (vgl. Terhart 2000). Dieses Lernen zu ermöglichen, ist die Kernkompetenz, die den Lehrerberuf ausmacht. Die ursprünglich »lehrende« Position verlagert sich so zur »lernhelfenden« und stellt eine Herausforderung dar. Wissen zu erwerben ist ein aktiver Prozess. Das erfordert fachübergreifendes, kooperatives, selbst organisiertes und problembezogenes Lernen. Lehrerinnen haben es aber mit sehr heterogenen Schülerinnengruppen zu tun – vor allem in der Grundschule. Das Spektrum reicht vom »Spitzensportler« bis zum »Behinderten«. Lehrerinnen müssen dazu in der Lage sein, individuelle Lernprozesse zu benennen und zu analysieren, eventuelle Schwierigkeiten zu erkennen und entsprechende Hilfen anzubieten. Diagnostische Kompetenz und langfristiges Planen von Lernprozessen sind die Grundlagen dafür. Außerdem ist es die Aufgabe der Lehrerinnen, die Lernprozesse motivierend zu gestalten.

2. Beraten, Leistungen beurteilen, Ergebnisse evaluieren

Als Begleiter der Lernprozesse der Schülerinnen müssen Lehrerinnen ihnen beratend zur Seite stehen. Dazu brauchen sie immer wieder die Rückmeldung über ihren Lernstand und über eine mögliche Optimierung ihres persönlichen Lernwegs. Leistungen zu benoten und Abschlüsse zu erteilen gehört dabei zu den verantwortungsvollen, aber unangenehmen Aufgaben, die Lehrerinnen erfüllen müssen. Wenn wir nun das veränderte Lernen von Schülerinnen wirklich ernst nehmen, müssen wir uns auch über neue Methoden Gedanken machen, wie diese individuellen Leistungen und Lernerfolge zu messen sind. Es ist pädagogisch inkonsequent, individuelles Lernen im Unterricht umzusetzen und anschließend die traditionelle Klassenarbeit als einzigen Maßstab zur Leistungsmessung einzusetzen. Hier müssen dringend neue methodische Wege beschritten werden.

Nicht nur die Leistungen der Schülerinnen müssen auf neuen Wegen ermittelt werden, sondern auch die Qualität des eigenen Unterrichts muss überprüft werden. Lern- und Lehrerfolg gehören zusammen und sollten auch gemeinsam betrachtet werden. Um diesen Ansprüchen zu genügen, benötigen wir auch hier diagnostische Kompetenzen und Erfahrungen mit Evaluationsmethoden.

3. Erziehen

Im Schulgesetz ist verankert, dass die Schule nicht nur einen »Bildungsauftrag«, sondern auch einen »Erziehungsauftrag« zu erfüllen hat. Er besteht darin, die Persönlichkeitsentwicklung der Kinder und Jugendlichen zu begleiten und zu unterstützen. Das berufliche Anliegen von Lehrerinnen muss es sein, bewusst und absichtsvoll zu erziehen. Sie müssen die persönlichen Probleme ihrer Schülerinnen kennen und pädagogisch mit ihnen umgehen. Dazu gehören neben der Unterrichtssituation auch informelle Gespräche in Pausen und außerunterrichtliche Veranstaltungen. Wer den erziehenden Aspekt unseres Berufs ignoriert, vergisst, wie sehr Schülerinnen durch die Schule beeinflusst werden: Die Bedingungen, unter denen Lernen stattfindet, haben immer eine erziehende oder sozialisierende Wirkung. Es kann sich katastrophal auswirken, wenn sich die Lehrer dessen nicht bewusst sind.

Aber auch die Grenzen der Einflussnahme sollten ihnen klar sein. Lehrerinnen können keine Defizite beheben, die aus mangelnder Fürsorglichkeit der Familie herrühren. Auch der Anspruch, gesellschaftlich prekäre Probleme zu lösen wie z.B. das der rechten Gewalt, kann nicht der Schule allein zugesprochen werden. Der Rahmen, in dem die erzieherische Komponente wirken kann, ist der Unterricht, bzw. der gemeinsam gestaltete Schultag. So müssen Lehrerinnen zwar auf jeden Fall sozialpädagogische oder therapeutische Probleme erkennen und benennen können. Lösen können sie diese allerdings nicht. Sie können aber dafür sorgen, dass sie gemeinsam mit den Familien und den entsprechenden Fachleuten angegangen werden.

4. Kooperation

Um dem Erziehungsauftrag gerecht zu werden, ist die Kooperation innerhalb des Kollegiums und mit außerschulischen Partnern nötig. Dies bedeutet, Kontakte zu Vereinen, Betrieben, anderen Schulen oder Experten aufzubauen und zu pflegen. Das Wissen und Können anderer gezielt zu nutzen und in den Schulalltag einfließen zu lassen ist das Ziel einer solchen Öffnung von Schule. Dazu zählen auch Expertenkontakte, die bei Lern- oder familiären Problemen weiterhelfen können. Denn unsere Möglichkeiten in Beratung und Diagnostik sind nicht grenzenlos. Diese Grenzen zu erkennen und an andere Experten weiterverweisen zu können ist ein wichtiger Aspekt, um das Gefühl der Überforderung zu vermeiden.

Kooperation mit Eltern sollte nicht erst dann einsetzen, wenn Probleme auftreten. Von Anfang an ist ein vertrauensvoller offener Umgang miteinander wichtig. Allerdings muss man sich gewisser Grenzen bewusst sein und überzogene gegenseitige Erwartungen und Ansprüche erkennen und thematisieren.

Kooperation im Kollegium ist an vielen Schulen noch ein schwieriges Thema. Das weit verbreitete Einzelkämpfertum in den Kollegien ist jedoch ein Auslaufmodell, das den komplexen pädagogischen Arbeitsfeldern einer Schule nicht mehr gerecht werden kann. Probleme müssen gemeinsam gelöst werden. Die kollegiale Kooperation ist eins der zentralen Momente, die die Qualität von Schule bestimmen. In einigen Bundesländern (z.B. Nordrhein-Westfalen oder Hamburg) ist bereits jede Schule verpflichtet ein Schulprogramm auszuarbeiten und vorzulegen, aus dem deutlich wird, wie sie sich pädagogisch profilieren und weiterentwickeln möchte. In den anderen Bundesländern gehören Schulprogramme noch zur Kür. In Zukunft wird wohl kein Kollegium drum herum kommen, gemeinsame Ziele zu formulieren und die eigene Schule bewusst zu gestalten.

5. Selbst lernen

Lehrerinnen vertreten ein Bildungssystem, das ihnen eine wichtige Rolle zuschreibt: die jungen Menschen in die Erwachsenenwelt zu begleiten, indem sie ihnen Wissen, Werte und Kompetenzen vermitteln, die sie dafür benötigen. Kinder und Jugendliche sollen selbstständig und mündig werden. Lehrerinnen geben ihnen in der Schule den nötigen Schonraum, um diese Mündigkeit zu erproben und unter den Prämissen der Moral und der Würde mit uns zu kommunizieren und den Alltag zu gestalten. Die Lehrerperson wird damit zum »wichtigsten Curriculum« (vgl. v. Hentig 1993).

Damit kommt Lehrerinnen die äußerst schwierige Aufgabe zu, den Widerspruch zwischen den Normen einer demokratischen Kultur und den tatsächlichen Fähigkeiten der Schüler zu bewältigen, ohne selbst von diesen Normen abzurücken. Hier entstehen nicht zuletzt ganz persönliche Probleme, denn jeder Lehrer muss sich in der Interaktion mit seinen Schülern auch mit seiner Persönlichkeits- und Charakterstruktur, aber auch seiner eigenen Kindheit und Jugend auseinander setzen. Die eigenen Erfahrungen beeinflussen immer auch das pädagogische Denken und Handeln. Der Psychologe Siegfried Bernfeld drückte es 1925 pointiert aus: »So steht der Erzieher immer vor zwei Kindern: dem zu erziehenden vor ihm und dem verdrängten in ihm. Er kann gar nicht anders, als jenes zu behandeln wie er dieses erlebte.« (Bernfeld 1994 [Orig. 1925], S. 141)

Der Beruf erfordert jedoch nicht nur eine Weiterbildung der Persönlichkeit, sondern auch fachliche Fortbildung. Vor allem in Grund- und Hauptschulen unterrichtet man als Lehrerin nicht nur die Fächer, die man studiert hat. Dann ist es dem persönlichen Engagement überlassen, sich in die Didaktik und Methodik des Faches einzuarbeiten. Und selbst im studierten Fach gibt es Weiterentwicklungen im Laufe der Jahre, die es zu verfolgen gilt. Zum Teil werden dazu von der Schulverwaltung kostenlose Kurse angeboten. Oft ist aber auch privates Engagement gefragt. Lesen von Fachzeitschriften und Fachliteratur ist dazu unerlässlich. Darüber hinaus sollten Lehrerinnen auch darüber informiert sein, womit sich ihre Schülerinnen beschäftigen – das heißt Harry Potter lesen, mal Eminem hören, Deutschland sucht den Superstar/3. Staffel oder Pokémon schauen, die Jungs der 4c beim Fußball anfeuern oder Tomb Raider spielen.

Die beschriebenen Anforderungen an Lehrerinnen unterscheiden sich natürlich je nach Schulart und sozialer Struktur der Schülerschaft. Sie sind jedoch sehr vielfältig und geprägt von einem Balanceakt zwischen sich durchsetzen und sich einfühlen. Gleichzeitig bringt der Beruf ein hohes Maß an Freiheit und Eigenverantwortung mit sich.

3. Tendenzen der aktuellen Bildungspolitik

Wer sich entschieden hat, den Lehrberuf zu ergreifen, übernimmt damit auch eine zentrale gesellschaftliche Aufgabe. Mit dieser Entscheidung ist aber auch ein Teil der eigenen Persönlichkeit zu einem öffentlichen Objekt geworden. Lehrerinnen werden mit Ansprüchen und Vorwürfen konfrontiert, die sich zum einen Teil auf die individuelle Berufsauffassung und -ausführung beziehen, zum anderen auf den Status und die Privilegien, die man mit ihm erworben hat. Damit müssen wir den Rest unseres Lebens umgehen.

Jede Lehrerin kennt die Situation: Man ist auf einer Party und ein Smalltalk beginnt mit der harmlosen Frage: »Und, was machst du so?« Was tun? Schnell irgendeinen Beruf erfinden, um den bis jetzt so gemütlichen und netten Abend weiter zu genießen, oder zugeben, zu dieser seltsamen Lehrer-Gilde zu gehören und damit einen abendfüllenden Diskurs riskieren?

Als Lehrerinnen sitzen wir auf dem Präsentierteller. Jeder Mensch hat in seinem Leben Erfahrungen mit mehreren Spezies aus diesem Beruf gemacht und kann aus seinem Erfahrungsschatz schöpfen. Die öffentliche Meinung spiegelt die Probleme wider, die sich aus individuellen, strukturellen und politischen Aspekten zusammensetzen und die Ausübung unseres Berufes beeinflussen. Unsere Aufgabe ist es, diese Meinung mitzubilden und konstruktiv an der Umsetzung neuer Ideen und Ansätze für eine zeitgemäße Schule zu arbeiten. Dazu müssen wir uns bewusst sein über die Probleme, die dieser Beruf mit sich bringt und auch eine klare Position zu der weiteren Entwicklung von Schule und Lehrerberuf einnehmen.

Ein selbstkritischer Blick auf den eigenen Berufsstand macht es leichter, sich mit der Schule von morgen auseinander zu setzen und eventuell notwendige Konsequenzen und Forderungen zu formulieren und mitzutragen.

Bildungsfragen sind hochaktuelle gesellschaftliche Fragen

Auf politischer Ebene ist Bildung ein »Megathema«, wie es der Ex-Bundespräsident Roman Herzog 1997 ausdrückte. Sämtliche Wahlkämpfe der letzten Jahre waren stark durch bildungspolitische Themen bestimmt. An Themen wie Lehrereinstellung, Schulausstattung und Geld für neue Medien kommt kein Abgeordneter heutzutage mehr vorbei. Wie brisant die Bildungsfragen für die Zukunft unserer Gesellschaft sind, zeigt sich in der Stetigkeit, mit der sie bearbeitet werden. Immer wieder wird deutlich, dass Bildung der »Rohstoff« ist, auf den wir in unserer gesellschaftlichen und wirtschaftlichen Entwicklung angewiesen sind. Einige Bundesländer – wie z.B. Nordrhein-Westfalen 1995 – haben Kommissionen eingerichtet, die sich mit der Gestaltung und den Aufgaben einer zeitgemäßen Schule beschäftigen, auch die Neugestaltung von Lehrerbildung spielt dabei immer wieder eine Rolle und beschäftigt auch länderübergreifende Kommissionen (Terhart 2000). Grundlegende Reformen benötigen allerdings sehr viel Zeit und vor allem müssen sie vor Ort professionell umgesetzt werden. Bei allen Bemühungen der Bildungspolitik, Reformen durchzusetzen, wird die große Bedeutung der Lehrerschaft deutlich: die Lehrer und Lehrerinnen sind die zentrale Größe, ob die Reformanstrengungen nun schulstrukturell oder innerschulisch akzentuiert sind – ohne die Mitarbeit der Lehrerinnen ist keine bessere Schule zu bewerkstelligen. Oder mit den Worten Diesterwegs: »Will man die Schule heben, so muss man die Lehrer heben.«

Es wird nach Qualität gefragt

Auch die Qualitätsdebatte ist spätestens seit der TIMS-Studie zum mathematischen und naturwissenschaftlichen Unterricht 1997 und den Ergebnissen der PISA-Lesekompetenz-Studie 2001 nach Deutschland vorgedrungen. Seitdem beschäftigt sich nicht nur die Unterrichtsforschung, sondern auch die Öffentlichkeit intensiv mit der Frage, wie gut unsere Schulen sind, wie und woran ihr Erfolg gemessen werden kann. Hieran knüpft sich direkt die Frage nach Schulentwicklung und Autonomie der Schulen an: Können unsere Schulen qualitativ besser arbeiten, wenn sie unabhängiger in ihren Entscheidungen werden? Würden damit auch innere Schulentwicklungsprozesse gefordert und gefördert werden? Schulen müssen sich mit Methoden auseinander setzen, mit deren Hilfe sie ihre Arbeit evaluieren können. Durch klare pädagogische Zielsetzungen müssen die Schulprofile geschärft werden. Nur so kann der Öffentlichkeit auch ein klares Bild der Tätigkeiten und Aufgaben von Lehrerinnen vermittelt und ein Maßstab für die Qualität der einzelnen Schule entwickelt werden.

Neues Wissen vermitteln?

Wissen und Informationen entwickeln und verbreiten sich in unserer Gesellschaft immer rasanter. Das wirkt sich auf Schule und Bildung aus. Ihre Funktion und ihre Aufgaben müssen neu definiert werden. Die zentrale Frage heute lautet: »Was sollen Kinder lernen?« Problematisch ist nicht nur, die richtigen und wichtigen Inhalte aus dem heutigen Wissensberg auszuwählen. Um der schnellen Wissensentwicklung gerecht zu werden, müssen moderne Menschen vor allem eines tun: lebenslang lernen. Das Lernen zu lehren ist daher eine zentrale Aufgabe von Lehrern und Lehrerinnen in unserer Gesellschaft. Aber auch über die Bildungsinhalte müssen immer wieder neue Diskurse geführt werden.

Der Lehrberuf in den Medien

»Horrorjob Lehrer«, »Chaos Schule«, »Höllenjob Lehrer« – so oder so ähnlich titeln Nachrichtenmagazine ab und zu ihre Berichte über die tägliche Arbeit von Lehrerinnen und Lehrern. Sie schwanken zwischen zwei wesentlichen Perspektiven auf den Beruf der Lehrerinnen: zum einen sind Lehrerinnen stark belastet und müssen mit Kindern und Jugendlichen arbeiten, die immer schwieriger zu werden scheinen. Die Fakten sind erschreckend: die Belastungen führen sehr oft zum »Burnout«-Syndrom und damit zu häufigen Frühpensionierungen. Zum anderen besitzen Lehrerinnen Privilegien, die es ihnen durchaus erlauben, ihren Beruf nur oberflächlich auszuführen, ohne dass sie schwerwiegende Konsequenzen zu befürchten hätten. Drei Punkte werden in den Medien immer wieder diskutiert: die Arbeitszeit von Lehrerinnen, die erzieherischen Probleme in den Schulen und wie schwer die Pflichterfüllung kontrolliert und gelenkt werden kann.

4. Das Schulsystem in Deutschland: Ein Überblick

Deutschland ist in der Organisation des Schulsystems im europäischen Vergleich einzigartig – nicht etwa weil es so gut wäre, sondern weil bei uns die Kulturhoheit der Bundesländer gilt. Das bedeutet, dass jedes Bundesland – innerhalb eines von der Kultusministerkonferenz (KMK) vorgegebenen Rahmens – sein Bildungssystem selbst ausgestalten kann.

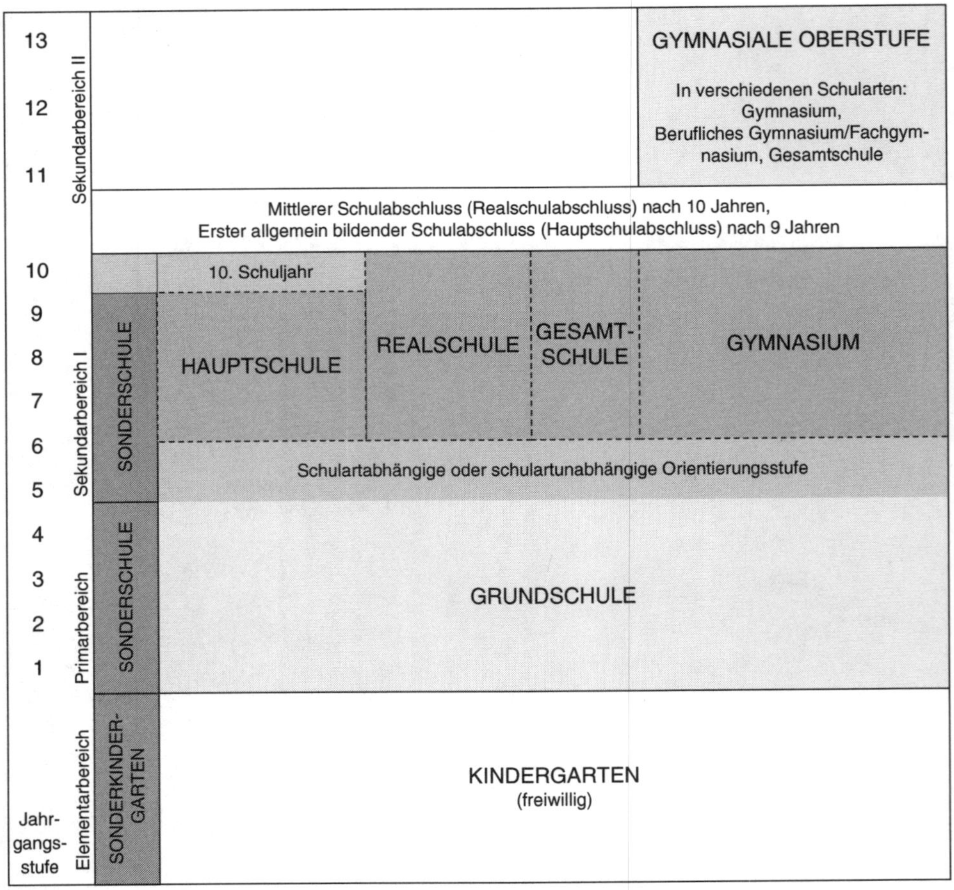

Abb. 1: Das deutsche Schulsystem

Die Minister bzw. Senatoren aller Bundesländer, die für den Bereich Bildung zuständig sind, sind in der Kultusministerkonferenz vertreten. Jedes Bundesland hat ein eigenes Kultusministerium und/oder Wissenschaftsministerium. Die KMK soll dafür sorgen, »durch Konsens und Kooperation in ganz Deutschland für die Lernenden, Studierenden, Lehrenden und wissenschaftlich Tätigen das erreichbare Höchstmaß an Mobilität zu sichern«.[1] Daraus ergeben sich folgende Aufgaben: die Übereinstimmung oder Vergleichbarkeit von Zeugnissen und Abschlüssen zu vereinbaren, auf die Sicherung von Qualitätsstandards in Schule, Berufsbildung und Hochschule hinzuwirken, die Kooperation von Einrichtungen der Bildung, Wissenschaft und Kultur zu fördern. Diese Voraussetzungen machen es nicht ganz einfach, unser Bildungssystem zu beschreiben.

In der Regel sind die Schulen in Deutschland Halbtagsschulen. Die Unterrichtszeit konzentriert sich vor allem auf den Vormittag. Dieses System ist – nicht erst seit PISA – häufig in der Diskussion. Besonders an Schulen mit «besonderen pädagogischen Aufgaben«, d.h. mit großen sozialen Problemen, werden vielerorts Ganztagsschulkonzepte erprobt. Die Kinder und Jugendlichen essen in der Schule, erledigen die Hausaufgaben unter Aufsicht und werden am Nachmittag unterrichtet oder anderweitig betreut. Auch viele berufstätige Eltern fordern eine ganztägige Betreuung ihrer Kinder.

Es gibt in Deutschland auch Privatschulen – allerdings ist dieser Bereich im Vergleich zu anderen Ländern eher unbedeutend. Sie werden nur von ca. 6 Prozent aller Schülerinnen besucht. Man kann staatlich anerkannte Schulen (so genannte Ersatzschulen) und Ergänzungsschulen unterscheiden. Die größten Gruppen sind Waldorfschulen, Landerziehungsheime und kirchliche Schulen.

Die Grundschule – Grundlegende Bildung für alle

Die Grundschule gilt zu Recht als »Musterkind« der Schulformen. Nirgendwo anders ist es gelungen, Unterrichtsreformen so breit zu verankern, ist Unterricht so innovativ, schülerzentriert und lebensnah. Und nirgendwo anders kooperieren die Lehrerinnen (zu ca. 85 Prozent Frauen!) so stark wie in der Primarstufe.

Als einzige flächendeckende Gesamtschule Deutschlands hat sie die Aufgabe, allen Schülerinnen eine grundlegende Bildung zu vermitteln. Im Zentrum stehen dabei die Kulturtechniken Lesen, Schreiben und Rechnen. Darüber hinaus findet Unterricht in weiteren Fächern und Lernbereichen statt. Viele Grundschulen arbeiten mit flexiblen Förderkonzepten für unterschiedliche Schülerinnen, die Sitzenbleiberquote ist, gerade im Vergleich zur Sekundarstufe I, relativ gering (ca. 1 Prozent). Es gilt die so genannte Regelversetzung. Durch ihren Gesamtschulcharakter ist die Grundschule und sind die Lehrerinnen vor die Aufgabe gestellt, eine äußerst heterogene Schülerschaft jeweils gezielt beim Lernen zu unterstützen.

1 KMK, Aufgaben und Organisation: http://www.kmk.org/aufg-org/home.htm (08/2003)

- In ihrer Funktion als »abgebende Schulart« steht sie allerdings auch vor einem grundlegenden Widerspruch, nämlich den Kindern am Ende der 4. Klasse eine »Bildungsempfehlung« auf den Weg zu geben (Hauptschule, Realschule, Gymnasium), die nicht nur eine partielle Schullaufbahnentscheidung bedeutet, sondern häufig eine der zentralen Weichenstellungen in der Biografie eines jungen Menschen ist. Insofern wirkt die Drei- bzw. Viergliedrigkeit der Sekundarstufe I mit einem langen Arm in die Grundschule hinein. Die Tendenz geht dabei dahin, dass die allermeisten Eltern aus guten Gründen (weil sie nämlich wissen, wie wichtig diese Empfehlung ist) eine Bildungsempfehlung für das Gymnasium für ihr Kind wünschen. Dies hat gravierende Konsequenzen für die erzieherische und unterrichtliche Arbeit, aber auch für die Kooperation zwischen Grundschule und Elternhaus. Denn die Schule bzw. die Lehrerinnen können strukturell gesehen diesen hohen Erwartungen der Eltern gar nicht gerecht werden, es kommt zwangsläufig zu Irritationen, Enttäuschungen und Ablehnung von Seiten der Eltern.
- Darüber hinaus hat die Grundschule mit einem weiteren Problem zu kämpfen: Immer mehr Eltern geben explizit oder implizit Erziehungsfunktionen an die Grundschule ab. Das, was häufig vor zwanzig Jahren vom Elternhaus geleistet wurde, muss heute die Schule, d.h. vor allem die Lehrerin leisten. Die Grundschule ist mittlerweile Lebens-, Lern-, Erziehungs- und Erfahrungsraum und nicht nur ein Ort des Unterrichts.

Im internationalen Vergleich sind die deutschen Grundschulen schlecht ausgestattet. Zum einen dadurch, dass in Deutschland insgesamt wesentlich weniger Geld (prozentual gemessen am Bruttoinlandsprodukt) als viele andere OECD-Länder für Bildung ausgibt. Zum zweiten dadurch, dass Deutschland den Schwerpunkt seiner Bildungsausgaben nicht in die Grundschule und den Kindergarten, sondern vor allem in die Sekundarstufe I und II (vor allem das Gymnasium) sowie das Studium steckt. Im Vergleich zu vielen anderen OECD-Ländern ist die bundesdeutsche Grundschule daher absolut unterfinanziert (3.720 Euro zu 3.960 Euro im OECD-Schnitt). Bundesdeutsche Zweitklässlerinnen erhalten ganze 100 Stunden weniger Unterricht als der Durchschnitt der OECD-Länder. Das hat gravierende Auswirkungen: Die Klassen sind viel zu groß (Lehrerin-Schülerin-Relation von 1:25, OECD-Schnitt: 1:15!), die Lehrerinnen haben zu wenig Zeit zur individuellen Förderung, die Lernmittel sind häufig veraltet. Hier besteht dringender Reformbedarf.

Der Schulanfang: Auch Schuhe binden

Der Schulanfang ist ein gravierender Einschnitt im Leben der Kinder. Aber auch für Eltern und Lehrerinnen ist er eine bedeutungsvolle Aufgabe, die gemeinsam bewältigt werden will. Für die Lehrerinnen bedeutet eine erste Klasse stets eine Herausforderung. Alleine die Vorbereitung des »großen Tages« ist mit viel Arbeit verbunden: Briefe an die Kinder schreiben, Symbole für die Klasse entwickeln, die erste »Unterrichtsstunde« planen, das Klassenzimmer einrichten. Die ersten drei Monate eine erste Klasse zu unterrichten bedeutet: alle zehn Minuten eine neue Arbeits- oder Spielform einleiten, alles exakt vorbereiten und durchorganisieren (die meisten Kinder können nicht lesen und nicht schreiben), Sozialverhalten und den neuen Tagesrhythmus in der Klasse üben, ständige Ansprechpartnerin sein (und deshalb u.U. nicht einmal Zeit für einen Toilettengang finden). Um das alles zu gewährleisten, braucht man außer einem umfassenden fachwissenschaftlichen und fachdidaktischen Wissen ein großes Repertoire an Liedern, Spielen, Unterrichtsmaterial und Konzentrationsübungen. Klare Regeln, viel Geduld und Wissen über die Bedingungen des Lese-Rechtschreiberwerbs sowie des Anfangsunterrichts in Mathematik sind ebenfalls notwendige Voraussetzungen. Daher bietet es sich an, sich bereits im Studium die Grundlagen des Anfangsunterrichts anzueignen.

Der Schulanfang beginnt lange vor dem ersten Schultag, denn bis man mit seiner ersten Klasse starten kann, gibt es erst einmal die offiziellen und organisatorischen »Einschulungshürden«, die die Kinder nehmen müssen. Die Voraussetzungen für die Einschulung unterlagen den letzten 50 Jahren einer Wandlung, die für die Schulen und Lehrerinnen weitreichende Konsequenzen haben. So wurde bis in die 1960er-Jahre angenommen, dass es einen körperlichen und geistigen Entwicklungsstand gibt, der die Kinder »reif« für die Schule macht. Diese »Schulreife« des Kindes wurde dann abgelöst von der »Schulfähigkeit«, bei der immer noch das Kind die Voraussetzung für die Einschulung erbringen muss, der Entwicklungsstand jedoch als Ergebnis eines Lernprozesses verstanden wird. Kinder, die als »schulunfähig« diagnostiziert werden, können ein Jahr zurückgestellt werden. In diesem Jahr sollen sie in ihrem Lernprozess gezielt gefördert werden. Es können aber auch Kinder frühzeitig als schulfähig erkannt und eingeschult werden. Unzählige Testverfahren wurden entwickelt, mit deren Hilfe die Schulen die Schulfähigkeit der neuen Schülerinnen erfassen können. Grundgedanke dieser Verfahren ist eine Schule, in der die Kinder in entwicklungs- bzw. lernhomogenen Gruppen Schritt für Schritt gemeinsam lernen sollen. In den 1980er- und 1990er-Jahren kam nun zunehmend die Frage nach der »Kindfähigkeit der Schule« auf. Nicht die Kinder sollen die festgeschriebenen und gleichen Voraussetzungen für die Schule mitbringen, sondern die Schule die Kinder in ihrer individuellen Entwicklung aufnehmen und fördern. Daraus entstanden völlig neue Konzepte für den Schulanfang, die u.a. von einem flexiblen Einschulungsalter, altersgemischten Gruppen, Einbindung von Sozialpädagogen, Zusammenfassung der ersten zwei Schuljahre ohne »Sitzenbleiben« und individuellen, differenzierten Lernmethoden geprägt sind.

Die Schulpflicht beginnt für Kinder mit sechs Jahren. Alle Kinder, die zum 30.06. eines Jahres sechs Jahre alt geworden sind, müssen eingeschult werden. Zuvor wird die Schulfähigkeit der Kinder von der Schule oder dem Gesundheitsamt überprüft, in der Regel in Zusammenarbeit mit dem Kindergarten. Nicht schulfähige Kinder können vom Schulbesuch zurückgestellt werden. Es gibt auch die Möglichkeit, Kinder vorzeitig einzuschulen. In manchen Bundesländern wird dies auch von der Kultusbehörde unterstützt. In Baden-Württemberg z.B. wird versucht, das Schuleintrittsalter der Kinder herabzusetzen. Kinder, die bis zum 30.9. sechs Jahre alt werden, können ebenfalls eingeschult werden. Die Entscheidung darüber liegt bei den Eltern.

Ohne Kooperation geht nichts

Ein wichtiger Aspekt des Schulanfangs und der gesamten Grundschulzeit ist die Kooperation zwischen Kindergarten, Schule und Elternhaus. Viele Fragen beschäftigen die Eltern, für die dieser Schritt ihres Kindes nicht weniger spannend ist als für das Kind selber. Daher ist eine Zusammenarbeit und Beratung unerlässlich. Viele Eltern möchten wissen: Wie kann ich mein Kind auf die Schule vorbereiten? Was muss es schon können und wissen? Welche Schule ist die richtige? Was passiert bei den Schuleingangsuntersuchungen? Später dann wollen die Eltern wissen, wie ihr Kind lernt, wie »gut« es im Verhältnis zu den anderen Kindern der Klasse ist oder wie groß die Chancen sind, aufs Gymnasium oder die Realschule zu kommen.

Die Eltern sollten auch über die künftigen Lern- und Lehrmethoden, den Tagesrhythmus und die Erziehungsgrundsätze der Schule, bzw. der Lehrerinnen in Kenntnis gesetzt werden. Eine vertrauensvolle Zusammenarbeit zwischen Elternhaus und Schule von Beginn an ist die Voraussetzung für eine erfolgreiche Grundschulzeit.

Als Grundschullehrerin steht man ständig vor der Aufgabe, mögliche Lernschwierigkeiten der Kinder rechtzeitig zu erkennen und deren Behebung so früh wie möglich zu fördern. In der Ausbildung und Lehrerfortbildung spielt die Diagnostik von Lernschwierigkeiten aber immer noch eine untergeordnete Rolle. Dies hat zur Folge, dass sich viele junge Lehrerinnen mit der Übernahme gerade einer ersten oder zweiten Klasse völlig überfordert fühlen, ältere Kolleginnen aber genauso hilflos vor den Schwierigkeiten von Kindern stehen. Oft werden Probleme und deren Ursachen viel zu spät erkannt, die Kinder haben bis dahin schon zum Teil Klassen wiederholen müssen. Gerade im Bereich der Wahrnehmung haben Kinder oft Schwierigkeiten und benötigen eine gezielte Förderung. An vielen Schulen und in einigen Schulamtsbezirken sind diesbezüglich Konzepte bereits erfolgreich erprobt und umgesetzt worden.

Lesen und Schreiben – Grundlegung der Kulturtechniken

Lesen und Schreiben zu lernen ist ein komplexes Unterfangen, das Techniken, Sprachkenntnisse, intellektuelle und motorische Fähigkeiten voraussetzt. Lange hat man unter Lesenlernen ausschließlich das Üben der Buchstaben-Laut-Zuordnung verstanden. Schreibenlernen wurde als grafomotorisches, grammatisches und orthografisches Training durchgeführt. Heute wissen wir: Vergisst man bei dem Lese- und Schreiblernprozess die motivationalen, kommunikativen Aspekte, kann dies zu Schreib- und Leseunlust bzw. -frust führen. Denn ohne Bezug zum Inhalt ist es ein abstraktes Unterfangen, lesen oder schreiben zu lernen. Wer ohne Sinnerwartung an das Entschlüsseln der Schrift herangeht, dem fehlt das inhaltliche Eingrenzen, was dieses Wort wohl bedeuten könnte. Versuchen Sie einmal in einem Selbsttest, sinnlose Buchstabenreihen sprachlich wiederzugeben. Sie werden merken, wie schwierig es ist, bzw. wie viele Möglichkeiten der Wiedergabe es gibt.

Auch beim Schreiben liegt die Motivation darin, eigene Inhalte in Schrift wiedergeben zu können und sich auf diesem Wege mitteilen zu können. Das Erlernen der Techniken ist also mit motivationalen Aspekten zu verbinden. Es geht sowohl um die Stärkung der Lese- und Schreibfähigkeit als auch um die Stärkung der Lese- und Schreibfreude der Kinder. Wie kann ein Unterricht aussehen, der die Schreibfreude fördert und gleichzeitig die notwendigen orthografischen und grammatischen Kompetenzen vermittelt?

Nachdem in den ersten beiden Schuljahren der Lese- und Schreiblehrgang vorläufig abgeschlossen wird, geht es bis zum Ende der Grundschulzeit um die zunehmende Differenzierung und Vertiefung der Kenntnisse und Kompetenzen beim Lesen und Schreiben. Immer mehr werden nun auch diese Kulturtechniken eingebunden in konkrete Projekte und Themeneinheiten und damit als unverzichtbare Werkzeuge der Teilnahme an unserer Kultur erfahren.

Mathematik – Grundlegung des Rechnens

Lernprozesse im mathematischen Anfangsunterricht müssen einerseits an den fachbezogenen Vorkenntnissen der Schülerinnen anknüpfen (z.B. in Bezug auf Zählen, Vergleichen, Messen etc.), andererseits geht es darum, das Denk- und Vorstellungsvermögen der Schülerinnen zu fördern, Kenntnisse und Fertigkeiten in den Grundrechenarten zu vermitteln, das Raumanschauungsvermögen und die Vorstellungskraft der Kinder auszubilden. Mathematische Lernarrangements müssen in besonderer Weise an die Lebenswirklichkeit der Kinder anknüpfbar sein und jeweils von konkreten Operationen und realen Handlungen zu abstrakteren Darstellungen (Modelle, Bilder, Rechenoperationen) führen. Im grundlegenden Mathematikunterricht der Grundschule geht es dabei um geistige Handlungen, die weit über die Mathematik hinaus große Bedeutung für das tägliche Leben der Schülerinnen haben: Klassifizieren, Anordnen, Umordnen, Verallgemeinern, Spezifizieren, Entsprechungen finden, Übertragungen vornehmen, Schematisieren, ökonomisches Darstellen und schlussfolgerndes Denken. Da die Mathematik ein klares Erfassen und Mitteilen von Sachverhalten benötigt, ist jeglicher Mathematikunterricht auch Sprachunterricht.

Methodenvielfalt in den Grundschulen

Insgesamt kann man für die Grundschule eine große Methodenvielfalt konstatieren: Eher lehrgangsbezogene Lehr- und Lernwege werden ergänzt durch Formen entdeckenden, handlungsorientierten, explorativen Lernens.

Im Studium Fachwissen erwerben und Methoden kennen lernen

Für Sie als Studentin des Grundschullehramtes ist es besonders wichtig, sich bereits im Studium mit dem Lese- und Schreiberwerbsprozess bzw. der Kulturtechnik Rechnen auseinander zu setzen. Oft kann man in den Praktika schon Erfahrungen in einer ersten Klasse sammeln, theoretische Einblicke in der Praxis erproben und vertiefen, spätestens aber im Referendariat sind Grundkenntnisse in den Methoden des Anfangsunterrichts unersetzlich. Besonders, wenn man sich vor Augen hält, dass selbst »alte Hasen« in diesem Beruf immer noch hohen Respekt vor den Aufgaben im ersten Schuljahr haben. Hier werden schließlich die Grundlagen für die weitere Schulkarriere gelegt. Die große Verantwortung, die da auf den Schultern lastet, kann schnell zu Unsicherheiten oder dem Gefühl der Überforderung führen. Nicht selten hört man den Satz: »Oh je, hoffentlich lernen die bei mir wirklich lesen und schreiben.« Die meisten Kinder lernen es. Doch PISA und auch die zunehmende Quote von funktionalen Analphabeten in unserem Land zeigt uns deutlich auf, dass wir unsere Didaktik unbedingt auf individuelle Lernweisen und -probleme ausrichten müssen. Dafür kann man nicht kompetent genug sein.

In den meisten Bundesländern umfasst die Grundschule 4 Jahre. Berlin und Brandenburg hat eine sechsjährige Grundschule.

Die Orientierungsstufe

Eigentlich wurde die »Orientierungsstufe« (andere Begriffe: Förderstufe, Beobachtungsstufe, Erprobungsstufe), d.h. die Neuorganisation der 5. und 6. Klassenstufe als Einstieg in eine grundlegende Strukturreform des allgemein bildenden Schulwesens konzipiert (Deutscher Bildungsrat 1970). Sie sollte schulformunabhängig auf die flächendeckende Gesamtschule vorbereiten. Die Funktion und das Ziel der Orientierungsstufe bestand darin, dass sich die einzelnen Schülerinnen orientieren und langsam an die Sekundarstufe herangeführt werden. Darüber hinaus sollte sie der individuellen Förderung, der Beobachtung und Beratung sowie der Chancengerechtigkeit dienen. Das Prinzip der inneren Differenzierung sollte im Mittelpunkt stehen.

Mittlerweile ist die Orientierungsstufe kaum mehr als ein Türschild für zwei Klassenstufen, die sich der Sekundarstufe I und dem gegliederten Schulwesen angenähert haben. Zwar sind die Lehrpläne der Sekundarschularten in den Klassenstufen 5/6 noch immer angenähert, aber längst nicht gleich. Das führt dazu, dass theoretisch die Übergangsentscheidung zu einer weiterführenden Schule zwar offen bleibt, praktisch aber die große Mehrheit nicht mehr die Schulart wechselt und damit die Bildungsempfehlung der 4. Klasse die wichtigste Weichenstellung bleibt.

Konsequenterweise sind in den letzten Jahren einige CDU-regierte Bundesländer (zuletzt 2003 Niedersachsen) dazu übergegangen, die Orientierungsstufe ganz abzuschaffen.

Die Sekundarstufe – Zwischen Kindheit, Jugend und Adoleszenz

Das gegliederte Schulwesen

Die Sekundarstufe I umfasst die Klassenstufen 5–10. Sie ist, im Unterschied zu vielen anderen Staaten, in Deutschland an unterschiedlichen, hierarchisch angeordneten, Schularten organisiert:

- der Hauptschule
- der Realschule
- dem Gymnasium
- der Gesamtschule
- der Sonderschule

In einigen Bundesländern werden die Bildungsgänge der Haupt- und Realschule an Schulen mit mehreren Bildungsgängen mit unterschiedlichen Bezeichnungen angeboten. Das ist in Sachsen die Mittelschule, in Thüringen die Regelschule, in Sachsen-Anhalt die Sekundarschule, im Saarland die Erweiterte Realschule, in Hamburg die Integrierte Haupt- und Realschule, in Hessen und Mecklenburg-Vorpommern die Verbundene Haupt- und Realschule und in Rheinland-Pfalz die Regionale Schule.

Das deutsche Spezifikum einer Aufteilung der Schülerinnen in drei bzw. verschiedene Schularten (Hauptschule, Realschule, Gymnasium, Sonderschule) hat seine Wurzeln in der Begabungstheorie: Die Überzeugung, Schülerinnen seien grundsätzlich unterschiedlich begabt, führte dazu, drei unterschiedliche Schularten parallel nebeneinander einzurichten: Eine Schulart für die »praktisch Begabten« (Hauptschule), eine Schulart für die »theoretisch Begabten« (Gymnasium) und eine Schulart für die, die »praktisch und theoretisch begabt« sind (Realschule). Diese Schulstruktur wurde 1959 im Deutschen Ausschuss für das Bildungswesen erdacht und ist bislang bestimmend für die Organisation der Sekundarstufe I geblieben. Gerade ein mehrgliedriges Schulsystem ist in der Lage, so sagen die Befürworterinnen, dass jedes Kind gemäß seinen Fähigkeiten gefördert werden kann.

Kritikerinnen des gegliederten Schulwesens wenden immer wieder ein, dass die »Begabungstheorie« eine »Begabungsideologie« sei, also empirisch nicht überprüfbar und gleichzeitig reale Machtinteressen verbergend. Letztlich gehe es den Verfechtern des gegliederten Schulwesens darum, die gesellschaftliche Macht der gymnasialen Klientel zu festigen und den Kindern und Jugendlichen aus den bildungsfernen Schichten der Gesellschaft eine umfassende Bildung vorzuenthalten, um sie leichter den mittleren und unteren Berufen zuweisen zu können.

Dass das viergliedrige Schulsystem diese Wirkung hat, dafür spricht zum Beispiel die Tatsache, dass gerade in Deutschland der Zusammenhang zwischen sozialer Schicht des Elternhauses und Bildungsstand so stark ist wie in keinem anderen OECD-Land, dass also letztlich nicht nach »Begabung«, sondern nach Verdienst und sozialem Status der Eltern aussortiert wird.

Darüber hinaus zeigen internationale Vergleichsstudien (z.B. PISA, IGLU), dass integrative Schulsysteme, z.B. Finnland, Schweden, Kanada, offenbar nicht *trotz* ihrer heterogenen Klassen, sondern gerade *deshalb* viel bessere Schulleistungsergebnisse hervorbringen. Jürgen Baumert, der Leiter der PISA-Studie in Deutschland, sagte im Deutschlandfunk einmal dazu: »Die deutschen Lehrerinnen haben die homogensten Lerngruppen, aber beschweren sich am meisten über deren Heterogenität.«

Die Hauptschule – Die »Restschule«

Die Hauptschule ist in quantitativer Hinsicht zutreffend als »Restschule« zu kennzeichnen. Ursprünglich (1969) als andersartig, aber gleichwertig zu den anderen Schularten konzipiert, hat sie mittlerweile ein großes Legitimitätsproblem: Sie verlangt von ihren Schülerinnen immer größere Anstrengungen, um letztlich einen Abschluss zu verteilen, der immer weniger Wert hat. Infolgedessen läuft ihr die »Kundschaft« davon: Während 1952 noch fast 80 Prozent aller Schülerinnen der 7. Jahrgangsstufe die Hauptschule besuchten, sind es mittlerweile nur noch knapp 30 Prozent, Tendenz weiter fallend. Nur knapp 10 Prozent aller Grundschuleltern wünschen sich die Hauptschule als weiterführende Schulart für ihr Kind. Wer die Hauptschulempfehlung am Ende der 4. Klasse irgendwie verhindern kann, investiert kräftig in Hausaufgabenbetreuung und Nachhilfe. All diese Entwicklungen laufen konträr zu gravierenden konzeptionellen, organisatorischen, inhaltlichen und methodischen Reformen der Hauptschule. An vielen Hauptschulen sind in den letzten Jahrzehnten erfolgversprechende Schritte hin zu differenzierenden, schülerzentrierten, offenen und lebensweltbezogenen Lehr- und Lernformen gegangen worden. Dies mitunter nicht nur aus Überzeugung, sondern auch, weil angesichts der Schülerklientel mit ihren spezifischen Lernvoraussetzungen und Lernproblemen ein traditioneller Unterricht immer schwieriger aufrechtzuerhalten ist. Dennoch steht die Hauptschule vor einem grundlegenden Umwälzungsproblem: Wenn sich nichts an der fehlenden Akzeptanz des Abschlusses ändert, wird diese Schulart in einigen Jahren nicht nur punktuell, z.B. im Saarland, sondern bundesweit von der Landkarte verschwunden oder in integrierten »Mittelschulen« aufgegangen sein.

Die Realschule – Der boomende Puffer

Die Realschule kann auf einen beachtlichen quantitativen Zuwachs verweisen: Mittlerweile geht mehr als jede vierte 7. Klässlerin auf diese Schulart. In den neuen Bundesländern liegen die Zahlen noch weit darüber. Die Realschule boomt quasi im Stillen, wird mit wenig Kritik bedacht und leidet nicht, wie alle anderen Schularten des gegliederten Sekundarschulwesens, an Identitätskrisen. Im Spiel mit der Hauptschule und dem Gymnasium übernimmt sie eine Pufferfunktion: Sie kann schwächere Gymnasiastinnen und starke Hauptschülerinnen aufnehmen und andererseits in beide Richtungen auch abgeben. Im Laufe der Bildungsexpansion hat sie allerdings ihre originäre Klientel, Aufstiegsorientierte der oberen Mittelschicht, an das Gymnasium verloren. Dafür wurde sie attraktiv für Aufstiegsorientierte der Arbeiterschichten und übernahm einen Teil der früheren Hauptschulklientel. Bildungstheoretisch mit einem mittleren, vermischten Begabungsprofil begründet, ging es immer wieder darum, den besonderen Schwerpunkt der Realschule zur Wirklichkeit, zu den »realen« Gegenständen und der Berufswelt, zu konstruieren. Empirisch konnte dies allerdings nie auch nur ansatzweise belegt werden. Darüber hinaus kommt die Realschule auch von anderer Seite in Bedrängnis: Immer stärker wird den Gymnasien, aber auch den Hauptschulen die Chance gegeben, auch den mittleren Bildungsabschluss (die »Mittlere Reife«) zu vergeben.

Das Gymnasium – Das heimliche Ziel aller

Das Gymnasium hat sich in den letzten Jahrzehnten von einer Elitebildungsanstalt zu einer Schulart mit anspruchsvoller, stark theoretisch akzentuierten Grundbildung für den größten Teil der Sekundarschülerinnen entwickelt. Mittlerweile gibt es den Zugang zur Hochschulreife an einigen unterschiedlichen Formen des Gymnasiums: der neunstufigen Normalform (in vielen Bundesländern gibt es ein achtjähriges Gymnasium), dem Aufbaugymnasium, dem Fachgymnasium und dem Abendgymnasium bzw. dem Kolleg. Ein großer Einschnitt in die Geschichte des Gymnasiums in Deutschland bedeutete die 1972 eingeführte Reform der gymnasialen Oberstufe, nach der die bisher bis Klasse 13 laufenden Jahrgangsklassen ab Klassenstufe 11 durch eine individuell zu wählende Kombination von Grund- und Leistungskursen abgelöst wurden. Damit dehnte sich die Abiturprüfung auf alle Klassenstufen der Oberstufe aus, weil nun bereits im 11. Schuljahr schon die Noten bzw. Punkte für das Abitur zählten. Insgesamt veränderte sich mit dieser Strukturreform das Verhältnis zwischen breiter, allgemeiner Allgemeinbildung zu individueller Profilbildung hin zu letzterem Pol. Zugleich wurde dadurch auch der studienvorbereitende Aspekt, die Wissenschaftspropädeutik, des Gymnasiums stärker betont. Bis heute wurde daran nach vielen bildungspolitischen Kämpfen nichts Grundlegendes geändert, obwohl es vereinzelte Initiativen für die Reform der Oberstufenreform wieder hin zu Jahrgangsklassen gibt (z.B. in Baden-Württemberg). Seit der Etablierung des Gymnasiums wurde immer wieder kritisiert, dass es zu wenig berufsbildend profiliert ist, einen zu hohen Leistungsdruck auf ihre Schülerinnen ausübt und schließlich durch die traditionelle Ausrichtung des Fächerkanons zu einer schichtenspezifischen Auslese führt. Unter Druck gerät das Gymnasium einerseits durch die hohen Übergangsquoten aus der Grundschule, was dazu führt, dass viele Lehrerinnen an Gymnasien der Ansicht sind, ein Teil der Schülerinnen sei an der »falschen« Schule gelandet. Andererseits führen zunehmende Studieneinschränkungen (z.B. Auswahl der Studienbewerberinnen durch die Hochschule) dazu, dass der Wert des Abiturs als globale Eintrittskarte in die Universität relativiert wird.

Die Gesamtschule – Überholt oder aktuell?

Die Gesamtschule ist ein Kind der Idee der Chancengleichheit. Die historischen Begründungen des Gesamtschulgedankens (z.B. bei Humboldt, Schleiermacher, Reformpädagogik, Deutscher Bildungsrat, aber auch im Nationalsozialismus) sind zahlreich und nicht immer kongruent: Zu unterscheiden sind vor allem pädagogisch-psychologische, bildungsökonomische, bildungstheoretische und bildungspolitische Ansätze.

Die Gesamtschule bezeichnet eine Organisationsform des allgemein bildenden Schulwesens, bei der auf einer einheitlichen Primarstufe mindestens die Sekundarstufe I (Klasse 5–10) oder auch zusätzlich die Sekundarstufe II (Klasse 11–12 bzw. 13) zusammengefasst sind. Die Gesamtschule versteht sich als Gegenmodell, nicht als Ergänzung, des dreigliedrigen Schulsystems. Je nach Grad der Integration unterscheidet man kooperative (additive) und integrierte Gesamtschulen. Bei integrativen sind die einzelnen Bildungsgänge (Hauptschule, Realschule, Gymnasium) in ein differenziertes Kern-Kurs-System mit verschiedenen Abschlussmöglichkeiten aufgelöst. Kooperative Gesamtschulen beherbergen getrennte Züge in einem äußerlich gemeinsamen Schulkomplex. Während sich im 19. Jahrhundert in Deutschland ein dreigliedriges Schulsystem durchgesetzt hat, wurden schon in der Reformpädagogik Gesamtschulen proklamiert und vereinzelt auch eingeführt. Erst mit der gesamtgesellschaftlichen Diskussion um die Chancengleichheit im Bildungssystem und den Empfehlungen des »Deutschen Bildungsrates« von 1969 begann eine Gründungswelle, allerdings bundeslandspezifisch sehr unterschiedlich: Während sozialliberale Länder Versuche mit Gesamtschulen stark vorantrieben und zum Teil auch zur Regelschule erklärten, zeigten sich die CDU-CSU-regierten Länder bis heute ablehnend.

Heute stellt die Gesamtschule in Deutschland eine feste Größe dar. Vor allem in einigen Bundesländern (z.B. Berlin, Hamburg, NRW) besuchen zwischen 15 und 30 Prozent eines Sekundarstufenjahrgangs Gesamtschulen. Bundesweit bewegt sich gegenwärtig der Schülerinnenanteil bei ca. 10 Prozent. Andererseits befindet sich die Gesamtschule in einer schwierigen Situation, weil sie vor Ort häufig einer direkten Marktkonkurrenz zu den anderen Sekundarschulen, v.a. zu den Gymnasien ausgesetzt ist und ihr darüber hinaus immer wieder vorgeworfen wird, sie könne gerade die leistungsstärkeren Schülerinnen nicht adäquat fördern. Empirisch belegt ist dies nicht. Stattdessen ist es zielführender, zusätzlich die einzelne Schule und nicht nur die Schulart als pädagogische Handlungseinheit aufzufassen (s.o.). Relativ belegbar sind vier Forschungsergebnisse zur Gesamtschule:

1. Die Gesamtschule ermöglicht mehr bessere Abschlüsse, d.h. auch: Mehr leistungsschwächere Schülerinnen können zu einem mittleren Bildungsabschluss geführt werden.
2. Der Zusammenhang zwischen sozialer Herkunft und Schullaufbahn bzw. Schulabschluss wird deutlich abgeschwächt.

3. Bei der Förderung der potenziellen Risikogruppen (Schülerinnen mit Migrationshintergrund, Arbeiterkinder) ist die Gesamtschule in der Breite nicht besser als das gegliederte Schulwesen.
4. Gesamtschülerinnen haben weniger Schulangst und empfinden weniger Leistungsdruck.

International gesehen ist die Gesamtschule die absolute Regel. Viele Staaten haben vor ca. 30 Jahren flächendeckend, aus unterschiedlichsten Gründen, Gesamtschulen eingeführt. Interessant ist, dass alle Länder, die bei den internationalen Schulleistungsstudien an der Spitze lagen, Gesamtschulsysteme haben, allerdings gekoppelt mit umfangreichen Stütz- und Fördermaßnahmen, einem differenzierenden Unterricht sowie einer Berufskultur der Lehrerinnen, die deutlich kooperativer angelegt ist. Auffällig auch, dass in jüngster Zeit Stimmen für ein integratives Schulsystem aus Richtungen kommen, die bislang gar nicht so mit Gesamtschulideen verbunden wurden, wie z.B. der Baden-Württembergische Handwerkstag oder die renommierte Unternehmensberatung McKinsey. Letztere schreibt: »Eine späte institutionelle Differenzierung in Schultypen, verbunden mit einer individuellen Schülerförderung, korreliert mit hohem Bildungserfolg.«

Unterrichtliche und erzieherische Arbeit mit den Schülerinnen

Wenn Sie sich dazu entschieden haben, mit älteren Kindern und jüngeren Jugendlichen arbeiten zu wollen, d.h. in der Sekundarstufe (Klasse 5-13) unterrichten möchten, begleiten Sie junge Menschen durch schwierige Phasen ihrer Identitätsentwicklung. Eine einfache Übung, um sich zu vergegenwärtigen, mit welcher Zielgruppe Sie es zu tun haben, ist, sich an Ihre eigene Jugend zu erinnern. Vielleicht kommen dann folgende Szenen in Ihr Gedächtnis:

- der Abschied von der Grundschule und Ihr langsames Fußfassen in der weiterführenden Schule;
- geschwätzige Stunden mit der Banknachbarin;
- schwierige Beziehungen zwischen Mädchen und Jungen in Ihrer Klasse;
- großes Interesse bzw. großes Desinteresse an der Schule, je nach Fach, Lehrerin oder Tag;
- ungewisse Berufswahl;
- immer deutlichere Herausbildung Ihrer Interessen und Ihrer Persönlichkeit.

Vielleicht aber erinnern Sie sich auch daran, kognitiv stärker gefordert zu sein, gut im Team Leistungen in Deutsch oder Mathe oder Physik vollbracht zu haben oder richtig engagiert für das Abitur oder den Realschulabschluss gepaukt zu haben.
Wer Schülerinnen, gleich welcher Altersstufe, unterrichtet, muss sich darauf einstellen, einerseits die Schülerinnen entwicklungspsychologisch gut zu kennen, andererseits an sich selbst immer weiter zu arbeiten.

Die Sonderschule – Zwischen Auslese und Integration

Die Sonderschule ist eine Institution, um behinderte Kinder und Jugendliche gezielter zu fördern. Die historischen Wurzeln der Sonderpädagogik und der Sonderschulen liegen zum einen in den Taubstummen-, Blinden- und Krüppelanstalten des 19. Jahrhunderts, zum anderen in den Hilfsklassen und Hilfsschulen um die Jahrhundertwende. Unter den Nazis wurden die Hälfte der Hilfsschüler zwangssterilisiert, viele gar umgebracht. Anfang der 1970er-Jahre setzte eine breite Kritik an der Sonderschule ein, die vielfältig war: Sonderschulen seien nicht nur die Schulen Behinderter, sondern vor allem Schulen für Kinder aus sozial schwächeren Schichten, für Schülerinnen mit Migrationshintergrund und männliche Schüler, die aus vielen Gründen in den »normalen« Schulen Probleme machen. Darüber hinaus seien die Tests zur Sonderschulüberweisung nicht objektiv. Zusätzlich würden gerade durch die Zusammenfassung von lernschwächeren Schülern die einzelnen zu wenig gefördert und zu stark (auch im näheren und weiteren Umfeld) stigmatisiert. Heute lassen sich verschiedene Sonderschularten unterscheiden:

- Schule für Lernbehinderte/Förderschule (ca. 200.000 Schülerinnen, die meisten Jungen, viele Schülerinnen mit Migrationshintergrund);
- Schule für Geistig behinderte (ca. 60.000 Schülerinnen);
- Schule für Verhaltensgestörte/Schule für Erziehungshilfe (ca. 20.000 Schülerinnen, v.a. Jungen);
- Schulen für körperlich oder sinnesbehinderte Kinder und Jugendliche, z.B. die Sprachbehindertenschule/Sprachheilschule (ca. 30.000 Schülerinnen), die Körperbehindertenschule (ca. 20.000 Schülerinnen), Gehörlosenschule bzw. Schwerhörigenschule (ca. 10.000 Schülerinnen), Blindenschule bzw. Sehbehindertenschule (ca. 5.000 Schülerinnen) sowie die Schule für Kranke (Durchgangsschule im Krankenhaus oder zu Hause).

Sonderschulen gibt es sowohl für die Primarstufe als auch für die Sekundarstufe I. Seit vielen Jahrzehnten wird diskutiert, welche Chancen und Risiken mit einer stärkeren Integration der Sonderschülerinnen in die Regelschule verbunden sein können. Zahlreiche Versuche zur Integration haben gezeigt, dass diese Integration vielen bisherigen Sonderschülerinnen, aber auch ihren anderen Klassenkameradinnen zugute kommen können. Dies setzt aber eine starke Kooperation der Lehrkräfte auf beiden Seiten und vor allem eine adäquate personelle und sächliche Ausstattung voraus. Befürchtungen, wonach durch die Integration von Sonderschülerinnen in eine Regelklasse die »normalen« Schülerinnen weniger lernen, sind erwiesenermaßen unbegründet.

Fragen nach PISA und IGLU an das bundesdeutsche allgemein bildende Schulsystem

Verschiedene Aspekte des deutschen Schulsystems sind nach den Schulleistungsstudien PISA und IGLU wieder von der bildungspolitischen Diskussion infrage gestellt worden:

- Der selektive Charakter unseres Bildungssystems: In Finnland und Schweden werden alle Schüler bis zur 9. Klasse gemeinsam unterrichtet. Der Unterricht ist stark differenziert und individualisiert. Sitzen bleiben gibt es nicht. Ebenso wenig Zensuren.
- Die Halbtagsschule: In fast allen umliegenden Ländern werden die Schüler ganztägig unterrichtet. D.h. auch, dass die Kinder mehr Unterrichtsstunden haben.
- Die finanzielle Ausstattung verschiedener Schularten: Neun Jahre alte Schüler werden in Deutschland 752 Stunden im Jahr unterrichtet, der OECD-Durchschnitt liegt bei 834 Stunden. Australien und Neuseeland liegen bei 986 und 985 Unterrichtsstunden jährlich und haben erheblich bessere Ergebnisse aufzuweisen. Entsprechend höher sind auch die Kosten für den Primarbereich in den Ländern mit guten Ergebnissen. 1998 hat Deutschland für einen Grundschüler 3.531 amerikanische Dollar im Jahr ausgegeben, Finnland hingegen 4.641 Dollar,

Japan sogar 5.075 und Schweden 5.579 Dollar, im OECD-Durchschnitt sind es 3.940 Dollar pro Schüler und Jahr. Dafür liegt Deutschland bei den Bildungsausgaben für den Sekundarbereich II mit 9.519 Dollar pro Jahr und Schüler weit über dem Ländermittel von 5.916 Dollar.

- Die sprachliche und allgemeine Förderung im Kindergarten: Die erfolgreichen PISA-Länder messen der Vorschulerziehung und den Grundschulen auffallend große Bedeutung bei. Die Integration ausländischer Kinder (in Schweden, Frankreich und in Norwegen) wird in der Vorschule geleistet, sodass vor allem die Grundfertigkeit Lesen in der ersten Schulklasse schnell gelernt wird. Während alle finnischen Erstklässlerinnen nach vier Monaten lesen können, gibt es selbst in Baden-Württemberg Grundschulen, die am Ende der zweiten Klasse große Buchstabenfeste feiern, weil dann endlich das Alphabet durchgenommen ist und gelesen werden sollte.
- Der späte Zeitpunkt der Einschulung: International gesehen werden deutsche Schulanfängerinnen relativ spät eingeschult, viele Länder setzen hier früher an.

Berufliches Schulwesen

Auch das berufliche Schulwesen ist in Deutschland stark zergliedert. Dies garantiert als Ausgleich zur frühen Selektion am Ende der Grundschule die Möglichkeit einer späteren Qualifizierung. So haben z.B. Hauptschulabsolventinnen die Möglichkeit, die Fachhochschulreife zu erlangen. Hier eine Aufstellung über die beruflichen Schulen, ihre Ziele und Abschlüsse.

Berufliche Schulen, ihre Ziele und Abschlüsse

Berufsschule
- *Zielgruppe:* Jugendliche, die eine Berufsausbildung machen
- *Inhalte:* Allgemeine und fachspezifische Lerninhalte, bes. Berücksichtigung der Anforderungen der Berufsausbildung
- *Abschluss:* Abschluss der Berufsschule
- *Dauer:* Berufsbegleitender Blockunterricht 2 oder 3 Jahre (je nach Dauer der Ausbildung)

Berufsfachschule (BFS)
- *Zielgruppe:* Jugendliche, die sich gezielter auf ein zukünftiges Berufsfeld vorbereiten möchten und ihre allgem. Berufschancen verbessern möchten
- *Inhalte:* Vermittlung allgemeiner und fachlicher Inhalte
- *Abschluss:* Fachschulreife (mittlerer Bildungsabschluss)
- *Dauer:* Vollzeitschule – mindestens 1 Jahr; nach mindestens 2 Jahren Abschlussprüfung

Berufsaufbauschule
- *Zielgruppe:* Jugendliche, die in einer Berufsausbildung stehen oder eine solche abgeschlossen haben

- *Inhalte:* Vermittlung allgemeiner und fachtheoretischer Inhalte, die über das Angebot der Berufsschule hinausgehen
- *Abschluss:* Fachschulreife (mittlerer Bildungsabschluss)
- *Dauer:* Vollzeit – 1 Jahr oder Teilzeit

Fachoberschule

- *Zielgruppe:* Jugendliche mit mittlerem Bildungsabschluss
- *Inhalte:* Vermittlung allgemeiner, fachtheoretischer und fachpraktischer Kenntnisse
- *Abschluss:* Fachhochschulreife
- *Dauer:* 2 Jahre

Fachschule

- *Zielgruppe:* Jugendliche mit abgeschlossener Berufsausbildung
- *Inhalte:* Vertiefte berufliche Fachbildung und Allgemeinbildung
- *Abschluss:* Je nach Schule Fachschul- und/oder Fachhochschulreife möglich
- *Dauer:* Vollzeit – 1 Jahr, auch Teilzeit möglich – maximal 3 Jahre

5. Lehrerbildung in den verschiedenen Bundesländern – Ein Flickenteppich

Dasselbe Bild der – positiv formuliert – »Vielfalt« zeigt sich bei dem Versuch, die Lehrerausbildung in Deutschland skizzieren zu wollen. Auch hier gibt es in jedem Bundesland andere Regelungen. Für alle künftigen Lehrer gilt, dass sich ihre Ausbildung in zwei Teile gliedert. Die erste Phase, die eher theoretische Ausbildung, findet an einer Hochschule statt. Sie endet mit dem Ersten Staatsexamen. Die zweite, stark praxisorientierte Phase, das Referendariat, findet zu einem Teil an einer Schule, zum Teil an einem (Studien-)Seminar statt.

Das Lehramtsstudium findet an Universitäten statt. Nur in Baden-Württemberg gibt es noch Pädagogische Hochschulen für das Studium des Lehramtes an Grund-, Haupt-, Real- und Sonderschulen. Im Unterschied zu den Universitäten, an denen Lehramtsstudenten und Diplom- bzw. Magisterstudenten in den gleichen Veranstaltungen sitzen, studieren hier ausschließlich zukünftige Lehrerinnen. Aspekte der Fachdidaktik und der allgemeine Schulbezug wird stärker betont. Außerdem müssen die Studierenden fünf Schulpraktika, die zum Großteil von Dozentinnen betreut werden, absolvieren.

In den meisten Bundesländern ist die Lehrerausbildung schulartenspezifisch, d.h. Sie studieren für das Lehramt an einer bestimmten Schulart (Sonderschule, Gymnasium etc.). In manchen Bundesländern gibt es eine schulstufenbezogene Lehrerausbildung (Primarstufe, Sekundarstufe I, Sekundarstufe II). Mit einem Studium für Sekundarstufe I können Sie also in den Klassen 5–10 der Hauptschule, Realschule oder des Gymnasiums unterrichten.

Diese Tatsache macht es auch schwer, während des Studiums das Bundesland zu wechseln. Nach dem Studium ist ein Wechsel auch nicht ganz leicht. Es gibt jedoch von der Kultusministerkonferenz eine Vereinbarung zur gegenseitigen Anerkennung von Lehramtsprüfungen und Lehramtsbefähigungen. Sie müssen jedoch bei einem Wechsel damit rechnen, dass Ihnen weniger anerkannt wird.

Wenn Sie nach dem Studium zum Referendariat in ein anderes Bundesland wechseln möchten, müssen Sie die »Gleichartigkeit« und »Gleichwertigkeit« der erworbenen Qualifikation mit den Anforderungen des Ziellandes nachweisen. Das heißt, Sie müssen die erforderliche Anzahl von Fächern in der manchmal erforderlichen Kombination studiert haben. Gegebenenfalls müssen Sie sich nachqualifizieren.

Je länger Sie im Schuldienst waren, desto niedriger werden jedoch die Hürden bei einem Wechsel des Bundeslandes. In manchen Bundesländern werden sogar händeringend Lehrerinnen für bestimmte Fächer gesucht.

6. Psychotest: Bin ich fit für den Lehrerjob?

Lehrer werden ist nicht schwer – Lehrer sein dagegen sehr! Stimmt nicht, wenigstens nur zur Hälfte. Denn auch das Lehrer werden ist alles andere als einfach: Da müssen Scheine gemacht, Referate gehalten, Kolloquien bestanden werden, dann wartet das 1. Staatsexamen auf Sie und das Referendariat. Und schließlich müssen Sie noch die wichtigste Hürde nehmen: Eine Stelle zu bekommen.

Aber Fakt ist: Auch Lehrer sein ist schwer. Davon zeugen nicht nur unsere eigenen Schulerfahrungen als Schülerin, sondern auch die Tatsache, dass mittlerweile 90 Prozent aller Lehrerinnen vorzeitig in den Ruhestand gehen, freiwillig oder per amtsärztlichem Attest.

Sicher haben Sie sich schon oft die Frage gestellt: Bin ich überhaupt geeignet für diesen Beruf? Oder wäre ein anderer Beruf viel besser für mich?

Der folgende Test möchte Ihnen, halb ernsthaft, halb augenzwinkernd, einen Eindruck von der Normalität des Schulalltags vermitteln und Sie einladen, sich selbst ehrlich zu prüfen. Grundlage für die Situationen sind wissenschaftliche Studien zur Belastungssituation junger und älterer Lehrerinnen. Bei jeder Situation gibt es vier unterschiedliche Möglichkeiten zur Antwort oder Reaktion. Die Situationen sind durchaus real gehalten, die Antwortmöglichkeiten eher scherzhaft. Am Ende können Sie dann, genauso wie bei *Bravo* oder *Brigitte*, die Punkte zusammenzählen und herausfinden, ob Sie gut für diesen Beruf geeignet sind. Aber bitte erst am Ende nachschauen! Noch ein Hinweis: Wenn keine der angebotenen Antwortmöglichkeiten für Sie zutrifft, ist das nicht sonderlich schlimm. Sie werden sehen, warum ...

1. Sven und die Wirbeltiere in ihrem Lebensraum

Sie sind Klassenlehrerin einer 7. Klasse und unterrichten Biologie. Es geht Ihnen darum, die Unterrichtseinheit zum Thema »Wirbeltiere in ihrem Lebensraum« abzuschließen und die Schüler/innen auf den bevorstehenden Test zu dieser Einheit vorzubereiten. Das allerdings gestaltet sich schwierig: Ein Teil der Klasse zeigt sich desinteressiert, nur einige beteiligen sich rege am Unterricht, andere allerdings, vor allem Sven und Andreas, nutzen Ihr großes Verständnis für die Sorgen junger Menschen aus. Sie äffen Sie nach, stellen dämliche Fragen und unterhalten sich lautstark übers letzte Wochenende. Sie werden zunehmend gereizter. Schließlich meldet sich Sven und fragt Sie lautstark: »Sagen Sie mal, da Sie ja auch ein Wirbeltier sind: Sieht Ihr Lebensraum zu Hause auch so schlimm aus wie die Klamotten, die Sie immer anhaben?«

A: Sie entgegnen schlagfertig: »Sven, immerhin siehts bei dir noch viel schlimmer aus!«
B: Sie ignorieren Svens Einwurf und machen weiter mit Ihrem Stoff.
C: Sie ermahnen Sven streng und bestellen seine Eltern zum Gespräch.
D: Sie ermahnen Sven nachhaltig und teilen ihm nach der Stunde mit, dass Sie sein Verhalten unannehmbar finden, er aber für seinen Lernprozess selbst verantwortlich ist.

2. Schullandheim mit der Kollegin

Sie machen mit Ihrer 10. Klasse eine Klassenfahrt nach Konstanz an den Bodensee. Da jeweils zwei Begleitpersonen nötig sind und niemand Ihres Kollegiums mitfahren konnte oder wollte, wurde die Kollegin Schneider vom Schulleiter bestimmt. Kollegin Schneider ist bekannt für ihre eigenwillige Dienstauffassung. Viele im Kollegium sind sich einig: Die Kollegin ist schlichtweg faul und versucht, allen Konflikten aus dem Weg zu gehen. Dieser Meinung können auch Sie sich zunehmend anschließen. Nach der Nachtwanderung am letzten Abend am Bodensee-Ufer entlang fehlen zwei Schülerinnen. Kollegin Schneider, die die Nachhut bilden sollte, kommt ohne beide zurück in die Jugendherberge. Sie sagt, es sei so dunkel gewesen und sie habe sie aus den Augen verloren. Wie reagieren Sie?

A: Sie führen ein längeres Belehrungsgespräch mit Kollegin Schneider zum Thema Aufsichtspflicht und Dienstvergehen.
B: Sie ärgern sich über die unzuverlässige Kollegin und warten im Haus auf die fehlenden Schülerinnen.
C: Sie versuchen, per Handy die beiden zu erreichen, machen sich dann mit einigen zuverlässigen Schülerinnen auf den Weg und suchen nach den Zurückgebliebenen.
D: Sie schicken die Freundinnen der beiden los, um sie zu suchen, und halten Wache in der Jugendherberge.

3. Ricarda und das Fernsehen

Ihre Schülerin Ricarda, ein nettes Mädchen der 4 b, ist versetzungsgefährdet. Nach einiger Zeit haben Sie herausbekommen, dass dem Kind offenbar zu Hause alles erlaubt und kaum etwas verboten wird. Schon früher haben Sie die Eltern darauf hingewiesen, dass es nicht in Ordnung ist, wenn die neunjährige Ricarda den Fernseher, der in ihrem Zimmer steht, unbegrenzt nutzen darf. Mittlerweile zeigt sich, dass Ricarda morgens unter anderem so müde ist, weil sie regelmäßig bis 22 Uhr vor dem Fernseher sitzt. Die Eltern, die Sie drei Monate vor Ende des Schuljahres zum Gespräch gebeten haben, argumentieren, dass Ricarda alt genug sei zu entscheiden, wie lang und was sie sehen dürfe. Was sagen Sie?

A: Sie entgegnen, dass Ricarda das Klassenziel voraussichtlich nicht erreicht, wenn sie weiterhin so müde sei und mit Konzentrationsschwierigkeiten zu kämpfen habe.
B: Sie benachrichtigen Ihre Rektorin und bitten um Mithilfe.
C: Sie deichseln es mit Ricardas Noten so, dass sie gerade noch versetzt wird, weil sie für ihre Eltern eigentlich nichts kann.
D: Sie beenden das Gespräch und geben es auf, mit diesen Eltern noch irgendetwas zu besprechen.

4. Offener Unterricht

Weil Sie herkömmlichen lehrerzentrierten Frontalunterricht ablehnen, versuchen Sie schon seit geraumer Zeit, in Ihrer eigenen 5. Klasse offenere Unterrichtsformen wie Projektarbeit, Wochenplanarbeit oder Lerntheken anzuwenden. Das hat nur wenig Erfolg. Viele Schülerinnen unterhalten sich, statt mit dem Material zu arbeiten, einige Materialien sind bereits nach kurzer Zeit verschlissen oder sogar beschädigt. Sie haben zunehmend den Eindruck, dass die Schülerinnen ganz froh sind, so »arbeiten« zu können. Was tun Sie?

A: Sie sehen ein, dass man diese Formen des geöffneten Unterrichts mit diesen Kindern einfach nicht machen kann. Ab jetzt ist bis auf weiteres Buchunterricht und Paukschule angesagt.
B: Sie versuchen es am nächsten Montag noch ein letztes Mal und bringen eine Klappkiste voller neuer Freiarbeitsmaterialien mit in die Klasse.
C: Sie nehmen sich eine Stunde Zeit und besprechen mit der Klasse das Problem, um herauszufinden, wo es genau hakt, und welche Vereinbarungen für die nächsten Wochen getroffen werden können.
D: Sie belegen eine Fortbildung zum Thema »Einstieg in offene Unterrichtsformen«.

5. Disziplin

Ihr Rektor kommt in der großen Pause auf Sie zu und bespricht mit Ihnen kurz Ihre Vertretungsstunden für morgen. Dabei lässt er beiläufig die Bemerkung fallen: »Vielleicht ist das ganz gut, wenn Kollege Petermann Sie in Ihrer Klasse vertritt. Ich habe ohnehin den Eindruck, denen fehlt es gerade etwas an Disziplin und Lernbereitschaft.«

A: Sie gehen davon aus, dass Sie sich verhört haben.
B: Sie fragen höflich nach: »Wie meinen Sie das?«
C: Sie nehmen Ihre Klasse in den nächsten Wochen etwas stärker an die Kandarre, sprechen bei Gelegenheit einige drastische Strafen (Nachsitzen, Androhung des Schulausschlusses, etc.) aus und sorgen dafür, dass Ihr Rektor das mitbekommt.

D: Sie bitten Ihren Rektor um ein Gespräch, um in aller Ruhe über seinen Eindruck zu sprechen und mögliche Konflikte zu benennen und auszuräumen.

6. Faule Lehrer

Auf einer Party kommen Sie zu einer Tischgruppe, an der einige Frauen und Männer sich gerade über das Elend der Schule und die Faulheit der Lehrer beklagen, die vormittags Recht und nachmittags frei hätten. Sie setzen sich hinzu und werden gleich darauf gefragt: »Was machst du denn beruflich?«

A: Sie lügen und sagen, Sie wären selbstständiger Handelsvertreter in der Import/Export-Branche.
B: Sie sagen: »Ich bin einer der faulen Säcke, aber wir können gerne mal eine Woche tauschen.«
C: Sie referieren in der gebotenen Ausführlichkeit die neueren Studien der Lehrerbelastungsforschung und begründen, warum Sie in einem der anstrengendsten Berufsfelder tätig sind.
D: Sie halten sich zurück, schlafen schlecht und gehen zur Entlastung morgen Nachmittag früher zum Tennis spielen.

Auswertung

	1	**2**	**3**	**4**	**5**	**6**
A	1	0	3	0	0	3
B	0	2	2	1	2	2
C	3	3	1	3	1	1
D	2	1	0	2	3	0

18–12 Punkte
Glückwunsch! Sie haben den Durchblick in Sachen Lehrerjob! Liegt das vielleicht daran, dass Ihre Eltern auch Lehrer sind? Egal – Sie könnten eigentlich schon jetzt Ihre Stelle antreten. Examen und Referendariat ist da reine Zeitverschwendung.

11–7 Punkte
Naja, Sie haben ja noch viel Zeit, bevor es ans Eingemachte geht. So ganz sicher fühlen Sie sich jetzt noch nicht. Da helfen nur einige Schulpraktika. Vielleicht schauen Sie aber auch mal im Stellenmarkt Ihrer Tageszeitung nach möglichen Alternativen.

6–0 Punkte
Seien Sie ehrlich: Der Lehrerjob ist nichts für Sie! Eigentlich wissen Sie das auch. Natürlich studieren Sie gerne Lehramt (oder?), aber Ihr weiteres Leben in der Schule zu fristen, grenzt an Vergeudung kreativen Potenzials. Es gibt doch so viele schöne Berufe auf der Welt.

Pädagogik kompakt

Einige klassische und moderne Zitate zum Thema »Erziehung«

Erziehung = Beispiel und Liebe, sonst nichts.
Friedrich Fröbel (1782–1852), dt. Pädagoge

Erziehung ist die organisierte Verteidigung der Erwachsenen gegen die Jugend.
Mark Twain (1835–1910), eigtl. Samuel Langhorne Clemens, amerikanischer Schriftsteller

Erziehung ist im Wesentlichen das Mittel, die Ausnahme zu ruinieren zugunsten der Regel.
Friedrich Nietzsche (1844–1900), dt. Philosoph

Am besten ist die Erziehung, die man nicht merkt.
André Malraux (1901–1976), frz. Politiker, Schriftsteller und Kritiker

Bei der Erziehung muss man etwas aus dem Menschen herausbringen und nicht in ihn hinein.
Friedrich Fröbel (1782–1852), dt. Pädagoge

Denn wir können die Kinder nach unserem Sinne nicht formen:
So wie Gott sie uns gab, so muss man sie haben und lieben,
Sie erziehen aufs Beste und jeglichen lassen gewähren.
Johann Wolfgang von Goethe (1749–1832)

Die Hälfte des Lebens verbringt der Mensch damit, die falschen Vorstellungen seiner Vorfahren loszuwerden; die andere damit, seinen Kindern falsche Ansichten beizubringen.
Winston Spencer Churchill (1874–1965)

Eines wissen alle Eltern auf der Welt: wie die Kinder anderer Leute erzogen werden sollten.
*Alice Miller (*1923), schweizerische Psychoanalytikerin und Schriftstellerin*

Es gibt keine andere vernünftige Erziehung, als Vorbild sein, wenn es nicht anders geht, ein abschreckendes.
Albert Einstein (1879–1955), dt.-amerik. Physiker

Kindererziehung ist ein Beruf, wo man verstehen muss, Zeit zu verlieren, um Zeit zu gewinnen.
Jean-Jacques Rousseau (1712–1778), schweizer.-frz. Schriftsteller und Philosoph

Willst du für ein Jahr planen, säe Reis. Planst du für ein Jahrzehnt, pflanze Bäume. Planst du für ein Leben, erziehe einen Menschen.
Aus China

Erziehung ohne Liebe macht widerspruchsvoll.
Laotse, 4.–3. Jh. v.Chr., chin. Philosoph

Die Richtung, die in der Erziehung eingeschlagen wurde, ist die Richtung, in die das künftige Leben geht.
Platon, 427–347 v.Chr., griechischer Philosoph

Eine einzige offenkundige Lüge des Lehrers gegen seinen Zögling kann den ganzen Ertrag der Erziehung zunichte machen.
Jean-Jacques Rousseau, »Emile«

Die besterzogenen Kinder sind jene, die gelernt haben, ihre Eltern zu sehen, wie sie wirklich sind; Heuchelei ist nicht die erste Pflicht der Eltern.
George Bernard Shaw

Zum Erzieher muss man eigentlich geboren sein wie zum Künstler.
Karl Julius Weber

1. Erziehen und Erziehung

Warum kann und muss der Mensch erzogen werden?

Sie studieren Erziehungswissenschaft für das Lehramt. Damit bereiten Sie sich auf einen Beruf vor, in dem es darum geht, mit Kindern, Jugendlichen oder jungen Erwachsenen zu arbeiten, ihnen etwas beizubringen und sie zu erziehen. Doch: Worin liegt eigentlich die Ursache dafür, dass Menschen erzogen werden *können*? Und vielleicht sogar erzogen werden *müssen*? Nun könnte man einfach sagen, dass es in jeder menschlichen Gesellschaft Formen von Erziehung gibt. Egal, ob man historische Gesellschaften oder gegenwärtige, kleinere oder größere, eher entwickelte oder eher primitive Gesellschaften betrachtet – immer und überall geht es letztlich darum, der jeweils jungen, nachwachsenden Generation bestimmte Fähigkeiten, Fertigkeiten und Einstellungen (z.B. Werte, Normen) zu vermitteln, die für die Existenz und die weitere Entwicklung dieser Gesellschaft von der jeweils älteren Generation als wichtig angesehen werden. Diese Erziehung äußert sich dann in sehr unterschiedlichen Formen: In Grönland wird Kindern zum Beispiel schon früh beigebracht, wie gefangener Fisch geräuchert wird, im mittelalterlichen Europa wurden Kinder dazu gebracht, bereits in jungem Alter bis zur Erschöpfung für ihren Lehnsherrn zu schuften, im britischen Hochadel der Gegenwart kommt es auf gelungene Repräsentationsakte und beispielsweise den angemessenen Smalltalk bei gesellschaftlichen Ereignissen an. Und in unserer bundesdeutschen Gesellschaft kann es beispielsweise darum gehen, dass Dreijährige im Sandkasten auf dem Spielplatz ihre Eimer und Schaufeln dem anderen abgeben, ohne sich mit ihm oder ihr zu prügeln. Und in der Schule soll zur Leistungsfähigkeit, zur Toleranz und zur Friedfertigkeit erzogen werden.

Und dennoch befriedigt das vorher Gesagte in theoretischer Perspektive nicht hinreichend, denn die Frage bleibt weiterhin offen, ob es Erziehung immer und überall tatsächlich gibt und ob das sich nicht auch ändern kann, ob also eine Gesellschaft denkbar wäre, die ohne Erziehung auskommt.

Hier hilft, wir atmen sichtbar auf, eine Wissenschaft weiter, die nach dem Wesen des Menschen fragt, nach seiner Stellung in der Natur; die danach fragt, welche Aspekte prinzipiell zum Menschsein gehören. Diese Wissenschaft ist die Anthropologie, hier die Pädagogische Anthropologie. Und diese hat bis heute eine Fülle von Theorien und Belegen dafür gesammelt, dass es kein Zufall ist, wenn wir in Gesellschaften Formen von Erziehung beobachten. Sie hat plausibel gemacht, dass der Mensch nicht nur erzogen werden *kann*, sondern auf Erziehung strukturell angewiesen ist.

Die wichtigsten Ansätze der Pädagogischen Anthropologie seien nachfolgend genannt:

- Friedrich Nietzsche (1844–1900) schreibt: Der Mensch kann und muss erzogen werden, weil er ein nicht-festgestelltes Tier ist. Der Mensch wird hier mit dem Tier kontrastiert, wobei das Tier für eine klar zugeordnete Umgebung bzw. Um-Welt geschaffen ist, der Mensch sich aber Welt selbst erschließen kann.
- Der Verhaltensforscher Jacob von Uexküll setzt bei diesem Kontrast an und beschreibt das Tier als Wesen mit einer je spezifischen Instinktausstattung. Es steht in einer nur ihm zukommenden »Merkwelt« und zeigt dies u.a. am Beispiel einer Pilgermuschel, die ein eigenes Wahrnehmungs- und Handlungssystem ausgebildet hat, das gänzlich auf ihren einzigen natürlichen Feind, den Seestern, ausgerichtet ist. Im Vergleich dazu besitzt der Mensch keine entsprechende Instinktausstattung. Er lässt sich als instinktreduziert bzw. instinktarm bezeichnen.
- Zusätzlich zur Instinktarmut ist der Mensch auch mit einer ungenügenden organischen Ausstattung bei der Geburt versorgt. Er hat weder natürliche Waffen noch Werkzeuge, um zu überleben. Er hat keine Behaarung, keine Fluchtausstattung, keine ausgeprägten Sinne. Das Neugeborene ist vollständig darauf angewiesen (und dies ziemlich lange), dass es versorgt und behütet wird. Insofern spricht Arnold Gehlen (...) zu Recht vom Mensch als »Mängelwesen« (natürlich nur im Vergleich zum Tier).
- Der Zoologe Adolf Portmann aus Basel schließlich hat die Pädagogische Anthropologie geprägt durch seine These von der »physiologischen Frühgeburt« des Menschen, durch die er eine Sonderstellung habe. Er meint damit, dass der neugeborene Mensch ungefähr ein Jahr braucht, um das zu können, was bestimmte Tiere bereits nach der Geburt können, z.B. aufstehen, gehen, sich kommunikativ mit bislang Unbekannten verständigen. Ein weiterer Beleg für diese These ist, dass das menschliche Gehirn auf die vierfache Größe wächst, bis der Mensch erwachsen ist.
- Portmann hat eine weitere Theorie angestellt: Er differenziert bei Tieren bezüglich der Situation bei der Geburt bzw. kurz danach zwischen »Nesthockern« und »Nestflüchtern«. Nesthockern ist gemeinsam: eine geringe Entwicklung des Gehirns, ein wenig spezialisierter Körperbau, kurze Tragzeiten, eine hohe Nachkommenzahl bei jedem Wurf, der hilflose Zustand des Jungtieres zum Zeitpunkt der Geburt, geschlossene Sinnesorgane. Nestflüchtern sind tendenziell gegenteilige Merkmale gemeinsam. In diesem Raster treffen auf den Menschen einerseits Merkmale der Nestflüchter zu, aber voll ausgeprägt erst etwa nach einem Lebensjahr. Portmann hat dieses Phänomen mit dem Schlagwort des »sekundären Nesthockers« beschrieben.

Wir sehen: Der Mensch kommt unfertig auf die Welt. Doch er hat Fähigkeiten, die das Tier gerade nicht hat: Er hat seinen Verstand, um handelnd in der Welt zu leben statt lediglich mithilfe seiner Instinkte auf seine spezifische »Merkwelt« zu reagieren wie das Tier. Der Mensch kann Routinen entwickeln, um wiederkehrende Situationen erfolgreich zu bewältigen und er kann Neues dazulernen, neue Handlungsschemata ausprobieren, dieses Probieren reflektieren und daraus zweckgerichtet Konsequenzen ziehen. Mit Handeln also kompensiert der Mensch seine mangelhafte Ausstattung, ja mehr noch: er übertrifft bei weitem das, was Tieren möglich ist.

Dabei geht es für den Menschen darum, seinem Handeln Sinn zu geben. Dafür stehen ihm unterschiedliche Symbolsysteme zur Verfügung. Das wichtigste Symbolsystem und das hilfreichste Werkzeug ist die Sprache. Mit ihr kann er Handlungen probeweise durchführen, Vergangenheit und Zukunft schaffen, sich mit anderen Menschen austauschen. Sprache hat also eine »Entlastungsfunktion«.

Wir fassen zusammen: Der Mensch muss und kann erzogen werden, weil er unfertig zur Welt kommt und gleichzeitig weltoffen ist und die Möglichkeit besitzt, vernunftmäßig zu handeln und damit zu lernen. Insofern lässt sich Handeln, Sprache und Denken als spezifische Gattungsmerkmale des Menschen beschreiben.

Was ist Erziehung?

Der Begriff »Erziehung« stammt aus der Zusammensetzung des Verbs »ziehen« und der Vorsilbe »er«. Die deutsche Vorsilbe »er« kommt vom mittelhochdeutschen »er« und dem althochdeutschen »ar-ir« oder »ur« (damals auch selbstständige Präposition, soviel wie »heraus«, »aus«, »von«) und veränderten Verben dahingehend, sie auf den Eintritt oder das Ende des Zustandes umzuschalten. Darüber hinaus spiegelt sich in der Erweiterung von »ziehen« in »erziehen« wohl auch der Aspekt der Intensivierung oder Verinnerlichung wieder. Das Verb »ziehen« wiederum hat verschiedene Bezugspunkte aus dem Alltag:

- in physikalischem Sinne, z.B. einen Wagen ziehen (nicht ruckartig oder gewaltsam, sondern gleichförmig);
- auf die Natur bezogen: einen Baum oder eine Pflanze ziehen, zum Wachsen bringen (damit sich die in ihm/ihr innewohnende Kraft entfalten kann).

Vor allem seit dem 16. Jahrhundert wurden in unserem Sprachkreis, d.h. vor allem in wissenschaftlichen Zirkeln, dann Wortbedeutungen von »erziehen« aufgegriffen, die der griechischen und römischen Antike entstammen:

- »educare« (lat.) als erziehen im seelisch-geistigen Sinne und aufziehen bzw. großziehen durch Nahrung und weitere Aufwendungen;
- »educere« (lat.) herausziehen, emporziehen, auf- und großziehen;
- »erudire« (lat.) ausbilden, unterrichten, etwas aus einem Rohzustand herausbringen (»e rudi ducere«).

Im heutigen Sprachgebrauch lassen sich mindestens sechs Wortverständnisse von »Erziehung« und damit auch Erziehungsbilder unterscheiden:

- Erziehung als Ziehen,
- Erziehung als Führung,
- Erziehung als Regierung und Zucht,
- Erziehung als Wachsenlassen,
- Erziehung als Anpassung,
- Erziehung als Lebenhelfen.

Sie können ja einmal versuchen, sich an einigen unterschiedlichen Beispielen im Geiste zu erinnern, wo Ihres Erachtens Erziehung stattfand. Vielleicht denken Sie dann an Situationen in der Familie, in der Schule, in der Öffentlichkeit, im Gerichtssaal, oder vielleicht im Gefängnis. Sie denken möglicherweise

- an eine Lehrerin, die eine Schülerin für ein besonders soziales Verhalten während einer Gruppenarbeit vor der Klasse lobt;
- an einen Vater, der seiner pubertierenden Tochter verbietet, nach 22 Uhr noch aus dem Haus zu gehen;
- an eine Polizeistreife, die einem nicht angeschnallten Autofahrer ein Verwarnungsgeld von 30 Euro auferlegt oder
- eine Frau, die ihren permanent unpünktlichen Mann bewusst versetzt, um ihm Pünktlichkeit beizubringen.

So unterschiedlich die Situationen und die Handlungsträger auch sind: Alle Situationen haben mit Erziehung zu tun. Insofern lassen sich bestimmte Strukturmerkmale von erzieherischem Handeln ausmachen:

1. Es gibt jemand, der erzieht und jemand, der erzogen wird. Dabei existiert ein mehr oder weniger großes Kompetenzgefälle.
2. Die beiden interagieren intentional, also zielgerichtet.
3. Das Erziehungsgeschehen ist letztlich darauf angelegt, Sinn selbst überflüssig zu machen bzw. sich aufzuheben.
4. Erziehungsprozesse realisieren sich in Lernprozessen.
5. Diese Lernprozesse sind methodisch so arrangiert, dass sie den Lernvoraussetzungen des zu Erziehenden adäquat sind.
6. Beide Seiten, Erzieher und zu Erziehender, sind immer auch Träger von sozialen Rollen mit Rollenmerkmalen, die dem Erziehungshandeln implizit sind.
7. Das Erziehungshandeln geschieht innerhalb eines konkreten historisch-gesellschaftlichen Kontextes und ist damit abhängig von u.a. sozialen, ökonomischen oder politischen Einflüssen.
8. Die Verwirklichung der Ziele erfolgt indirekt, d.h. immer in der Auseinandersetzung mit einem bestimmten Gegenstand, der zum Lerninhalt wird.

Mit diesen acht Strukturmerkmalen lässt sich relativ gut unterscheiden, in welchen Situationen Erziehungshandeln vorliegt. Darüber hinaus verweisen diese Merkmale zugleich auf viele Aspekte, die in diesem Kapitel sowie in den weiteren Kapiteln dieses Buches eine Rolle spielen.

Quellen und weiterführende Literatur

Bock, Irmgard: Pädagogische Anthropologie. In: Roth, Leo (Hrsg.): Pädagogik. Handbuch für Studium und Praxis. Oldenbourg, München 2001, S. 112–122.

Kaiser, Arnim/Kaiser, Ruth: Studienbuch Pädagogik. Grund- und Prüfungswissen. 10., überarbeitete Auflage. Cornelsen Scriptor, Berlin 2001, S. 9–33.

2. Erziehungswissenschaft und Pädagogik – Was ist das eigentlich?

Stellen Sie sich vor, Sie würden durch Deutschland reisen und sich an den vielen Universitäten und den sechs Pädagogischen Hochschulen (die es nur noch in Baden-Württemberg gibt) kundig machen, wie der Bereich »Erziehungswissenschaft« (oder Pädagogik) gegliedert ist, welche Inhalte in den Prüfungsordnungen auftauchen, welche Themen es für die einzelnen Veranstaltungen im Rahmen eines dortigen Lehramtsstudiums gibt: Sie würden ein mehr oder minder heilloses Durcheinander vorfinden.

Das beginnt bereits bei den Türschildern: An einigen Universitäten ist von »den« Erziehungswissenschaften die Rede (als ob es z.B. auch »Theologien« oder »Medizinen« gäbe), an anderen von »der« Erziehungswissenschaft.

Sie würden zwar in den meisten Fällen denselben Begriffen begegnen, z.B. Schulpädagogik, Allgemeine Erziehungswissenschaft, Didaktik, Sonderpädagogik, Sozialpädagogik, Pädagogische Psychologie, Medienpädagogik etc., aber wie das alles aufeinander bezogen ist, welche systematische Ordnung diese Disziplin hat, würde sich Ihnen wohl erst am Ende eines langen Studiums an der dortigen Hochschule erschließen. Und wenn Sie Zeit und Interesse hätten, an verschiedenen Hochschulen in Seminare und Vorlesungen reinzuschauen und dem zu folgen, was und wie dort gelehrt und gelernt wird, dann würde sich Ihnen der Eindruck aufdrängen, bei »der Erziehungswissenschaft« handelte es sich weniger um eine konsistente, strukturiert aufgebaute Disziplin, sondern um einen Gemischtwarenladen, der lediglich durch den gemeinsamen Namen »Erziehungswissenschaft« zusammengehalten wird.

Ihr Eindruck würde nicht täuschen: In der Erziehungswissenschaft dominiert noch immer der Pluralismus. Das lässt sich zum einen dadurch erklären, dass die Erziehungswissenschaft, verglichen mit sehr alten Wissenschaften wie der Theologie, der Medizin oder der Rechtswissenschaft, eine sehr junge Wissenschaft ist. Zum zweiten hat sie eine enorm stürmische Expansion in den 1970er-Jahren erlebt. Dafür spricht u.a. die Zahl der Professorinnen und Professoren: 1966 gab es 196 Professuren, 1980 1.100. Und schließlich spielen auch regionale historische Besonderheiten eine Rolle, z.B. bei der Integration der Pädagogischen Hochschulen in die Universitäten, die ja nicht nur Personal, sondern auch Aufgaben- und Ausbildungsbereiche zu übernehmen hatten. Insgesamt betrachtet kann daher also nicht von »der« Systematik »der« Erziehungswissenschaft gesprochen werden, weil die wissenschaftssystematische Gliederung unaufhebbar mit den realen institutionellen Bedingungen der Hochschulen verwoben ist. Inzwischen haben auch die zahlreichen, unterschiedlich gewichtigen »Teildisziplinen« einen beachtlichen Stand der wissenschaftstheoretischen Vertiefung erreicht. Galten früher die Lehrstuhlinhaber der »Allgemeinen Pädagogik« als die »Päpste« der Erziehungswissenschaft, so hat sich dies heute grundlegend verändert: Die Schulpädagogik hat heute die historischen und gesellschaftlichen Bedingungen der Entstehung von Schule oder die anthropologischen und lernpsychologischen Voraussetzungen des Unterrichts intensiv bearbeitet. In zwanzig Jahren könnte vielleicht die Bildungsökonomie eine dominierende Rolle übernehmen.

Mittlerweile lässt sich eine offene Systematik der Erziehungswissenschaft folgendermaßen veranschaulichen:

Pädagogik / Erziehungswissenschaft			
Allgemeine Pädagogik *Pädagogische Anthropologie* *Philosophie der Erziehung* *Erziehungstheorie* *Bildungspolitik*	Besondere Pädagogiken *Vorschulpädagogik* *Schulpädagogik* *Sozialpädagogik* *Medienpädagogik* *u.a.*	Vergleichende Pädagogik	Historische Pädagogik

Beispiel:

	Schulpädagogik		
	Schultheorie Curriculumtheorie Didaktik Professionstheorie u.a.		

Auf der ersten Ebene ist die Pädagogik bzw. Erziehungswissenschaft in vier große Bereiche untergegliedert. Der erste ist die »Allgemeinen Pädagogik«, bei der es um die Grundlagen und um das »Allgemeine« jeder besonderen oder spezifischen Pädagogik, um ihre philosophischen oder anthropologischen Voraussetzungen, also um eine generelle Theorie der Erziehung und Bildung sowie ihrer Institutionen geht. Weitere große Bereiche der Erziehungswissenschaft sind »Besondere Pädagogiken«, die »Vergleichende Pädagogik«, die Erziehungsprobleme und Bildungssysteme verschiedener Länder vergleicht, sowie die »Historische Pädagogik«.

Dabei ist zu beachten, dass diese vier Bereiche nicht getrennt voneinander funktionieren, sondern sich gegenseitig befruchten. Nehmen wir an, jemand (Studentin oder Professorin) beschäftigt sich mit der internationalen Schulleistungsstudie PISA, die von der OECD durchgeführt wird. Aus der Allgemeinen Pädagogik würden sich z.B. Antworten auf die Frage nach dem zugrunde liegenden Bildungsbegriff und dem Zusammenhang von Bildungspolitik, Bildungsökonomie und dem Bildungssystem ableiten lassen. Als Besondere Pädagogik wäre z.B. die Schulpädagogik zentral, etwa für die Organisation des Unterrichts, die Erstellung von Lehrplänen und Curricula, die Leistungsbewertung u.v.m. Die Vergleichende Pädagogik gäbe wichtige Hinweise durch die Analyse von Schulsystemen der anderen PISA-Teilnehmerstaaten. Und schließlich hätte man innerhalb der Historischen Pädagogik zu fragen, welche geschichtlichen Entwicklungen beim Leistungsbegriff bzw. bei Leistungstests in den Bereichen Lesekompetenz, mathematische Kompetenz, naturwissenschaftliche Kompetenz oder übergreifender Kompetenzen sichtbar gemacht werden können, ob z.B. Sekundarschülerinnen heute deutlich schlechter lesen können als noch vor zwanzig Jahren.

Darüber hinaus wären noch andere wissenschaftliche Disziplinen gefragt: Die Fachdidaktiken für Deutsch, Mathematik, Physik, Biologie oder Chemie könnten die Konzeption, die Durchführung und die Ergebnisse der PISA-Studie untersuchen und bewerten. Die Pädagogische Psychologie wäre dabei gefragt, die Testkonstruktion zu beleuchten und die Pädagogische Soziologie könnte gesellschaftliche Folgewirkungen der PISA-Studie unter die Lupe nehmen.

Das heißt: Eine fundierte Beurteilung oder Weiterentwicklung pädagogischer Fragen ist also angewiesen auf mindestens diese vier großen Bereiche der Erziehungswissenschaft und häufig auch ihrer Nachbardisziplinen.

Auf der zweiten Ebene des Schaubildes werden die Allgemeine Pädagogik und v.a. die Besonderen Pädagogiken dann untergliedert: Vorschulpädagogik, Schulpädagogik, Familienpädagogik, Sozialpädagogik, Betriebspädagogik, Medienpädagogik. Man sieht unschwer, dass hier die Einrichtungen ins Spiel kommen, in denen sich Erziehung und Bildung institutionalisiert hat.

Auf der dritten Ebene schließlich werden am Beispiel der für Sie besonders relevanten Schulpädagogik als einer der »Besonderen Pädagogiken« dann noch feinere Untergliederungen genannt: Schultheorie, Curriculumtheorie, Didaktik, Professionstheorie/Lehrerwissenschaft. In ähnlicher Weise könnte man natürlich auch die anderen »Besonderen Pädagogiken« unterteilen.

Von der Pädagogik zur Erziehungswissenschaft

Bislang wurden hier die Begriffe »Pädagogik« und »Erziehungswissenschaft« synonym verwendet. Das entspricht dem wissenschaftlichen Sprachgebrauch der Gegenwart. Es spricht allerdings einiges dafür, hier auf die Feinheiten einzugehen. Man muss wissen, dass der Begriff »Erziehungswissenschaft« seit dem 1. Weltkrieg, verstärkt aber in den 1960er- und 1970er-Jahren, ein offensiver Begriff war. Die Disziplin versuchte damit ihren Wissenschaftscharakter zu betonen. Während der Begriff »Pädagogik« oftmals mit der Erziehungspraxis und der praxisbezogenen Ausbildung für dieselbe gleichgesetzt wurde, stand der Begriff »Erziehungswissenschaft« für eine eigene erfahrungswissenschaftliche Perspektive auf den Gegenstand der Erziehung und betonte die enge Beziehung zu den empirischen Nachbarwissenschaften und auch die Pluralität wissenschaftlicher Konzeptionen, Forschungsmethoden und Denkansätze.

Freilich sieht man bereits an dieser Stelle, dass unter dem scheinbar harmlosen Begriffsgeplänkel eine gehörige Tretmine verborgen ist, auf die man sehr schnell stößt, sobald man etwas tiefer gräbt: die Frage nach dem Verhältnis von wissenschaftlicher Theorie und pädagogischem Handeln, von Wissenschaft und Praxis. Damit stellt sich auch die Frage nach dem Wissenschaftscharakter des Faches.

Dieter Lenzen hat dazu eine differenziertere Strukturskizze vorgelegt (1994, S. 38/39). Er unterscheidet verschiedene »Subdisziplinen«, »Fachrichtungen« und »Praxisfelder« der Erziehungswissenschaft:

Erziehungswissenschaft

Subdisziplinen (Auswahl)

- *Allgemeine Pädagogik*: Anthropologie der Erziehung; Philosophie der Erziehung
- *Sozialpädagogik*: Einzelfallhilfe; Gruppenarbeit; Gemeinwesenarbeit
- *Berufspädagogik*: Berufliche Sozialisation; Didaktik der Berufserziehung
- *Historische Pädagogik*: Geschichte der Pädagogik; Geschichte der Erziehung; Geschichte der Bildung
- *Vergleichende Pädagogik*: Industriestaaten; Schwellenländer; Entwicklungsländer
- *Schulpädagogik*: Didaktik; Methodik; Medien
- *Erwachsenenpädagogik*: Weiterbildung; berufliche Rehabilitation
- *Sonderpädagogik*: Blindenpädagogik; Verhaltensgestörtenpädagogik; Rehabilitation

Fachrichtungen (Auswahl)

- *Allgemeine Pädagogik*: Ausländerpädagogik / Interkulturelle Pädagogik
- *Sozialpädagogik*: Betriebspädagogik
- *Berufspädagogik*: Freizeitpädagogik
- *Historische Pädagogik:* Kulturpädagogik
- *Vergleichende Pädagogik:* Medienpädagogik
- *Schulpädagogik*: Museumspädagogik
- *Erwachsenenpädagogik;* Verkehrspädagogik
- *Sonderpädagogik*: Friedenspädagogik

Praxisfelder (Auswahl)

- *Allgemeine Pädagogik:* Friedenserziehung
- *Sozialpädagogik:* Gesundheitserziehung
- *Berufspädagogik:* Schule
- *Historische Pädagogik:* Verkehrserziehung
- *Vergleichende Pädagogik:* Sexualerziehung
- *Schulpädagogik:* Umwelterziehung
- *Erwachsenenpädagogik:* Konflikterziehung
- *Sonderpädagogik:* Management-Education

Zweierlei fällt hierbei auf: Zum einen die enorme Vielfalt der »Pädagogiken« und die Wandlung ihrer theoretischen Ansätze. Zum anderen die sehr unterschiedliche praktische Etablierung von Teilgebieten an erziehungswissenschaftlichen Institutionen.

Die erste Ebene nennt die wichtigsten Teilgebiete der Pädagogik, die an vielen Hochschulen als eigene Institute oder mit eigenen Professuren vertreten sind. Als besonderes Merkmal fällt auf, dass die »Allgemeine Pädagogik« neben andere Subdisziplinen gestellt ist, obwohl ihre Aufgabe gerade darin besteht, übergreifende Fragestellungen und theoretische Konzepte zu entwickeln.

Die zweite Ebene benennt unterhalb der Subdisziplinen nun Fachrichtungen, die als Spezialisierungsversuche noch nicht den Charakter einer Subdisziplin erreicht haben. Besonders wichtig ist zurzeit die Ausländerpädagogik/Interkulturelle Pädagogik. Es zeigt sich an der unterschiedlichen Bedeutung der verschiedenen Fachrichtungen, dass diese durchaus von gesellschaftlich-kulturellen Strömungen und auch Moden abhängig sein können.

Die dritte Ebene schließlich bezeichnet Praxisfelder, die als »xy-Erziehung« Gegenstand erziehungswissenschaftlicher Forschung sind, und nicht immer (aber manchmal doch auch) eine eigene Fachrichtung hervorgebracht haben.

Von diesen drei Ebenen sind zu unterscheiden:

- »pädagogische Lehren« wie Montessori-Pädagogik, Waldorf-Pädagogik, Freinet-Pädagogik u.a.m., die oft nach einer Gründerfigur benannt und insofern durch eine gemeinsame »Doktrin« zusammengehalten werden und auf verschiedene Praxisfelder Einfluss üben, und
- theoretische Ansätze/Konzepte/Positionen/Schulen der Erziehungswissenschaft.

Schließlich gibt es noch verwandte Disziplinen wie die Pädagogische Psychologie oder Pädagogische Soziologie, die teilweise bei den »Heimat«-Fächern, teilweise auch in der Erziehungswissenschaft angesiedelt sind. Worauf diese Skizze nicht ausdrücklich verweist, ist die übliche Rede von den »Nachbarwissenschaften« der Pädagogik (also z.B. Philosophie, Soziologie, Psychologie, Biologie, Medizin u.a.m.), die früher zum Teil etwas arrogant als »Hilfswissenschaften« für die Pädagogik bezeichnet wurden. Erziehungswissenschaftliche Forschung und Theoriebildung sind heute ohne diese interdisziplinären Perspektiven nicht mehr denkbar.

Zusammenfassend lässt sich feststellen, dass es keine festgelegte oder verbindliche Gliederung und Systematik der Erziehungswissenschaft gibt. Dennoch lassen sich einige Unter-Disziplinen ausmachen, die sich nahezu durchgängig an den erziehungswissenschaftlichen Fakultäten und Instituten etabliert haben, z.B. Allgemeine Erziehungswissenschaft, Schulpädagogik, Sozialpädagogik, Erwachsenenpädagogik, Berufspädagogik u.a. Davon zu unterscheiden sind verschiedene Spezialisierungsversuche, z.B. Interkulturelle Pädagogik, Medienpädagogik. Schließlich sind zahlreiche aktuelle Praxisfelder Gegenstand erziehungswissenschaftlicher Lehre und Forschung, so z.B. Umwelterziehung, Gesundheitserziehung u.a.

Ein absolut ungelöstes Problem liegt in der Zuordnung der Fachdidaktiken. Als wissenschaftliche Disziplinen stehen sie einerseits zwischen der Schulpädagogik, Allgemeinen Didaktik und der Pädagogischen Psychologie. Andererseits sind sie direkt verbunden mit ihren spezifischen Fachwissenschaften. Die Universitäten lassen bislang nur in Ansätzen erkennen, dass sie fachdidaktische Disziplinen als originäre Aufgabe begreifen. Hier liegt in der näheren und weiteren Zukunft ein großer Entwicklungsbedarf.

Insgesamt versteht sich heute die Erziehungswissenschaft als integrierende Sozialwissenschaft, die interdisziplinär angelegt ist, auch wenn die Erziehungswissenschaft die Komplexität und zum Teil auch die Beliebigkeit des Gegenstandes »Erziehung« betont und betonen muss. Insofern kann man sagen, dass der Gegenstand der Erziehungswissenschaft der »Lebenslauf« mitsamt seiner zahlreichen und wechselnden Einflussfaktoren ist.

Quellen und weiterführende Literatur

Gudjons, Herbert: Pädagogisches Grundwissen. Klinkhardt, Bad Heilbrunn 2001, S. 19–29.

Lenzen, Dieter: Erziehungswissenschaft – Pädagogik. In: Lenzen, Dieter (Hrsg.): Erziehungswissenschaft. Ein Grundkurs. Rowohlt, Reinbek 1994, S. 11–41.

3. Geschichte der Schule – Ein Abriss

Von den sieben freien Künsten bis zur Oberstufenreform

Wenn Sie dieses Kapitel aufschlagen fragen Sie sich vielleicht, warum soll ich denn etwas über die Geschichte der Schule wissen? Damit sollen sich die Historiker herumschlagen! Nichtsdestotrotz kann man es als sinnvoll erachten, sich mit den Grundzügen der historischen Entwicklung der Schule auseinander gesetzt zu haben, da der Blick in die Vergangenheit zugleich als ein Wegweiser für die Zukunft dienen kann.

Weiß man etwas über die Biografie eines Menschen, gelingt es einem leichter, ihn zu verstehen wie er jetzt ist und warum er wann wie handelt. So ähnlich ist das mit der Entwicklung der Schule: Nur, wenn ich weiß wie es war, kann ich einschätzen, wie es im Verhältnis dazu jetzt ist oder auch anders sein könnte.

Die Urzeit

Die Steinzeithöhle wird zum Klassenzimmer? Die Kinder versammeln sich jeden Morgen pünktlich zum Sonnenaufgang in der Schulhöhle, wo sie dem affenähnlichen Lehrerurmensch lauschen, wie er seine Geschichten grunzt? Müssen wir uns so die Geburtsstunde unseres heutigen Schul- und Bildungssystems vorstellen? Wohl eher nicht. Aber auch zu dieser Zeit gab es Bildung. Auch damals wurden den Nachkommen bestimmte Fertigkeiten und Kenntnisse vermittelt, die das Überleben möglich machten und somit zur Erhaltung der Art beitrugen. Natürlich geschah dies nicht wie heute planmäßig und zielgerichtet und schon gar nicht in festen Strukturen und an bestimmten Orten und auch nicht einem größeren Personenverband – aber es geschah.

Erst mit der Entwicklung von Sprache und Schrift, die das Größerwerden der Gemeinschaften erforderte, begann auch die Vermittlung der Kulturtechniken organisiert zu werden.

Die Antike

Mit der Entwicklung der Kultur und Lebensweise in den griechischen Stadtstaaten entstand auch ein erstes Schulsystem. Kinder freier Bürger besuchten ab dem 7. Lebensjahr Privatschulen, wobei Mädchen und Jungen gemeinsam unterrichtet wurden. Obwohl noch nicht institutionalisiert, waren die Lerninhalte in den Schulen doch recht einheitlich. Wie im heutigen Anfangsunterricht standen in den ersten Schuljahren Lesen, Schreiben und Rechnen, sowie Musik und Sport auf dem Stundenplan. Ab dem 13. Lebensjahr wurden den Schülern die *artes liberalis*, die sieben freien Künste (Grammatik, Rhetorik, Dialektik und Arithmetik, Geometrie, Musik und Astrologie), gelehrt. Ziel des Unterrichts war es, das Denken und die Urteilsfähigkeit zu schulen und auf diese Weise die Kultur am Leben zu erhalten. Die Ausbildung geistiger Fähigkeiten und nicht die Vermittlung von Fachwissen standen im Mittelpunkt der Schule. Die Schulbildung galt als Vorbereitung auf das Studium. Dieses traten die jungen Männer im Alter von 17 Jahren an, sofern sie nicht mit dem Militärdienst begannen. Mädchen waren mit 17 im heiratsfähigen Alter und konzentrierten sich auf ihre Aufgabe als Hausfrau und Mutter.

Bei der Ablösung der griechischen Kultur durch die römische wurde das bestehende Schulsystem zunächst von Rom übernommen. Die jungen Menschen (zu dieser Zeit wohl weitestgehend Männer) sollten zu guten Staatsbürgern erzogen werden, was bedeutete, sie zum politischen Handeln zu befähigen. Diesem Anspruch konnte man nur gerecht werden, indem man die Schüler körperlich, sittlich und musisch erzog und sie weiterhin in den sieben freien Künsten bildete. Gleichzeitig sollte das Gelernte auch nützlich und brauchbar sein. Zu dieser Zeit wurden viele Schüler von Sklaven zu Hause unterrichtet, Elementarschullehrer waren wenig anerkannt und schlecht bezahlt. Ab dem 3. Jahrhundert v. Chr. gab es bereits öffentliche Bildungseinrichtungen. Diese dienten dem Kaiser zu vielen Zeiten als Machtinstrument.

Mit dem Fall des römischen Reiches, zerfiel auch das bis dorthin geschaffene – aus heutiger Sicht – schon recht moderne Bildungssystem. Lediglich die Kirche bewahrte Interesse daran, was wiederum die Bildung im Mittelalter sehr prägte.

Das Mittelalter

So war etwa seit dem 8. Jahrhundert die Kirche Träger der wenigen bestehenden Schulen. Die Kirche (und der Adel) finanzierten diese, stellten die Lehrenden und bestimmten über die zu vermittelnden Lerninhalte, was einen großen Einfluss auf politische und gesellschaftliche Entwicklungen mit sich brachte. Auch die Bezeichnung der Schulen machen den religiösen Hintergrund deutlich: Domschulen, Stiftsschulen und Klosterschulen.

Schulen waren meist nur in größeren Städten zu finden, in denen die Schüler (fast ausschließlich Jungen) in den sieben freien Künsten gelehrt wurden.

Ab dem 13. Jahrhundert entstanden die ersten Universitäten – aus Zusammenschlüssen von Lehrern und Schülern einzelner Kloster- und Domschulen. Dort wurden die Studenten zu Klerikern, Rechtskundigen und Medizinern ausgebildet. Die Namen der Abschlüsse sind in unserem heutigen Hochschulsystem immer noch bekannt: Mit bestandener Prüfung erhielt man den Grad des »Magister« oder »Baccalarius«. Die Zulassung für die Universität wurde durch den Abschluss der Artistenfakultät (Dialektik, Philosophie, Physik, Metaphysik, Ethik und Mathematik) erworben. Um den Ansprüchen in dieser Lehranstalt genügen zu können, bedurfte es zuvor einer Vorbereitung auf einer Kloster- oder Domschule. Wie man sich recht gut vorstellen kann, bedeutete solch eine schulische Laufbahn einen enormen finanziellen Aufwand. Der junge Mann musste gegebenenfalls den Heimatort verlassen (was für die Familie den Ausfall seiner Arbeitskraft und somit auch materielle Einbußen zur Folge hatte), in der Stadt eine Unterkunft finden, den Ort wieder wechseln, um eine andere Schule besuchen zu können und die Lehrmittel sowie das Schulgeld bezahlen. Um Geld nebenbei zu verdienen reichte die Zeit oftmals nicht aus. So war es überhaupt nur für die Söhne aus gutem Haus (oft klerikale Oberschicht) möglich, die Bildungsangebote zu nutzen. Das änderte sich als Lateinschulen entstanden, für die auch Laien zugelassen wurden. Lateinschulen übrigens deshalb, weil zu dieser Zeit Deutsch keine Schriftsprache war, sondern Schriftliches nur in Latein verfasst wurde.

Zwischen dem 13. und 14. Jahrhundert kamen – auf Veranlassung der Kaufmannschaft (denn in ihrem Beruf bedeutete nicht lesen und schreiben zu können schließlich einen enormen Wettbewerbsnachteil) – deutsche Schreib- und Leseschulen (Ratsschulen) auf, die allerdings wiederum nicht für alle Heranwachsenden zugänglich waren. In ihnen lernten die Schüler – wie der Name schon sagt – Lesen und Schreiben sowie Latein und Religion. Die religiösen Inhalte standen hier nicht so stark im Mittelpunkt wie in den Kloster-, Dom-, oder Stiftsschulen.

Dem überwiegenden Teil der Kinder – und das galt in erster Linie für die Landbevölkerung – wurde kein Unterricht zuteil.

Die Reformation/Neuzeit

Dies änderte sich mit dem Zeitalter der Reformation: Der Besuch der Schule wurde zum Grundrecht und zur Grundpflicht – Bildung war nun zur Staatssache geworden, was sich an der ersten Kirchen- und Schulordnung von 1528 festmachen lässt. Adel und Bürgertum schlugen den gleichen Bildungsweg ein und die Bemühungen, auch die ländliche Bevölkerung in das Schulsystem einzugliedern, nahmen stetig zu. Lateinschulen bestanden allerdings weiterhin nur in den Städten. Volksschulen (niedere Schichten) und Höhere Schulen (höhere Schichten) waren weiter verbreitet. In den allgemeinen Volksschulen (später Deutsche Schulen genannt) erhielten die Kinder Unterricht in ihrer Muttersprache und hatten religiösen Verkündigungen zu lauschen. In ländlichen Gebieten lernten die Kinder selten in den eingerichteten Dorfschulen, fast immer wurden sie zu Hause oder in so genannten Küsterschulen unterrichtet (Verbreitung und Verteidigung der Glaubenslehre), die finanziell von der Landbevölkerung selbst getragen wurden. Diese hatten auch die Aufgabe den Schulmeister auszuwählen.

Die sehr schlecht bezahlten Lehrer – nicht umsonst kennen wir heute noch das Lied vom armen Dorfschulmeisterlein – wurden häufig von ihren Frauen unterstützt und konnten sich nicht wie heute ausschließlich auf ihren Bildungsauftrag konzentrieren, sondern hatten nebenbei oftmals das Amt des Messners oder Pfarrers inne. (Was nur ein weiteres Zeugnis dafür ist, dass Kirche und Bildung immer noch eng miteinander verwoben waren.) Arme Familien, die nichts zur Bezahlung der Lehrkraft beitragen konnten, schickten ihre Kinder in die Winkelschule, die nur einmal in der Woche abgehalten wurde und ein niedrigeres Leistungsniveau als die Küsterschule hatte. Das Schulsystem war also immer noch nicht nur nach Leistung des einzelnen Schülers, sondern auch nach dem Geldbeutel der Eltern gegliedert.

Infolge der politischen Umwälzungen veränderte sich das bestehende Bildungssystem: Mit Einzug der humanistischen Grundgedanken sollten sich auch die Unterrichtsinhalte ändern, in den Gelehrtenschulen wurde die Lehre der lateinischen Sprache von der Lehre der griechischen Sprache abgelöst. Die Grundzüge antiken Gedankenguts bestimmten den Schulalltag an Gelehrtenschulen (wie heute unterteilt in Unterstufe, Mittelstufe und Oberstufe) und Höheren Schulen, Unterrichtsfächer wie Poetik (Dichtkunst) und Eloquenz (Beredtsamkeit) wurden eingerichtet.

Besonders die Erfindung des Buchdrucks reformierte den Bildungsgedanken. Schriften und Bücher wurden für eine breitere Personengruppe zugänglich und waren nicht mehr wie bisher ausschließlich dem Klerus vorbehalten.

Im Laufe der Zeit gewann der Empirismus an Einfluss auf die Wissenschaft und somit auf die Bildung: Die Naturwissenschaften, Erdkunde und Geschichte wurden im niedrigeren Schulwesen immer wichtiger. Der Mensch sollte sich als erkennendes, gestaltendes Subjekt begreifen. Das Interesse für Alltagsphänomene und die Selbstständigkeit des Einzelnen sollten geweckt werden. Die Lernmethoden orientierten sich an der Natur der Kinder. Das Lernen durch Wiederholen und Nachahmen wurde in großen Teilen durch entdeckendes Lernen abgelöst. Gleichzeitig sollten die Schüler mehr und mehr als Individuen behandelt werden, was sich bei einer Klassenstärke von bis zu 80 Schülern oft als sehr schwierig erwies. Das neue Ideal, die Freiheit des (Christen-)Menschen zu schützen, sollte durch Bildung ermöglicht werden. Diese Gedanken wären im Mittelalter noch undenkbar gewesen.

Trotz aller Bemühungen auch der ländlichen und minderbemittelten Bevölkerung zumindest eine Grundlagenbildung zuteil werden zu lassen, konnte der angestrebte Idealzustand aufgrund des Lehrermangels und der Eingebundenheit der Kinder in die Arbeit der Familie nur unzureichend verwirklicht werden. Besonders in den Wirren des Dreißigjährigen Krieges wurde Bildung eher Gegenstand von religiösen Auseinandersetzungen als gesellschaftliches Gut.

Das 18. und 19. Jahrhundert brachten nur wenige Veränderungen. Zwar wurde das Schulsystem immer mehr verstaatlicht und ein Gesamtplan für ein künftig vom Staat vollständig verantwortetes Schulwesen entworfen, aber die Bezahlung der Lehrer (meist nur aus Dorf- oder Armenkasse), die Klassenstärke und die Ausbildung der Lehrer blieben bis zur zweiten Hälfte des 19. Jahrhunderts mangelhaft. Erst dann wurde die Lehrerbildung vereinheitlicht, bei der erworbene Fachkenntnisse, moralische Befähigung sowie Betragen und »Gemütsart« eine wichtige Rolle spielten. Auch die Bezahlung wurde organisiert und verbessert. Obwohl sich die Bezeichnung der Schularten bzw. deren Schüler (Lesekinder, Buchstabierkinder, ABC-Schüler) wiederum änderte, blieben die Lerninhalte dieselben (Lesen, Schreiben, Religionsunterricht). Das Prinzip der Volksbildung breitete sich weiterhin aus. Jeder Bürger sollte ein gewisses Maß an Bildung haben, nicht zuletzt um durch Fleiß (deshalb auch die Bezeichnung Industrieschule [industria = Fleiß] – die in dieser Zeit häufig zu finden war) Armut und Arbeitslosigkeit vorbeugen zu können.

Die Industrielle Revolution

Im Zuge der Industriellen Revolution Mitte des 19. Jahrhunderts wurde auch das Schulwesen revolutioniert und gilt von diesem Zeitpunkt an als Grundlage unseres modernen Schulsystems: Zunächst wurde das Volksschulwesen sowohl qualitativ als auch quantitativ ausgebaut und der Fächerkanon stark an die Allgemeinbildung und die neuen gesellschaftlichen und beruflichen Ansprüchen angelehnt. Der realistische Zeitgeist sorgte für eine Versachlichung der Lebenselemente, die Welt wurde objektiviert. Dies stand in engem Zusammenhang mit den gesellschaftlichen und weltanschaulichen Veränderungen dieser Zeit: Prägend war die Mechanisierung, der damit einhergehende Einfluss der Naturwissenschaften und der Technik, die auch im Unterricht vermehrt Einzug hielten. Von Bedeutung war nicht nur das Wissen um bestimmte Phänomene, sondern auch deren Beherrschen und Nutzung. Die in den vorherigen Jahrhunderten so bedeutend gewordene Menschenbildung trat in den Hintergrund, die intellektuelle Schulung des Menschen für seine ökonomische und soziale Nutzbarkeit wurde zum zentralen Ziel der Bildungsstätten. Maßstab in dieser Zeit des industriellen Wachstums wurden die wirtschaftlichen Bedürfnisse und soziokulturellen Fähigkeiten, was die Entstehung bzw. den Ausbau beruflicher Bildungseinrichtungen zur Folge hatte.

Um den neuartigen Ansprüchen dieser Zeit gerecht zu werden, entwickelte man neue Schultypen, die sehr an die Dreigliedrigkeit unseres heutigen Schulwesens erinnern: Neben der Volksschule existierten nun die Realschule und das Gymnasium. Die Realschulen galten zum einen als höhere allgemein bildende Schulen mit dem Hauptaugenmerk auf die Realien und zum anderen als Wurzelzweig lateinloser Oberrealschulen. Mit dem Ausbau des höheren Schulwesens wurde das Gymnasium, dessen Ausbildungszeit neun Jahre betrug, eingerichtet. Die Fächer des bisherigen höheren Schulwesens wurden zugunsten der für den industriellen Fortschritt unverzichtbaren Inhalte ergänzt und ersetzt. Auch die Lehrerbildung wurde, wie bis heute beibehalten, nach Schularten getrennt.

Exkurs: Reformpädagogik

Als Gegenströmung, jedoch nicht als Epoche der Schulgeschichte, können die Grundgedanken der Reformpädagogik verstanden werden. Sie bildeten ein Gegengewicht zur Versachlichungstendenz der Industrialisierung. Die Reformpädagogen strebten in diesem Zusammenhang die Entmaterialisierung des Weltbilds und eine einheitliche und ganzheitliche Sicht der Welt an, was sich in Bildungsmaximen wie der Entwicklung der Selbstständigkeit, Selbsttätigkeit sowie Eigenverantwortlichkeit und dem Begreifen der Dinge mit Herz, Hand und Verstand niederschlägt. Das Kind gilt als Ausgangspunkt aller pädagogischen und didaktischen Überlegungen

Die Prinzipien der Reformpädagogik dienen bis heute einigen Pädagogen als Richtlinie. Beleg dafür sind zahlreiche Schulen deren Konzepte sich an namhaften Reformpädagogen orientieren.

Die Weimarer Republik

Was bedeuteten die großen politischen Veränderungen des Ersten Weltkrieges und die daraus resultierende Gründung der Weimarer Republik für die Schüler der damaligen Zeit?

Die Schule legte großen Wert auf die Persönlichkeitsbildung, den Umgang mit Kulturgütern, eine werterfüllte Lebenshaltung, die Weitergabe kultureller Werte und eine Erneuerung der Kulturgemeinschaft. Die Kinder hatten, um diesem Bildungsanspruch gerecht zu werden, vier Jahre lang die Grundschule zu besuchen, danach folgte nochmals vier Jahre der Besuch der Volks- oder Mittelschule oder der sechsjährige Besuch des Gymnasiums (Schulgeld). Da die Standesgrenzen, die Kindern unterer Schichten häufig den Besuch höherer Bildungseinrichtungen verwehrt hatten, im Zuge der politischen Neuerung überwunden worden waren, nahm die Zahl der Einschulungen auf dem Gymnasium stark zu.

Die neuen staatlichen Organisationsprinzipien machten auch vor dem Bildungssystem nicht Halt. Angestrebt wurde ein einheitlich organisierter Aufbau des Schulwesens, der jedoch bald den einzelnen Ländern überlassen wurde. Im Zuge dessen gab es selbst auf den bis dahin vom Staat doch eher vernachlässigten ländlichen, bildungsschwachen Inseln eine hauptamtliche Schulaufsicht. Auch die Lehrerbildung wurde einer Reform unterzogen, von nun an hatte diese akademischen Status.

Bildung wurde zum gesellschaftlichen Thema und bewegte die Gemüter der Politiker: Schule sollte nun endlich von der Bevormundung der Kirche befreit werden. Der Vorstoß, den Religionszwang an den Schulen aufzuheben, scheiterte jedoch an den Protesten großer Teile der Bevölkerung und der Kirchen.

Der Nationalsozialismus

Mit dem Ende der Weimarer Republik öffnet sich das dunkelste Kapitel der deutschen Geschichte. Das nationalistische Gedankengut, das nach der Machtergreifung Hitlers (1933) im damaligen Deutschland propagiert wurde, bestimmte von nun an völlig den deutschen Schulalltag: Ziel war es, die Kinder zu »deutschen Menschen« zu erziehen, die sich für Volk, Vaterland und ihren Führer engagieren. Um diese zu erreichen ließ man ihnen eine besondere körperliche Erziehung angedeihen, unterrichtete sie in Deutschkunde, Rassenlehre (vermeintlich biologisch fundiert) und Geschichte und gründete Auslese- und Eliteschulen, um dort den Nachwuchs zu fördern. Die Schulbücher wurden staatlich reglementiert und die Lehrer, die ebenfalls eng in das nationalsozialistische System eingebunden waren, den einheitlichen weltanschaulichen Maximen der Regierung verpflichtet. Um eine absolute Ausrichtung auf die Werte der Nationalsozialisten zu garantieren wurden alle Schulen neu eingerichtet, die mittleren Schulen wurden vereinheitlicht und das Anspruchsniveau gesenkt, humanistische Gymnasien wurden fast gänzlich abgeschafft und die »deutsche Oberschule« zum Haupttyp erhoben. Wie das ganze Staatssystem, wurde auch das Schulwesen zentralisiert und nivelliert.

Die Nachkriegszeit

Das Ende des Krieges und somit auch des Naziregimes bedeutete zunächst Fremdbestimmung durch die Siegermächte in fast allen staatlichen und gesellschaftlichen Belangen, so auch im Schulwesen. Stark geprägt von der unmittelbaren politischen Vergangenheit musste zunächst die »Umerziehung« der Deutschen zu demokratisch denkenden Menschen erfolgen, um einer Wiederholung der Gräueltaten vorzubeugen. Die Lerninhalte beruhten auf Prinzipien wie Wissenschaftsgläubigkeit, Realität und Rationalität und bildeten somit einen Gegenpol zur verklärten, gemütsbetonten Propaganda der Nazizeit. Aus der Vorkriegszeit wurde die Dreigliedrigkeit des Schulsystems übernommen, deren drei Schularten wechselseitig nicht durchlässig waren. In den 50er-Jahren wurde diese Durchlässigkeit eingeführt und ist bis heute ein Grundprinzip unseres Bildungssystems. Eine weitere damals gegründete Einrichtung, die wir heute immer noch kennen, ist die Kultusministerkonferenz, die sich länderübergreifend mit Angelegenheiten des Bildungswesens beschäftigt. Die Diskussion neuer Bildungsziele war maßgeblich für diese Zeit; um dieser auch eine praktische Grundlage zu geben, richtete man verschiedene Versuchsschulen ein.

Die 1960er-Jahre

Die 60er-Jahre, die bekannt waren für die Aufarbeitung der jüngsten deutschen Vergangenheit und die damit verbundenen politischen Unruhen und Umwälzungen, sorgten in diesem Zusammenhang für ein Umdenken bei der Gestaltung und theoretischen Untermauerung des Unterrichts. Sozial-kommunikative Förderung galt erstrebenswerter als kognitives Lernen. Die Psychologie wurde im Zuge der Erstarkung des Behaviorismus für die Pädagogik immer bedeutsamer, was auch den Unterricht merklich beeinflusste. Einer in den letzten Jahrzehnten sehr vernachlässigte Schulart, deren Anfänge allerdings schon zu Beginn des 20. Jahrhunderts anzusiedeln sind, der Sonder- oder Förderschule, wurde vermehrt Aufmerksamkeit geschenkt.

Die 1970er-Jahre

Die 70er-Jahre stehen im Zeichen der kognitiven Lerntheorien und der Wissenschaftsorientierung, was sowohl Auswirkungen auf den Lehrplan als auch auf die Lehrerbildung sowie die Didaktik hatte. Besonders in der Grundschule orientierten sich die Lerninhalte an Sach- und Fachaspekten, wodurch das volkstümliche Lernen durch das vorwissenschaftliche Lernen abgelöst wurde. Die Lehrerbildung fand an den Universitäten statt (die bestehenden pädagogischen Hochschulen wurden – mit Ausnahme von Baden-Württemberg – Universitäten angegliedert), was die Nähe von Wissenschaft zu Fachwissenschaft und Pädagogik deutlich machen sollte und beim Übergang in die Praxis verschiedenartige Probleme hervorrief (was bis heute in der Lehrerausbildung beobachtet werden kann). Eine andere Schwachstelle des deutschen Bildungssystems wurde durch die Beobachtung sichtbar, dass einige Bevölkerungsschichten (Arbeiterkinder, Landkinder, Mädchen, Katholiken) bildungsmäßig unterrepräsentiert waren. An dieser Stelle wurden Benachteiligungen deutlich, die eigentlich schon als längst überwunden hätten gelten sollen. Nicht zuletzt daraus resultierend wurde der Schwerpunkt im Folgenden weniger auf die Auslesefunktion der Schule als auf allgemeine Menschenbildung und Wissenschaftspropädeutik gelegt.

Die Gesamtschule wurde als mögliches neues Schulkonzept und Modifikation des bisherigen dreiteiligen Schulsystems eingerichtet und das Gymnasium ereilte 1976 die Oberstufenreform, die den Unterricht in Grund- und Leistungskursen mit sich brachte.

Exkurs: Schule in der DDR

In der DDR begann der Einfluss des Staates auf die Erziehung der Kinder bereits im Vorschulalter. Kinderkrippen, Kindergärten und Horte, die staatlich geführt wurden, sorgten für die Betreuung der Kinder, während die Eltern meist ganztags arbeiteten. Die Erziehung – sowohl in der Vorschule als auch in der weiteren Bildungslaufbahn – stand ganz im Zeichen von » Hammer und Sichel«: Erzogen wurde im Geiste der sozialistischen Weltanschauung und Moral.

Im Alter von 7–16 Jahren besuchten alle Kinder die Polytechnische Oberschule, die sich – ähnlich wie in Westdeutschland – in drei Stufen gliederte (Unter-, Mittel- und Oberstufe). Nach 10 Jahren Unterricht in Sprache, Mathematik, Weltgeschichte, Ästhetisches, Musik und Körperkultur machten die Schüler ihren ersten Abschluss. Alle sollten auf eine fundierte Allgemeinbildung zurückgreifen und sich eine Grundlage für die – sich eventuell anschließende – Berufsbildung aneignen können. Diejenigen, die sich nach dem Abschluss nicht für den Eintritt in das Berufsleben entschließen konnten oder wollten, hatten die Möglichkeit die Erweiterte Oberschule zu besuchen. Innerhalb von zwei Jahren wurden die Schüler in Fächern wie Deutsch (Sprache und Literatur), Russisch, Naturwissenschaften, Staatsbürgerkunde, Geschichte und Geografie auf das Abitur und somit auf die Zulassung zum Hochschulstudium vorbereitet.

Schüler mit außerordentlich guten Leistungen oder besonderen Begabungen wurden in Spezialschulen oder -klassen (meist Internate) gefördert, um die wirtschaftliche, wissenschaftliche, kulturelle und sportliche Zukunft des Staates zu sichern. Ebenso wurden Schüler mit physischen oder psychischen Behinderungen gesondert betreut: In Sonderschulen, die – wie bei uns heute – nach Beeinträchtigung der Schüler gegliedert waren, sollte eine optimale Erziehung und Förderung der Kinder garantiert werden.

Im Zuge der deutschen Einheit und seinen politischen und gesellschaftlichen Konsequenzen wurde das Bildungssystem der DDR an das westdeutsche Bildungssystem nach und nach angeglichen.

Beschäftigt man sich mit der Geschichte der Schule, so kann man feststellen, dass das Bildungssystem in allen Zeiten eng mit den politischen und gesellschaftliche Bedingungen verbunden war. Somit ist es – als Lehrerinnen und Lehrer – unsere Pflicht, die damit verbundenen Entwicklungen im Auge zu behalten und immer wieder kritisch zu betrachten.

Quellen und weiterführende Literatur

Rutschky, Katharina: Deutsche Schul-Chronik. Lernen und Erziehen in vier Jahrhunderten. Kiepenheuer & Witsch, Köln 1987.

Herrlitz, Hans-Georg u.a. (Hrsg.): Deutsche Schulgeschichte von 1800 bis zur Gegenwart. Eine Einführung. Juventa, Weinheim und München 2001.

4. Geschichte der Pädagogik – Wichtige pädagogische Köpfe in Geschichte und Gegenwart

Erziehung hat es in jeder menschlichen Gesellschaft bzw. Gemeinschaft seit es Menschen gibt gegeben. Die Geschichte der Pädagogik allerdings, d.h. des Nachdenkens über die beobachtete bzw. wünschenswerte Erziehung von (jungen) Menschen, hat seine Quelle im griechischen Altertum. Schon der Name verweist darauf: *pais* ist der Knabe bzw. das Kind, das geführt wird (*agein*). Bezog sich in den Anfängen der Begriff *paidagogos* (d.h. der Kinderführer) noch auf die Sklaven, die die männlichen Kinder wohlhabender Familien zum Unterricht beim Privatlehrer begleitet haben, so weitete sich die Bedeutung des Wortes zunehmend aus. Pädagogische Fragestellungen bilden seit dieser Zeit einen Kernbestandteil der abendländischen Philosophie.

Will man von der Gegenwart aus den Versuch wagen, die Geschichte der Pädagogik in groben Zügen nachzuzeichnen, so steht man einerseits vor dem Problem, historische Entwicklungen sehr holzschnittartig zeichnen zu müssen. Andererseits hat dies auch den Vorteil, die besonders wichtigen Epochen, Wendungen und Höhepunkte der pädagogischen Geschichte hervorheben zu können.

Wir stellen zuerst die Geschichte der Pädagogik bis zur Neuzeit ganz kurz dar, danach stellen wir wichtige pädagogische Köpfe der Geschichte und Gegenwart näher vor, an denen eine historische Entwicklung gut abzulesen ist. Diese Darstellung birgt viele Risiken:

- Sie suggeriert einen festen pädagogisch-historischen Kanon, der so nicht existiert (und nie existieren kann!).
- Sie verkürzt pädagogische Konzeptionen und Lebenswerke auf wenige Schlagworte.
- Darüber hinaus vernachlässigt sie zahlreiche kluge pädagogische Köpfe. Deutlichstes Beispiel dafür ist der verschwindende Anteil von Frauen. Das liegt weniger daran, dass Frauen weniger Kluges von sich gegeben haben, sondern dass ihnen bis in die Gegenwart hinein weniger publizistisches Gehör entgegengebracht und gesellschaftliche Macht gegeben wurde. Wir hoffen, dass die Zukunft der Pädagogik auch in dieser Hinsicht mehr mit Frauen gespickt sein wird.

Weiterführende Primär- und Sekundärliteratur

zu den einzelnen Personen findet sich u.a. in

Böhm, Winfried: Wörterbuch der Pädagogik. Kröner, Stuttgart 2000.
Blankertz, Herwig: Die Geschichte der Pädagogik. Von der Aufklärung bis zur Gegenwart. Büchse der Pandora, Wetzlar 1982.
Reihe Pädagogische Porträts. Beltz/UTB Verlag.

Von der Antike zur Neuzeit

Unser neuzeitliches Bildungsverständnis hat seine Quelle in der Antike und ist entstanden durch Überformung im Christentum, Säkularisierung in der Renaissance und Auseinandersetzungen seit der Aufklärung. Über den Erziehungsalltag bis zur Aufklärung wissen wir bis heute relativ wenig.

Zentral für die griechische Antike ist die Idee der *paideia* (= Erziehung, Bildung), wie sie in den griechischen Stadtstaaten des 5. und 4. Jahrhunderts vor Christus entstand. *Paideia* war zum einen die Bezeichnung für die Lebensform von jungen Menschen, die auf das gesellschaftliche Leben in der *polis* (= Stadt, Staat, Stadtstaat) vorbereitet wurden, auf die Herrschaftsform der Demokratie, in der Politiker vom Volk gewählt wurden. Von daher war Bildung immer stark an die politische Bildung geknüpft. Darüber hinaus wurde *paideia* zu einem philosophisch ausformulierten Bildungsideal, z.B. in den Hauptwerken Platons (427–347). Ziel der Bildung war es, vom unreflektierten Meinen zum Erkennen der höchsten Idee des guten und gerechten Lebens aller zu gelangen, und dabei die notwendigen Tugenden zu leben: Gerechtigkeit, Tapferkeit, Besonnenheit, Frömmigkeit. Im Kern entwarf Platon damit ein sehr elitäres Bildungsideal. Für Platon sind die Ideen des Guten, Wahren und Schönen bereits bei der Geburt im Menschen vorhanden. Der Mensch tritt dann mit der Geburt aus diesem Reich der Ideen, strebt nach Wiedererinnerung (*Anamnesis*) der Ideen, stirbt und geht ins Ideenreich ein – ein immer währender Kreislauf, Basis eines zyklischen Zeit- und Weltbildes.

In der Epoche der nachklassischen Antike wurde dann das allgemeine Wissen stärker betont (*enkyklios paideia*). Das nun folgende christliche Denken bedeutete einen tief greifenden Einschnitt: Das menschliche Leben wird nicht mehr zyklisch, sondern linear gedacht: Es gibt eine Schöpfung, eine Existenz und ein Jüngstes Gericht. Nicht die Ideen wie bei Platon sind das Höchste, sondern ein gemeinsamer und persönlicher Gott. Es geht nicht mehr um die Erkenntnis weniger, sondern die Erlösung aller Menschen. Die Bindung an Gott und die Vorstellung, dass der Mensch Ebenbild Gottes sei, werden im Mittelalter Basis allen Bildungsdenkens.

In der Epoche der Renaissance findet ein weiterer gravierender Umbruch statt: Durch das »Entdecken« neuer Kontinente oder auch durch die Reformation und die damit verbundene Erschütterung der katholischen Kirche entdeckt sich der Mensch selbst. Immer verbreiteter wird die Vorstellung, der Mensch könne durch sein eigenes Denken die Welt gestalten. Bei Descartes (1596–1650) hieß dies: »Cogito ergo sum.« Der französische Naturphilosoph Francis Bacon (1561–1626) plädierte dafür, die Natur wie eine Maschine zu erforschen. Dass Mensch und Welt das Produkt der eigenen Praxis ist, hatte auch Auswirkungen auf die größere Ausdifferenzierung von Gelehrten und Klerikern, Wissen und Glauben. Erziehung wurde nun als bewusste Form der Tradierung von Lebensformen gedacht und ausgeübt. Es begann der Aufstieg des pädagogischen Denkens zum Kernbestandteil der menschlichen Kultur. Vorläufiger Endpunkt zur Entwicklung der Pädagogik zur Wissenschaft war die Einrichtung des ersten universitären Lehrstuhls, den Ernst Christian Trapp 1779 in Halle einnahm.

Wichtige pädagogische Köpfe in Geschichte und Gegenwart

Comenius (Komensky), Jan Amos (1592–1670)

- *Biografie:* Geboren in Böhmen; Studium in Herborn und Heidelberg; Lehrer, Pfarrer; Bischof der böhmischen Brüdergemeinden; Reisen; Ab 1618 Dreißigjähriger Krieg in Europa: Zerstörung, Tod, Vertreibung, Armut; 1668 Gründung der Königlichen Akademie der Wissenschaften in London.
- *Wichtigste Werke:* Didacta magna (1632); Orbis sensualium pictus (1658).
- *Grundbegriffe:* Natur; Gott; Anschauung; Pansophie.
- *Pädagogisches Konzept:* Gott ist der Ursprung allen Seins; Verantwortung für die Welt in Menschenhand; Mensch soll danach trachten, es ihm gleichzutun; Anleitung dazu findet er in Gottes Werk, der Natur; Lehrer muss von der Natur lernen; Prinzipien seiner Unterrichtslehre: Beachtung des Kindes, Fortschreiten vom Leichten zum Schweren, Anschauung, Klassenunterricht; Naturgemäße Schule; Forderung nach Schulbesuch für alle Kinder; Schulen

als »Menschenwerkstätten«; »Alle alles gründlich lehren« (omnes omnia omnino) als revolutionäres Ziel; Kunst des Lehrens als kunstgerechte Anordnung von Zeit, Stoff und Methode; Lehr-Lern-Prinzipien: vom Leichten zum Schweren, vom Nahen zum Fernen, vom Allgemeinen zum Besonderen; Entwurf eines gestuften Schulwesens: »Mutterschul«, Muttersprachenschule, Lateinschule, Universität.
- *Kritik:* Zwangscharakter, »asubjektive Didaktik«.

Rousseau, Jean-Jacques (1712–1778)

- *Biografie:* Geboren in Genf; Mit 16 Jahren Flucht von Zuhause; Übt viele verschiedene Berufe aus; Französischer Philosoph und Schriftsteller; »Emile« wird vom Parlament verboten und verbrannt; Intellektueller Wegbegleiter der Französischen Revolution; Vernachlässigte seine eigenen fünf Kinder sträflich.
- *Wichtigste Werke:* Preisschriften (1750, 1754); Der Gesellschaftsvertrag (1762); Emile oder Über die Erziehung (1762).
- *Grundbegriffe:* Natur; Gleichheit; Erziehung.
- *Pädagogisches Konzept:* Repräsentant und Überwinder der Aufklärung; Kind als Subjekt »Mensch ist von Natur aus gut«; Menschen nach seiner Natur erziehen; Nur indirekte Erziehung zulässig; Unterordnung des Einzelwillen aus Vernunft; Nur natürliche Bedürfnisse befriedigen; Ungleichheit der Menschen wurzelt im Privateigentum; Entwurf von Entwicklungsabschnitten des Menschen.
- *Kritik:* Totalität von Erziehung, Schein der Freiheit.

Kant, Immanuel (1724–1804)

- *Biografie:* Geboren in Königsberg; Theologe, Philosoph; Professor für Logik und Metaphysik in Königsberg; Begründer der Transzendentalphilosophie.
- *Wichtigste Werke:* Kritik der praktischen Vernunft (1788); Die Metaphysik der Sitten (1797).
- *Grundbegriffe:* Vernunft; Aufklärung; Kategorischer Imperativ.
- *Pädagogisches Konzept:* »Aufklärung ist der Ausgang des Menschen aus seiner selbstverschuldeten Unmündigkeit«; »Habe den Mut, dich deines Verstandes zu bedienen!«; Mensch wird nur durch Erziehung; Verstandesbegriffe gelten nur im Bereich möglicher Erfahrungen, dagegen sind Ideen und Ideale Implikate des Vernunftbereichs; Grundfrage von Erziehung: »Wie kultiviere ich die Freiheit bei dem Zwange?«

Pestalozzi, Johann Heinrich (1746–1827)

- *Biografie:* Geboren in Zürich; Volksschriftsteller; Leiter von Waisenhäusern; Lehrerbildner; Ehrenbürger der Französischen Revolution; Vernachlässigte seine eigenen Kinder.
- *Wichtigste Werke:* Lienhard und Gertrud (1781ff.); Meine Nachforschungen ... (1797); Stanser Brief (1799); Wie Gertrud ihre Kinder lehrt (1801).
- *Grundbegriffe:* Volksbildung; Lebenskreise; Wohnstube; Methode.
- *Pädagogisches Konzept:* »Wohnstube« als Keimzelle von Gesellschaft und Erziehung; Lebenskreise: Familie, Wohnstube, Berufswelt, Volk und Vaterland; Erziehung zur Liebe, Sittlichkeit, Werk seiner Selbst, Lebensbefähigung; »Anfang und Ende meiner Politik ist Erziehung«; Mensch bestimmt durch Natur, Gesellschaft und sich selber; Kopf, Herz, Hand entsprechen Wissen, Wollen und Können; Betonung der praktischen Arbeit.
- *Kritik:* »Methode« ist unsinnige Elementarisierung; Ausbeutung der Kinder in seinen Waisenhäusern; Legitimierung der Prügelstrafe.

von Humboldt, Wilhelm (1767–1835)

- *Biografie:* Geboren in Potsdam; Befreundet mit Schiller und Goethe; Seit 1802 preußischer Gesandter in Rom beim Vatikan; 1809/10 Leiter des preußischen Bildungswesens; Gründer der Universität Berlin; 1819 Innenminister; Protagonist der preußischen Bildungsreform.
- *Wichtigste Werke:* Theorie der Bildung des Menschen (1793); Über den Geist der Menschheit (1797); Königsberger und Litauischer Schulplan (1809).
- *Grundbegriffe:* Bildung; Bildungsreform; Sprache; Kunst.
- *Pädagogisches Konzept:* Gegen ständisches Ausbildungswesen; Zurückdrängung des staatlichen Einflusses; Bildung für alle als Ziel; Bildung als Weg des Individuums zu sich selbst; Selbstbestimmung des Menschen; Sprache ist neben der Kunst entscheidendes Bildungsmedium; Einheitliches Schulkonzept: Einheitsschule; Trennung von allgemeiner Menschenbildung und Berufsbildung.
- *Kritik:* Bildung vor allem für Männer.

Herbart, Johann Friedrich (1776–1841)

- *Biografie:* Geboren in Oldenburg; Einer der Begründer der Pädagogik als Wissenschaft; Hauslehrer; 1805 Professor in Göttingen und Königsberg; Wie Humboldt ursprünglich im Kreis der preußischen Bildungsreformer, in späteren Jahren auf Seiten der Restauration, Widersacher der »Göttinger Sieben«.
- *Wichtigste Werke:* Pestalozzis Idee eines ABC der Anschauung (1802); Allgemeine Pädagogik (1808).
- *Grundbegriffe:* Erfahrung; Realismus; Hauslehrer; Formalstufen.
- *Pädagogisches Konzept:* Konträr zum Dt. Idealismus nimmt H. den Standpunkt des Realismus ein; Zentrale Rolle der Erfahrung; Umgang und Unterricht bilden Menschen; Menschlicher Wille ist an Einsicht gebunden; Päd. Grenzen kennen; Moralität als höchster Zweck der Erziehung; Leitlinie ist der »erziehende Unterricht«; Formalstufen des (Hauslehrer!-) Unterrichts: Wechsel von Vertiefung und Besinnung; Stufe der Klarheit, Stufe der Assoziation, Stufe des Systems, Stufe der Methode; Kulturstufenlehrplan war Grundlage für weitergehende Konzepte der »Herbartianer«; Plädoyer für das Hauslehrerprinzip und gegen öffentliche Schulen.
- *Kritik:* Ablehnung des öffentlichen Schulwesens; Unpolitisches Verständnis von Pädagogik und Erziehung.

Fröbel, Friedrich (1782–1852)

- *Biografie:* Geboren in Thüringen; Bedeutendster Pädagoge der deutschen Romantik; Mitarbeit bei Pestalozzi; Hauslehrer; Gründer der »Allgemeinen deutschen Erziehungsanstalt« in Keilhau (1817) und der »Anstalt zur Pflege des Beschäftigungstriebes für Kindheit und Jugend« (1837); Entwickelte ab 1836 Spielmaterialien für Kinder; Gründung eines Kindergartens (1840).
- *Wichtigste Werke:* Die Menschenerziehung (1826); Mutter- und Kose-Lieder (1844).
- *Grundbegriffe:* Kindergarten; Natur; Geist; Gott.
- *Pädagogisches Konzept:* Von Schelling, Novalis und dem Pantheismus beeinflusst; Ziel von Erziehung ist Lebenseinigung: Mensch soll sich eins wissen mit dem Kosmos und seinem Schöpfer, Gott; Erziehung bedeutet, Äußeres innerlich (Lernen) und Inneres äußerlich (Arbeit) zu machen; »Erziehung ist Beispiel und Liebe – sonst nichts«; Inbegriff des Erziehungsprozesses ist das Spiel; Eigenwelt des Kindes; Wenig Einfluss auf die deutsche Pädagogik; Auch Vorschulpädagogik rezipierte Fröbels Ideen nur verkürzt.

Diesterweg, Friedrich Adolph Wilhelm (1790–1866)

- *Biografie:* Geboren in Siegen; Haus- und Gymnasiallehrer; Viele Jahre Leiter des Lehrerseminars in Moers bzw. in Berlin; Abgeordneter im Preußischen Landtag (Fortschrittspartei/Liberale Partei); Anhänger Pestalozzis; 1847 Amtsenthebung nach Auflehnung gegen restaurative Elemente der preußischen Kultuspolitik.
- *Wichtigste Werke:* Rheinische Blätter (seit 1827); Jahrbuch für Lehrer- und Schulfreunde (seit 1851).
- *Grundbegriffe:* Anschauung; Selbsttätigkeit; Lehrerbildung; Politik.
- *Pädagogisches Konzept:* Ziel von Erziehung: mündiger und kritischer Staatsbürger; Volksbildung als Volksbefreiung; Relative Autonomie der nationalen Einheitsschule gegenüber der Kirche und dem Staat (»Schulgenossenschaften«); Professionalisierung des Lehrerstandes.

Don Bosco, Giovanni (1815–1888)

- *Biografie:* Italienischer Sozialpädagoge; Katholischer Priester und Gründer der Kongregation der Salesianer Don Boscos (SDB); Gründete eigene Erziehungsheime bzw. »Jugendstädte« für gefährdete Jugendliche; Wirkte auch aufgrund seiner charismatischen Persönlichkeit; Förderer der Priesterausbildung; Posthum (1934) heilig gesprochen.
- *Wichtigste Werke:* Amico della Gioventu (Zeitschrift, ab 1848).
- *Grundbegriffe:* Prävention; Glauben; Spiel; Beichte.
- *Pädagogisches Konzept:* Negative Auswirkungen der Industrialisierung und Verstädterung für Kinder und Jugendliche; Erziehungsgrundsatz: Prävention auf christlicher Grundlage; Erziehungspraxis: Spiel, Sport, Gebet, Sakramentenempfang, schulische und berufliche Bildung; Anamnese (Ursachenforschung); Gemischt-geschlechtliche Erziehung; Teil der Jugendbewegungen.

Lange, Helene (1848–1930)

- *Biografie:* Geboren in Oldenburg; Führende Persönlichkeit der deutschen bürgerlichen Frauenbewegung; Trat vor allem für das gleiche Recht der Frau auf Bildung ein; 1889 Gründung der Realkurse für Frauen, 1893 Umwandlung in Gymnasialkurse; 1890 Mitgründung des »Allgemeinen Deutschen Lehrerinnenvereins«.
- *Wichtigste Werke:* Die höhere Mädchenschule und ihre Bestimmung (1888); Lebenserinnerungen (1921).
- *Grundbegriffe:* Frauenbewegung; Bildungsrecht; Gleichberechtigung; Gelbe Broschüre.
- *Pädagogisches Konzept:* Ausgangspunkt: Die Ausbildung in den Höheren Töchterschulen bereitete in keiner Weise auf eine mögliche Berufstätigkeit vor, geschweige denn, dass sie eine fundamentale Bildung vermittelte; Ziele der bürgerlichen Frauenbewegung: die grundlegende Mädchenschulreform; Verbesserung der Mädchenbildung; Aufwertung der Rolle der Lehrerin; Verbesserung der Lehrerinnenausbildung; War zu den Gemäßigten zu zählen: Verschiedenheit der Geschlechter, Frauen sollten zur »Mütterlichkeit« in Familie und Gesellschaft erzogen werden; Wahlrecht war nicht primäres Ziel.

Key, Ellen (1849–1926)

- *Biografie:* Geboren in Sundsholm/Smalland (Schweden); Lehrerin; Pazifistin; Vorkämpferin der Frauenbewegung.

- *Wichtigste Werke:* Das Jahrhundert des Kindes (1900); Die junge Generation (1913).
- *Grundbegriffe:* Natur; Zukunftsschule; Kreativität; Frau.
- *Pädagogisches Konzept:* Rückbesinnung auf Rousseau, naturalistische Interpretation; Wachsenlassen als oberstes Prinzip; Radikale »Freiheit für das Kind«; Verständnis für Kinder als Mädchen und Jungen; Zukunftsschule als Gesamt- und Arbeitsschule; Gegen jede Züchtigung; Die Welt mit Kinderaugen sehen (Raum-/Zeitgefühl).
- *Kritik:* Selektive Sichtweise von Rousseau.

Kerschensteiner, Georg (1854–1932)

- *Biografie:* Geboren in München; Volksschullehrer; Gymnasiallehrer; 1895–1919 Stadtschulrat in München; 1911 Reichstagskandidatur für Freisinnige Volkspartei (Berlin); Ab 1918 Honorarprofessor für Pädagogik an der Universität München; Bedeutendster Vertreter der »Arbeitsschulbewegung«.
- *Wichtigste Werke:* Betrachtungen zur Theorie des Lehrplans (1899); Theorie der Bildung (1926).
- *Grundbegriffe:* Arbeitsschule; Selbsttätigkeit.
- *Pädagogisches Konzept:* Stark beeinflusst von Pestalozzi; Arbeit primär als handwerkliche Arbeit; Erarbeitung der Kulturgüter im Wege der individuellen Neuerzeugung; In Münchner Volksschulen Einführung von Werkstättenunterricht (Schlosser und Schreiner) für Jungen bzw. Schulküchenunterricht für Mädchen; Anschauungsprinzip des naturwissenschaftlichen Unterrichts; Staatsbürgerliche Erziehung als Vorbereitung auf die Position im Staatsgefüge: berufsbezogene Erziehung; Gewissenhaftigkeit, Beharrlichkeit, Selbstüberwindung, Hingabe an ein tätiges Leben; Weiterentwicklung der Fortbildungsschule zur Berufsschule.
- *Kritik:* Nachträgliche theoretische Fundierung (u.a. durch Rekurs auf Spranger) überzeugte nicht; Elitär-konservatives Gesamtkonzept; Tendenzielle Ausblendung der Subjektivität.

Otto, Berthold (1859–1933)

- *Biografie:* Geboren in Bienowitz (Schlesien); Autodidakt: Weder Studienrat noch Volksschullehrer; Privater Hauslehrer; Schriftleiter bei Brockhaus; Gründer seiner »Hauslehrschule«, anfangs 6 Schüler, 1913 über 60 Schüler; Herausgeber der Zeitschrift »Der Hauslehrer« (1901–1917); 1933 Schulschließung durch die Nazis.
- *Wichtigste Werke:* Der Lehrgang der Zukunftsschule (1901); Die Reformation der Schule (1912).
- *Grundbegriffe:* Gesamtunterricht; Ganzheit.
- *Pädagogisches Konzept:* Bezug auf Rousseau; Lernen als »geistiges Wachstum« von innen heraus; Kritik an der »Zwangs- und Strafschule«; Schule als »geistiger Verkehr« soll an das natürliche Lernen in der Familie anknüpfen; Gesamtunterricht (ungefächerter Unterricht) als Ergänzung des Fächerunterrichts; Methoden des Gesamtunterrichts: freies und gebundenes Unterrichtsgespräch.

Gaudig, Hugo (1860–1923)

- *Biografie:* Geboren in Stöckey (Harz); Gymnasiallehrer u.a. an den Fanckeschen Stiftungen in Halle; Ab 1900 Leiter einer Höheren Mädchenschule (Lehrerinnenseminar) in Leipzig; Bedeutender Vertreter der Arbeitsschulbewegung.

- *Wichtigste Werke:* Didaktische Ketzereien (1904); Freie geistige Schularbeit in Theorie und Praxis (1922).
- *Grundbegriffe:* Arbeitsschule; Freie geistige Schularbeit; Persönlichkeitspädagogik.
- *Pädagogisches Konzept:* Innerhalb der Arbeitsschulbewegung vertrat Gaudig das Prinzip der »freien geistigen Schularbeit«; Abgrenzung zu Kerschensteiner durch größere Subjektorientierung; Kritik an vom Lehrer vorgedachten Unterricht; Kritik an »unechten Lehrerfragen«; Wichtiges Ziel von Schule: (geistige) Arbeitstechniken vermitteln, die die Schule zur Selbstständigkeit führen.
- *Kritik:* Große Nähe zu Herbarts Formalstufen.

Steiner, Rudolf (1861–1925)

- *Biografie:* Geboren in Kraljevic (Kroatien); Begründer der »Anthroposophie«; Gründete 1919 im Auftrag des Fabrikanten für Kinder der Beschäftigten der Waldorf-Astoria-Zigarettenfabrik (Stuttgart) die erste »Freie Waldorfschule«; In der Zeit des Nationalsozialismus wurden die Waldorfschulen verboten.
- *Wichtigste Werke:* Theosophie (1904); Anthroposophische Pädagogik und ihre Voraussetzungen (1924).
- *Grundbegriffe:* Anthroposophie; Theosophie; Waldorf-Pädagogik.
- *Pädagogisches Konzept:* Anthroposophie als höherer Erkenntnisweg zur Erfassung des geistig gestaltenden im sinnlich Erscheinenden; Entsprechung von Kulturgeschichte der Menschheit und Individualgenese; Dreiheit des Menschen (Geist, Seele, Leib); Gleichgewicht von Gemüts-, Gefühls-, Erlebnis- und Gestaltungskräften; Entwicklung in 4 Stufen (alle 7 Jahre): Entfaltung des Physischen Leibs, des Ätherleibs, des Empfindungs- oder Astralleibs und des Ich-Leibs; Besonderer Schwerpunkt bei der musischen Entfaltung; Eurythmie: Umsetzen von Sprachlauten und Tönen in Bewegung; Freie Waldorfschulen als nicht konfessionsgebundene Einheitsschule: unabhängig von Wirtschaft, Industrie und Staat; Von Klasse 1–8 Dominanz des Klassenlehrerprinzips; Unterricht als Mischung aus Hauptunterricht, Epochenunterricht, Lehrgängen und künstlerisch-praktischem Arbeiten; Waldorf-Schulen ohne Zensuren und Sitzenbleiben; Ausweitung auf viele Handlungsfelder des Lebens, z.B. biologisch-dynamische Landwirtschaft.
- *Kritik:* Anthroposophie als vormoderne Theorie; autoritätsgebundener Unterricht.

Lietz, Herrmann (1868–1919)

- *Biografie:* Geboren in Dumgenewitz (Rügen); Lehrer an der Universitätsübungsschule in Jena; 1896/97 Aufenthalt an der New School in Abbotsholme (Rochester/England), dem ersten Landerziehungsheim überhaupt; 1898 Gründung und Leiter des ersten »Landerziehungsheims« in Ilsenburg (Harz).
- *Wichtigste Werke:* Die dt. Nationalschule (1911).
- *Grundbegriffe:* Landerziehungsheim.
- *Pädagogisches Konzept:* Vorbilder für Lietz: Fichte und Platons Erziehungsstaat; Landerziehungsheime als Gegenentwurf zur traditionellen Paukschule und der Massenschule (»Sklavenanstalten«) sowie der Lehrer (»Sklavenhalter«); Verbindung von Leben und Lernen; Erziehungsziel: Lebenskompetenz; Einfach-gesunde Lebensweise, körperliche Betätigung, Gemeinschaftsgeist (Schulgemeinschaft, republikanische Schulverfassung); Koedukative Internatsschule; Ganzheitliche Förderung; 1993 gab es in Deutschland 18 Landerziehungsheime (u.a. die »Odenwaldschule« in Oberhambach und die »Schule Schloss Salem« am Bodensee).
- *Kritik:* Elitäre Konzeption und Schulzuweisung.

Montessori, Maria (1870–1952)

- *Biografie:* Geboren in Chiaravalle/Ancona (Italien); Italienische Ärztin und Pädagogin; Arbeit in mehreren Kinderkliniken; Erprobung von Materialien an behinderten Kindern; Gründung von Kinderhäusern (casa dei bambini); 1936 Flucht aus dem faschistischen Italien.
- *Wichtigste Werke:* Selbsttätige Erziehung im frühen Kindesalter (dt. 1913); Kosmische Erziehung (dt. 1988).
- *Grundbegriffe:* Normalisation; Polarisation der Aufmerksamkeit.
- *Pädagogisches Konzept:* Jedes Kind trägt einen von einem Schöpfergott gegebenen eigenen Bauplan in sich; Bauplan entwickelt sich durch vitale Triebkräfte (horme) in individuellen sensiblen Phasen auf ein bestimmtes Ziel hin; Abweichungen (Deviationen) entstehen durch Barrieren in der Umwelt des Kindes; Verantwortlich für Abweichungen sind v.a. die Erwachsenen u.a. durch Ignoranz, Überbehütung, Vernachlässigung; Der Weg zurück führt durch die »Polarisation der Aufmerksamkeit«; »Vorbereitete Umgebung« mit vielfältigen strukturierten Materialien; Jahrgangsübergreifende Klassen; Lehrperson hilft dem Kind, diese zu erfahren; Erziehung der Sinne (Sensualismus); Erziehungsmethode zielt nicht auf eine Effektivierung des kindlichen Lernens, sondern auf die normale Entwicklung des Kindes; »Hilf mir es selber zu tun«.
- *Kritik:* Positivistischer Ursprung; »sprachlose Pädagogik«.

Nohl, Herrmann (1879–1960)

- *Biografie:* Geboren in Berlin; Assistent Diltheys; Professor für Pädagogik in Göttingen; Begründer der sog. »Göttinger Schule« und der geisteswissenschaftlichen Pädagogik; 1933 dem Nationalsozialismus gegenüber positiv eingestellt, 1937 zwangspensioniert und zur Fabrikarbeit eingezogen.
- *Wichtigste Werke:* Pädagogische Aufsätze (1929); Schuld und Aufgabe der Pädagogik (1962).
- *Grundbegriffe:* Pädagogischer Bezug; Pädagogischer Takt; Erziehungswirklichkeit.
- *Pädagogisches Konzept:* Pädagogik als Analyse von Erziehungsnormen und Erziehungswirklichkeit; Erziehungswirklichkeit als abgesonderter Bereich gesellschaftlich-kulturellen Lebens; Kategorie des »Pädagogischen Bezugs« und des »Pädagogischen Takts«; Sozialpädagogik.
- *Kritik:* Partiell fehlende Abgrenzung zum Nationalsozialismus.

Korczak, Janusz (1879–1942)

- *Biografie:* Geboren in Warschau als »Henryk Goldszmit«; Polnischer Kinderarzt und Schriftsteller; Mitarbeiter beim polnischen Rundfunk; Leitete ein jüdisches Kinderheim im Warschauer Ghetto; 1942 Tod im KZ Treblinka, nachdem er zahlreiche Fluchtangebote abgelehnt hatte.
- *Wichtigste Werke:* Wie man ein Kind lieben soll (1918); Das Recht des Kindes auf Achtung (1928).
- *Grundbegriffe:* Eigenrecht des Kindes; Kindergemeinschaft.

Neill, Alexander (1883–1973)

- *Biografie:* Geboren in Forfar (Schottland); Mitbegründer der Neuen Schule Hellerau bei Dresden; Gründete 1924 die bis heute bestehende Internatsschule »Summerhill« in Lyme Regin mit 40 bis 50 Kindern (Suffolk, England); War bis zu seinem Tode Leiter bzw. Ratgeber der Schule; Heute besuchen ca. 100 Schüler Summerhill.

- *Wichtigste Werke:* The Last Man Alive (1938, dt. Die grüne Wolke); Summerhill (1960).
- *Grundbegriffe:* Antiautoritäre Erziehung; Summerhill.
- *Pädagogisches Konzept:* Summerhill-Konzept basierend auf psychoanalytischen Erkenntnissen (besonders W. Reich, Freudomarxismus); Repressionsfreiheit, keine Disziplinarmaßnahmen, Lenkung, suggestive Beeinflussung, ethische und religiöse Unterweisung; Starke Rezeption in Deutschland in den 1970er- und 1980er-Jahren (z.B. Kinderladen-Bewegung).

Petersen, Peter (1884–1952)

- *Biografie:* Geboren in Großenwiehe bei Flensburg; Studierte in Leipzig (bei Wilhelm Wundt), Kiel, Kopenhagen und Posen; 1920 Leiter der Lichtwark-Schule in Hamburg; 1920 Habilitation in Hamburg; 1923 Professor für Erziehungswissenschaft in Jena; Begründer einer realistischen Erziehungswissenschaft (Pädagogische Tatsachenforschung); Schöpfer des »Jena-Plans«; Bis 1950 wissenschaftlicher Begleiter der Jena-Plan-Schule (Übungsschule der Universität), dann von der DDR verboten.
- *Wichtigste Werke:* Innere Schulreform und Neue Erziehung (1925); Der Jena-Plan (1930–1934).
- *Grundbegriffe:* Jena-Plan; Pädagogische Tatsachenforschung; Freie Arbeit; Feier.
- *Pädagogisches Konzept:* Versuch der Integration verschiedener Ströme der Reformpädagogik; Erziehungsziele: Güte, Liebe, Opfer- und Hilfsbereitschaft, Entscheidungsnotwendigkeit und sittliche Verbindlichkeit; »Mit dem Versagen des Jahrgangsklassensystems hängt eng zusammen die Tatsache, dass *rund* seit 1900 die Einrichtung von ›Hilfsschulen‹ nötig wird«; Jena-Plan-Schule: Altersheterogene Stammgruppen, fachbezogene Niveaukurse, projektartige Gruppenarbeit, freies Arbeiten, Wochenarbeitsplan, Mitbestimmung der Schüler; Vier Grundmethoden: Gespräch (Kreisgespräch, Vortrag u.a.), Spiel, Arbeit, Feier; Keine Zensuren, keine herkömmlichen Zeugnisse, sondern Lernentwicklungsberichte; Schulleben; Heute ca. 15 Jena-Plan-Schulen bzw. Peter-Petersen-Schulen in Deutschland.

Freinet, Celestin (1896–1966)

- *Biografie:* Geboren in Gars (Südfrankreich); Landschullehrer und Schulreformer; Gründer der Internationalen Front der Kindheit (1935); Entwicklung von Unterrichtstechniken und Arbeitsmaterialien, u.a. der Schuldruckerei.
- *Wichtigste Werke:* Vom Schreiben- und Lesenlernen: Die »natürliche« Methode (1936).
- *Grundbegriffe:* Schule und Leben; Freier Ausdruck; Schuldruckerei; Kooperation.
- *Pädagogisches Konzept:* Kritik der »Schulkasernen« und dem lebensfernen »scholastischen« Unterricht; Verbindung von Schule und Leben, von körperlicher und geistiger Arbeit; Pädagogische Kooperation von Schülern und Lehrern sowie der Lehrer untereinander; »Aktive Schule«; Zentrale Rolle von Schrift und Schriftlichkeit: Schuldruckerei, Klassenzeitung, Schulkorrespondenz; Ablehnung von Schulbüchern: »Weg mit den Lehrbüchern in der Schule!«; Internationaler Zusammenschluss von progressiven Lehrer/innen.

Makarenko, Anton Semjonowitsch (1888–1939)

- *Biografie:* Geboren in Belopole (Ukraine); Volksschullehrer; 1920 wird ihm die Leitung einer Arbeitskolonie für straffällige Jugendliche (»Maxim-Gorkij-Kolonie«) übertragen; Hintergrund: große Armut und Obdachlosigkeit unter Kindern und Jugendlichen in der Sowjetunion nach Weltkrieg, Bürgerkrieg und Revolution; In der UdSSR gewann Makarenko erst nach seinem Tode Anerkennung und Verbreitung.

- *Wichtigste Werke:* Das pädagogische Poem: Der Weg ins Leben (1920, ersch. 1935); Flaggen auf den Türmen (1953).
- *Grundbegriffe:* Sozialistische Pädagogik; Kollektiv.
- *Pädagogisches Konzept:* In scharfer Abgrenzung zur »Pädagogik vom Kinde aus« (Reformpädagogik) entwickelte er in Form von Erzählungen und Romanen sein System der Kollektiverziehung; Hintergrund: kritische Klientel (Straffällige, Obdachlose u.a.); Grundlage aller Erziehung ist die Einordnung in das Kollektiv; Kollektiv als Antwort auf gesellschaftliches Entwurzeltsein und basale Nöte (u.a. Hunger, fehlende Heimat); Die individuellen Bedürfnisse sind nur im und durch das Kollektiv zu befriedigen; Mensch als formbarer Rohstoff; Erziehungspraxis: Autorität, kollektiver Gehorsam, Leistungswettbewerb, aktive Disziplin.
- *Kritik:* Vernachlässigung des Individuums, Militarismus.

Adorno, Theodor Wiesengrund (1903–1969)

- *Biografie:* Geboren in Frankfurt/Main; Studium der Philosophie, Musikwissenschaft und Psychologie in Frankfurt; Musikkritiker, Redakteur einer Wiener Musikzeitschrift; Promotion 1925; Entzug der Lehrbefähigung 1933 durch die Nazis; Aufenthalt in Oxford, dann New York; Ab 1953 Professor am Institut für Sozialforschung und an der Universität Frankfurt a.M.; Hauptvertreter der »Frankfurter Schule« und der »Kritischen Theorie«.
- *Wichtigste Werke:* Minima Moralia (1951); Erziehung nach Auschwitz (1966).
- *Grundbegriffe:* Mündigkeit; Dialektik; Kritische Theorie.
- *Pädagogisches Konzept:* »Negative Dialektik« (mit Max Horkheimer): schmerzhafte Existenz des Nichtidentischen; Oberstes Erziehungsziel: Mündigkeit; »Es hat das oberste Ziel aller Erziehung zu sein, dass Auschwitz nicht noch einmal sein kann«.

von Hentig, Hartmut (*1925)

- *Biografie:* Geboren in Posen; Seit 1963 Professor für Pädagogik, seit 1968 in Bielefeld; Gründer und 1974–1987 wissenschaftlicher Leiter von Oberstufenkolleg und Laborschule Bielefeld.
- *Wichtigste Werke:* Die Schule neu denken (1993); Bildung (1996).
- *Grundbegriffe:* Bildung; Laborschule Bielefeld.
- *Pädagogisches Konzept:* Bildung unter Bezug und Erweiterung des humboldtschen Bildungsbegriffs; »Die Menschen stärken, die Sachen klären«; Schulgemeinschaft (»polis«) als wichtiger Baustein der Schulreform; Erweiterter Lehrerbegriff.

Klafki, Wolfgang (*1927)

- *Biografie:* Geboren in Angerburg (Ostpreußen); Seit 1963 Professor für Pädagogik an der Universität Marburg; Begründer der bildungstheoretischen, dann der kritisch-konstruktiven Didaktik; Mitarbeit in verschiedenen Bildungskommissionen (u.a. Hessen 1968, NRW 1995).
- *Wichtigste Werke:* Didaktische Analyse (1958); Neue Studien zur Bildungstheorie und Didaktik (1996).
- *Grundbegriffe:* Kategoriale Bildung; Didaktische Analyse.
- *Pädagogisches Konzept:* Grundlage: geisteswissenschaftliche Pädagogik; Kritisch-konstruktive Erziehungswissenschaft und Didaktik: Integration hermeneutischer, empirischer und ideologiekritischer Ansätze; Theorie der kategorialen Bildung.

Rolff, Hans-Günter (*1939)

- *Biografie:* Geboren in Hannover; Seit 1970 Professor und »Leiter des Instituts für Schulentwicklungsforschung« an der Universität Dortmund; Mitarbeit in verschiedenen Bildungskommissionen (u.a. NRW 1995).
- *Wichtigste Werke:* Brennpunkt Gesamtschule (1979); Schulautonomie (1995); Manual Schulentwicklung (1998).
- *Grundbegriffe:* Schulentwicklung; Bildungsplanung; Schulreform.
- *Pädagogisches Konzept:* Schulentwicklung: erst verstanden vor allem als Entwicklung des Schulsystems, dann zunehmend als Entwicklung der Einzelschule; Schulentwicklungskonzept mit Rekursen aus der angloamerikanischen Organisationsentwicklung (OE); Schulentwicklung als Trias aus Organisationsentwicklung, Unterrichtsentwicklung und Personalentwicklung; Teilautonome Schule; Interne und externe Evaluation; Lehrerprofessionalität.

Baumert, Jürgen (*1941)

- *Biografie:* Geboren in Schöningen; Staatsexamen 1968; Professor für Erziehungswissenschaft an der Freien Universität Berlin; Geschäftsführender Direktor am Max-Planck-Institut für Bildungsforschung in Berlin; Leiter der PISA-Studie Deutschland (2000 ff.) und der TIMS-Studie (1997).
- *Wichtigste Werke:* PISA 2000 (2001); TIMSS (1998).
- *Grundbegriffe:* Schulleistungsstudien; PISA; TIMSS.
- *Pädagogisches Konzept:* Bedeutender Vertreter der empirischen Schul- und Unterrichtsforschung; Internationaler Vergleichsblick aufs deutsche Schulwesen; Kritik an der Dominanz des lehrerzentrierten Unterrichtsgesprächs.

von der Groeben, Annemarie (* 1940)

- *Biografie:* Lange Jahre Lehrerin an der Laborschule Bielefeld; Didaktische Leiterin der Primarstufe und Sekundarstufe I der Laborschule Bielefeld.
- *Wichtigste Werke:* Rituale in Schule und Unterricht (2000).
- *Grundbegriffe:* Rituale; Laborschule; Erfahrung.
- *Pädagogisches Konzept:* Laborschule als Gesamt- und Ganztagsschule für alle Schichten der Gesellschaft; Grundkonzeption von Hartmut von Hentig (s.o.); Große Selbstständigkeit und Eigenverantwortung der Schulen; Praktisches Lernen; Der Lernweg der Schule gliedert sich in vier Stufen: Stufe I: Jahrgang 0+1+2-Stufe II: Jahrgang 3+4-Stufe III: Jahrgang 5+6+7-Stufe IV: Jahrgang 8+9+10; Keine Noten, kein Sitzenbleiben; Herausragende Ergebnisse bei PISA-Parallelstudie.

Quellen und weiterführende Literatur

Blankertz, Herwig: Geschichte der Pädagogik. Von der Aufklärung bis zur Gegenwart. Büchse der Pandora, Wetzlar 1982.

Gudjons, Herbert: Pädagogisches Grundwissen. Klinkhardt, Bad Heilbrunn 2001, S. 73–108.

Oelkers, Jürgen: Einführung in die Theorie der Erziehung. Beltz, Weinheim und Basel 2001.

5. Erziehungswissenschaftliche Theorien – Ein kurzer Überblick, auch in die Wissenschaftstheorie

»Englischlernen schon im Kindergarten zu empfehlen«
»Gesamtschule fördert alle Kinder«
»Lesekompetenz deutscher Schüler international desaströs«
»Zu viel Fernsehen schadet Kindern«

So oder anders lauten Schlagzeilen über erziehungswissenschaftliche Untersuchungen. Aber: Wie kommt es überhaupt zu diesen Erkenntnissen? Und was ist daran wissenschaftlich?

Pädagogik versteht sich seit langem als Wissenschaft. Der erste Lehrstuhl für Pädagogik wurde 1779 eingerichtet. Gleichwohl ist ihr Wissenschaftscharakter umstritten. Das hat verschiedene Gründe. Einer ist z.B., dass es unterschiedliche Auffassungen von Wissenschaft gibt. Das gilt zwar nicht nur für die Pädagogik, aber bei ihr ist es besonders folgenreich. Was für die einen schon oder noch Wissenschaft ist, ist es für die anderen keineswegs mehr. Um das Thema in den Griff zu bekommen, gilt es zunächst den Wissenschaftsbegriff zu klären, d.h. zu ermitteln, was Wissenschaft ist, worin ihre Aufgabe (Funktion) besteht.

Im Überblick lassen sich verschiedene Richtungen oder Traditionen oder »Schulen« der Erziehungswissenschaft beschreiben. Diese unterscheiden sich strukturell darin, welche Antworten sie auf folgende Fragen geben:

- Was ist das Ziel der Wissenschaft?
- Wie kommen Theorien zustande?
- Welche Forschungsmethoden sind angemessen?
- Welche Reichweite haben die Aussagen?
- Welches Wissenschaftsverständnis liegt zugrunde?

Wir bewegen uns mit diesen Fragen auf einer Metaebene, die über den Objekttheorien liegt und untersucht, wie die Erziehungswissenschaft zu Erkenntnissen kommt.

Metatheorie untersucht
Objekttheorie Schulpädagogik erforscht Schule/Unterricht

Bei jeder Wissenschaft stellen sich diese Fragen, nicht nur bei Sozial- oder Kulturwissenschaften, sondern auch bei Naturwissenschaften. Dies zeigt sich z.B. in den Diskursen zur Biotechnologie. Und jede Wissenschaft beantwortet diese Fragen explizit oder implizit.

Wer sich also einen Überblick über die Erziehungswissenschaft, ihre Strömungen und Tendenzen verschaffen will, braucht wissenschaftstheoretische Kenntnisse, um die jeweilige Objekttheorie einordnen zu können. Insgesamt lassen sich folgende wissenschaftstheoretischen Positionen für die Erziehungswissenschaft unterscheiden, die sich dann wiederum in verschiedene Richtungen auffächern lassen:

Geisteswissenschaftliche Pädagogik

- **Vertreter** *(originär pädagogisch)*:
  Dilthey (1833–1911)
  Nohl (1879–1960)
  Spranger (1882–1963)
  W. Flitner (1889–1990)
  Weniger (1894–1961)
- **Blütezeit:** 1920–1965
- **Grundbegriffe:**
  Hermeneutik,
  Verstehen,
  Dignität der Praxis
- **Konzept:**
  - Diltheys Abgrenzung der Geisteswissenschaft gegenüber normativen Wissenschaften und Naturwissenschaften.
  - Hermeneutik: Verstehen des Sinns und der Bedeutung des menschlichen Handelns.
  - Hermeneutisch-pragmatische Theoriebildung.
  - Grundlage für Eigenständigkeit der Erziehungswissenschaft (Autonomiepostulat): pädagogischer Bezug (Nohl).
  - Theorie im Dienste der Praxis; Primat der Praxis vor der Theorie; »Die Praxis wird nur mit der Theorie eine bewusstere« (Schleiermacher).

  - Pädagogik kann keine Handlungsanweisungen geben, sondern hilft, die pädagogische Wirklichkeit besser zu verstehen.
  - »Der Mensch erkennt sich nur in der Geschichte« (Dilthey), daher zahlreiche historische Untersuchungen.
- **Methoden:**
  - Verstehen
  - Untersuchung historischer Texte und Dokumente
- **Kritik:**
  - Fehlender Handlungsbezug.
  - Unpolitisch: fehlende Berücksichtigung der realhistorischen Bezüge.
  - Affirmativ.
  - Methoden verkörpern bürgerliche Innerlichkeit.

Kritisch-rationale Erziehungswissenschaft

- **Vertreter**
  - *H. Roth (1906–1983)*
  - *Lay (1862–1926)*
  - *Meumann (1862–1915)*
  - *Popper (1902–1994)*
  - *Brezinka (* 1928)*
- **Blütezeit:** 1960–1975
- **Grundbegriffe:**
  - Induktivismus
  - Erklärung
  - Prognose
  - Kritischer Rationalismus
- **Konzept:**
  - Hinwendung zur empirisch messbaren Erziehungswirklichkeit.
  - Weiterentwicklung vom naiven Empirismus zum Kritischen Rationalismus.
  - Kritischer Rationalismus: Unterscheidung »Erziehungswissenschaft«, »Philosophie der Erziehung«, »Praktische Pädagogik«.
  - Nur »Erziehungswissenschaft« ist Wissenschaft; Sie gibt keine Handlungsanleitungen.
  - Wissenschaft vollzieht sich im Entdeckungszusammenhang (Hypothese), Begründungszusammenhang (Forschungsprozess), Verwertungszusammenhang (Ergebnisverwertung); Letzterer ist nicht mehr Teil der Wissenschaft.
  - Grundfragen: Was ist der Fall und warum ist etwas der Fall?
  - Grundsätze von Theorien: Intersubjektivität, potenzielle Falsifizierbarkeit, keine Werturteile.
  - Ziel ist die Formulierung von Gesetzen, Hypothesen, Prognosen (Wenn-dann-Sätze).
- **Methoden:**
  - Experiment, Beobachtung, Befragung, Test
  - Falsifizieren von Theorien
- **Kritik:**
  - Fehlende Theorieorientierung der Forschungspraxis.
  - Reduktionismus.
  - Gleichgültigkeit gegenüber dem Verwertungszusammenhang.
  - Determinismus.
  - Fehlender Gesellschaftsbezug.

Kritische Erziehungswissenschaft

- **Vertreter** *(originär pädagogisch)*:
  - Horkheimer (1895–1973)
  - Marcuse (1898–1979)
  - Adorno (1903–1969)
  - Habermas (*1929)
  - *Blankertz (1927–1983)*
  - *Klafki (*1927)*
- **Blütezeit:** 1966–1980
- **Grundbegriffe:**
  - Gesellschaftlich-politische Bedingtheit
  - Erkenntnisleitendes Interesse
  - Emanzipation
  - Ideologiekritik
- **Konzept:**
  - Kritik an geisteswissenschaftlicher Pädagogik und Kritischem Rationalismus: Das Gegebene, Gesetzte ist immer gesellschaftlich-historisch bedingt.
  - Ablehnung des Autonomie-Anspruchs der Pädagogik.
  - Grundgedanke: kritische Sicht gegenüber dem gesellschaftlich-historischen Entwicklungsstand von Erziehung.
  - Grundfrage: Wem nützt die Forschung bzw. das Ergebnis?
  - Reflexion der forschenden Position; Aufhebung der Subjekt-Objekt-Trennung.
  - Aufdeckung von Einflüssen auf Forschungsprozess und -produkt.
  - Wirklichkeit ist mehr als das, was empirisch erforschbar ist.
  - Bildung als gesellschaftlicher Prozess.
- **Methoden:**
  - Ideologiekritik
  - Herrschaftsfreier Diskurs
- **Kritik:**
  - Überbetonung der Ideologiekritik.
  - Überbetonung der ges. Verhältnisse; Unterbelichtung des Individuellen.
  - Fehlende Konstruktivität.
  - Erziehung ist immer mit Macht/Herrschaft verknüpft.

Historisch-materialistische Erziehungswissenschaft

- **Vertreter:**
  - *Bernfeld (1892–1953)*
  - *Gamm (* 1925)*
  - *Heydorn (1916–1974)*
- **Blütezeit:** 1920–1930, 1965–1975
- **Grundbegriffe:**
  - Sachzwänge
  - Kapitalismuskritik
  - Ideologiekritik
  - Befreiende Bildung
- **Konzept:**
  - Aus der materialistischen Gesellschafts- und Geschichtstheorie abgeleitet.
  - Radikale Kritik der bürgerlichen Erziehung und des Bildungswesens.

  - Ursprünge in der »revolutionären Pädagogik« der 1920er-Jahre.
  - Wissenschaftstheoretische Grundlage der DDR-Pädagogik.
- **Methoden:**
  - Thematisierung der »wirkwichtigen, aber verborgenen Prämissen der Gesellschaft« (Gamm).
- **Kritik:**
  - Überbetonung der Ideologiekritik.
  - Überbetonung der gesamten Verhältnisse.
  - Unterbelichtung des Individuellen.
  - Rechtfertigung eines DDR-Unrechtssystems.

Wissenschaftstheorie (Metatheorie): Systemtheoretische Pädagogik

- **Vertreter** *(originär pädagogisch)*:
  - Maturana (*1928)
  - Parsons (1902–1979)
  - Luhmann (1927–1998)
  - *Tenorth (*1944)*
- **Blütezeit:** 1970 bis heute
- **Grundbegriffe:**
  - System
  - Funktion
  - Technologiedefizit des Erziehungssystems
- **Konzept:**
  - System ist »ein Satz von Objekten zusammen mit Beziehungen zwischen den Objekten und zwischen ihren Attributen«.
  - Systeme sind autopoietisch (sich selbst hervorbringend) und selbstreferenziell (können sich auf sich beziehen); Sie verfügen über die Fähigkeit zur Wahrnehmung einer Differenz zwischen System und Umwelt.
  - Systemtheoretische Pädagogik bestreitet die Gesetzmäßigkeit von Erziehungshandeln.
- **Methoden:**
  - Analyse von Systemen und den Funktionen der einzelnen Objekte.
- **Kritik:**
  - Es handeln immer auch Individuen, nicht nur Objekte von Systemen.

Was hier so schematisch getrennt ist, überschneidet sich in der erziehungswissenschaftlichen Praxis zunehmend, d.h. es werden an einer Fragestellung unterschiedliche Ansätze miteinander verbunden. Gerade in Forschungsfeldern, die den Alltag der Lehrenden und der Lernenden untersuchen, werden z.B. hermeneutische und systemtheoretische, quantitativ-empirische mit qualitativ-empirischen Forschungszugängen in anspruchsvollen Forschungsdesigns verknüpft.

Quellen und weiterführende Literatur

Gudjons, Herbert: Pädagogisches Grundwissen. Klinkhardt, Bad Heilbrunn 2001, S. 30–53.
König, Eckard/Zedler, Peter: Theorien der Erziehungswissenschaft. Einführung in Grundlagen, Methoden und praktische Konsequenzen. Deutscher Studien Verlag, Weinheim 1998.
Oelkers, Jürgen: Einführung in die Theorie der Erziehung. Beltz, Weinheim und Basel 2001.

6. Schultheorie – Wozu überhaupt Schule?

Die Frage mag erlaubt sein: Wieso gehen eigentlich Millionen Schülerinnen und Schüler regelmäßig zur Schule? Warum gibt es überhaupt Schule? Warum wissenschaftlich ausgebildete Lehrkräfte, warum unterschiedliche Schulen, warum Hierarchien, warum Drei- bzw. Viergliedrigkeit? Welche Funktion hat eigentlich die Schule in der Gesellschaft? Solche und andere Fragen mögen zunächst ähnlich sonderlich erscheinen wie die Frage an den Bankangestellten, warum denn das Sparkonto Zinsen bringt.

Die Beantwortung der oben gestellten Fragen ist Inhalt der Schultheorie, einer Unterabteilung der Schulpädagogik bzw. der Erziehungswissenschaft. Schultheorie hinterfragt damit auch scheinbare Selbstverständlichkeiten, das uns allzu sehr Vertraute und Gewohnte. Persönliche Erfahrungen, Alltagstheorien und subjektive Meinungen haben da nur begrenzte Erklärungskraft. Wer als zukünftige Lehrerin den Charakter der Schule als gesellschaftlicher Institution verstehen will, die bestimmte Funktionen im Gesamtsystem zu erfüllen hat, wird über sein subjektives pädagogisches Engagement hinausgehen und sich mit Theorien zur Schule beschäftigen müssen. In diesem Unterkapitel geht es daher um historische und aktuelle Schultheorien. Die kurze Darstellung dieser Theorien soll ein reflektiertes Verständnis der Institution Schule anbahnen.

Der Gegenstandsbereich einer Theorie der Schule

Im Kontext der Sozialwissenschaften bzw. der Anthropologie hat Erziehung zwei Quellen: Einerseits die Unfertigkeit und Erziehungsbedürftigkeit des Menschen, andererseits der Wille der Gesellschaft nach Reproduktion, Aufrechterhaltung und Zukunftsfähigkeit des sozialen Lebens. Diese Aufgaben haben in den meisten Gesellschaften zwei Institutionen zu leisten: Die Familie und die Bildungsinstitutionen, vor allem die Schule. Dabei lässt sich in ontogenetischer Perspektive erst eine Dominanz der Familie, spätestens ab dem Jugendalter eine Dominanz der Bildungsinstitutionen feststellen.

Welches Wissen den Heranwachsenden in Schulen beigebracht, wie und wozu sie erzogen werden und welche Berechtigungen sie durch den Schulbesuch erhalten sollen, welche Leistungen von den Lehrkräften erwartet und wie die Schule als Institution organisiert und kontrolliert werden soll – auf diese fundamentalen Fragen hat es im Verlauf der modernen Schulentwicklung sehr unterschiedliche Antworten gegeben. Konkurrierende Schultheorien begleiten bis heute den Prozess der Schulentwicklung als systematische Beschreibung dessen, was Schulen leisten bzw. leisten sollten.

In den aktuellen Schultheorien spielt der Begriff der »Sozialisation« eine zentrale Rolle. Nach dem schweizerischen Schultheoretiker und Schulforscher Helmut Fend ist Sozialisation der »Prozess, durch den gleichzeitig die Persönlichkeit von Heranwachsenden konstitutiert und gesellschaftliche Verhältnisse reproduziert werden« (Fend 1980). Fend versteht dabei unter »Reproduktion« nicht eine bloße Wiederholung, sondern eine Anpassung der Kultur an die Modernität, wobei insgesamt meist mehr erhalten als verändert wird. Aktuellere Sozialisationsbegriffe sind da begrifflich differenzierter. Klaus Hurrelmann z.B. meint mit Sozialisation jenen Vorgang, durch den sich eine menschliche Persönlichkeit in Abhängigkeit und in Auseinandersetzung mit den sozialen und dinglich-materiellen Lebensbedingungen entwickelt (Hurrelmann 1989, S. 14). Hannelore Faulstich-Wieland bezeichnet mit Sozialisation »den Prozess, in dem ein Mensch zum integrierten Angehörigen seiner kulturellen und gesellschaftlichen Bezugsgruppe wird. Dieser Prozess stellt eine aktive Auseinandersetzung des Einzelnen mit seiner materiellen wie sozialen Umwelt dar. Aktive Auseinandersetzung meint, dass einerseits die Aneignung des Vorgefundenen erfolgt, diese andererseits aber zugleich be- und verarbeitet wird. Für die Person selbst bedeutet der Sozialisationsprozess die Entwicklung einer eigenen Identität, welche die Person zu etwas Einzigartigem macht, das dennoch nicht isoliert und unverbunden dasteht« (Hannelore Faulstich-Wieland 2002.). Der Prozess der Sozialisation wird als prinzipiell nicht abzuschließen betrachtet, dauert also das ganze Leben lang.

Da bei der Sozialisation die Schule eine gewichtige Rolle spielt, wird sie als »Sozialisationsinstanz« bezeichnet. Zwei Merkmale schulischer Sozialisation sind besonders in den modernen Gesellschaften konstituierend: Schule ist einerseits verpflichtend, andererseits fördernd und anregend.

Historische schultheoretische Ansätze und Analysen

Die einschlägige Literatur zur deutschen Schultheorie (vgl. im Folgenden Apel 1995) unterscheidet einerseits (diachron gesehen) historische Ansätze von Schule in mehreren Zeitabschnitten:

- *Erste Hälfte des 19. Jahrhunderts:* Die Schule als Stätte moralischer Bildung (Hegel 1809, 1815), Schule als besondere Lebensform (Schleiermacher 1813, 1826) und Schule, Unterricht und Schulleben als zentrale Aspekte der Schulbildung (Scheibert 1848).
- *Zweite Hälfte des 19. Jahrhunderts bis 1918:* Schulkritik durch sozialistisch geprägte Ansätze (z.B. Liebknecht 1872), kulturkritische oder reformpädagogische Richtungen (z.B. Lietz 1897) oder aus dem Interesse an einer kindgemäße(re)n Schule (z.B. Kerschensteiner 1908).

- *Weimarer Republik 1919–1933* mit großen schulpolitischen Auseinandersetzungen und gravierenden Bildungsreformen, maßgeblich vorangetrieben durch Reichweins »Grundlinien einer Theorie der Schule« (1925) oder Karsens Modell einer Schule als Stätte gemeinschaftlichen Lebens (1921).
- *Nationalsozialismus 1933–1945* mit einem Konzept von Schule, das ideologischen, menschenfeindlichen und kriegsvorbereitenden Zwecken dienen muss, bereits deutlich bei Hördt (1933), wenn auch stark geistesgeschichtlich geprägt, später in Reinform bei Schemm (1934) oder Bäumler (1942).
- *Die Zeit von 1945–1980,* in der vor allem, im Kontext der realistischen Wende der Erziehungswissenschaft (Heinrich Roth, 1962), die bildungstheoretisch fundierte »Theorie der Schule« von Theodor Wilhelm (1967) prägend war, der die Schule als Ort des wissenschaftlichen Lernens betrachtete. Im Folgenden wurde eine, stark die bisherigen Theorieentwürfe kritisierende, Konzeption von Wolfgang Kramp (1970, 1973) vorgelegt, die auf dem Kritischen Rationalismus und seines Postulats der Intersubjektivität fußt. Klaus Hurrelmann (1975) legte seinen Schwerpunkt auf die schulische Sozialisation und die sozialwissenschaftliche Analyse der Wirkungen des Schulsystems auf die Zielgruppe von Schule, die Schülerinnen und Schüler. Mit dem Beitrag von Helmut Fend (1980) »Theorie der Schule« (s.u.) und Theodor Schulzes Werk »Schule im Widerspruch« (1980) (s.u.) erreicht die historische Diskussion um eine Schultheorie ihren vorläufigen Schlusspunkt. Schulze fasste die bisherigen Theorieansätze zusammen und integrierte didaktische, sozialisationstheoretische, organisations- und systemtheoretische, politökonomische, herrschaftstheoretische und bildungssoziologische Aspekte zu einem Ansatz, der vor allem die historische und didaktische Dimension betont.

An diesem kurzen Überblick sieht man, dass schultheoretisches Denken gerade in den 1960er- bis 1980er-Jahren eine hohe Konjunktur hatte. Dabei erfuhr die Erziehungswissenschaft bzw. die Schulpädagogik – im Übrigen bis heute – große Anregungen durch soziologische und sozialpsychologische Entwürfe und empirische Studien.

Aktuelle Tendenzen der Schultheorie

Als epochal in den vergangenen Jahrzehnten galt der soziologisch akzentuierte Ansatz von Helmut Fend (1980), der der Schule in unserer Gesellschaft drei Funktionen zuschreibt:

Funktionen von Schule		
Qualifikation	Selektion	Legitimation

- *Qualifikation:* Sie bezieht sich auf die Reproduktion kultureller Systeme. Schule muss sicherstellen, dass die heranwachsende Generation über die Kenntnisse, Fähigkeiten und Fertigkeiten verfügt, die für das Funktionieren der Gesellschaft notwendig sind.
- *Selektion:* Sie bezieht sich auf die Reproduktion der Sozialstruktur. Schule verteilt Lebenschancen z.B. durch Noten und Abschlüsse und sichert so, dass die Besten die wichtigsten Plätze im Berufsleben einnehmen können.
- *Legitimation:* Sie bezieht sich auf die Reproduktion der herrschenden Wert- und Normvorstellungen. Schule legitimiert soziale Ungleichheiten und verschafft ihren Entscheidungen Akzeptanz.

Wolfgang Klafki hat 1989 darauf aufbauend eine vierte Funktion, die der »Kulturaneignung« in die Diskussion gebracht, die die individuelle Bedeutung gegenüber der gesellschaftlichen Bedeutung betont. Mit »Kulturaneignung« meint Klafki besondere Aktivitäten und ihre Vergegenständlichungen von Freizeitbeschäftigung über Sport und Kunst bis zu ethischen oder religiösen Sinndeutungen der menschlichen Existenz. Dieser Prozess verläuft quasi vernetzt mit den ersten drei, ist aber nur zum Teil expliziert als Aufgabe der Schule (z.B. in Lehrplänen) erwähnt.

Tillmann u.a. (1995) plädieren dafür, solche Teiltheorien der Gesamtfrage nach dem gesellschaftlichen Implikationszusammenhang von Schule als Institution unterzuordnen. Das scheint eine, wenn auch nicht immer geteilte, praktikable Auffassung vom Gegenstandsbereich einer Theorie der Schule zu sein. Nachdem in den 1970er-Jahren die Schultheorie für tot erklärt wurde, hat es in den 1980er- und 1990er-Jahren unter dem Aspekt Schule und Gesellschaftssystem eine doch recht breite Wiederbelebung gegeben. Die Spannweite reicht vom Verdacht auf »pseudotheoretische Rechtfertigungslehren« bis hin zu Fends soziologischem Theorieentwurf. Das Verhältnis Schule – Gesellschaft ist »in ihrer Bedeutung für Erziehungs- und Unterrichtsprozesse« zu betrachten. »Eine Theorie der Schule darf somit nicht bei einer allein soziologischen Funktionsbestimmung stehen bleiben, sondern muss bis zum Kern der pädagogischen Tätigkeit, muss zu Erziehungs- und Unterrichtsprozessen vordringen, um dort die Auswirkungen des gesellschaftlichen Implikationsverhältnisses aufzuspüren.« (Tillmann u.a. 1995)

Das heißt, dass sich die Schultheorie mit folgenden Punkten befassen sollte: Zum einen mit »dem Zusammenhang zwischen staatlich festgesetzten Leistungs- und Abschlussforderungen und den innerschulischen Sozialisationsprozessen« und zum anderen „mit den Rückwirkungen der Jugendarbeitslosigkeit auf die Lern- und Arbeitsbereitschaft in den Abschlussklassen der Sekundarschule« (s.o.). Ferner hat sich, laut Tillmann, eine Schultheorie sowohl mit den positiven als auch mit den negativen pädagogischen Konsequenzen, die mit dem Beamtenstatus des Lehrers verbunden sind, zu befassen sowie mit den Möglichkeiten pädagogische Erneuerungen, die innerhalb eines Schulsystems bestehen, in Bewegung zu setzen.

Aus der obigen Analyse der historischen Entwicklungslinien einer Schultheorie ergibt sich, dass es verschiedene legitime Ansätze zu einer Theorie der Schule geben kann und dass keine der bislang vorgelegten Theorien so umfassend ist, dass andere Ansätze überflüssig werden. Schultheorie lässt sich aktuell nur als mehrperspektivische Wissenschaft begreifen. Dabei sollten zumindest folgende Kernbereiche berücksichtigt sein:

- Schule als besonderer Ort zwischen Familie und »wirklicher Welt«,
- Kritik der negativen Entwicklungen von Schule (z.B. Verkopfung, Leistungsdruck, Selektionsdruck, Verhinderung von Entfaltungsmöglichkeiten für die Schülerinnen),
- interdisziplinäre Vernetzung von Erziehungswissenschaft und den Bezugswissenschaften, z.B. Soziologie, Sozialpsychologie, Sozialpädagogik, Systemtheorie, Bildungssoziologie,
- Rolle von Macht und Herrschaft innerhalb der Institution.

Quellen und weiterführende Literatur

Apel, Hans Jürgen: Theorie der Schule. Historische und systematische Grundlinien. Auer, Donauwörth 1995.

Fend, Helmut: Theorie der Schule. Urban & Schwarzenberg, München 1980.

Gudjons, Herbert: Pädagogisches Grundwissen. Klinkhardt, Bad Heilbrunn 2001, S. 301–317.

Kaiser, Arnim/Kaiser, Ruth: Studienbuch Pädagogik. Grund- und Prüfungswissen. 10., überarb. Auflage. Cornelsen Scriptor, Berlin 2001, S. 183–204.

Tillmann, Klaus-Jürgen (Hrsg.): Schultheorien. 2. Auflage. Bergmann & Helbig, Hamburg 1993. Erstauflage 1987.

7. Schulpädagogische Tendenzen der Gegenwart

Die Schulpädagogik hat seit ihren Anfängen ein bewegtes Leben hinter sich. Die letzten zwanzig bis dreißig Jahre waren, grob betrachtet, von grundlegenden Neuausrichtungen und Schwerpunktsetzungen geprägt:

- Auf der Ebene des Unterrichts wurden vielfältige Formen der Öffnung proklamiert, entwickelt und überarbeitet. Dabei spielt der Aspekt der Handlungsorientierung eine zentrale Rolle. Darüber hinaus haben sich Fragen der Medienerziehung (bzgl. Computer, Internet etc.) als wichtiger Diskussionsstrang ausgeprägt.
- Auf der Ebene der Einzelschule ging es immer mehr darum, die Chancen der »pädagogischen Handlungseinheit« zu beschreiben. In diesem Zusammenhang entstanden Konzepte der teilautonomen Schule und der Schulentwicklung hin zu einer »lernenden Schule«.
- Auf der Ebene des Schulsystems spielten curriculare Neuansätze eine wichtige Rolle sowie die Diskussion um die Länge der Grundschulzeit und die Reform des gegliederten Schulwesens (v.a. seit TIMSS und PISA).
- Auf der Ebene der Lehrerprofessionalität gab es eine deutliche Hinwendung zu qualitativen Studien, z.B. zur Berufsbelastung, zu berufsbiografischen Phasen oder zu den subjektiven Theorien von Lehrerinnen.
- Quer dazu finden sich seit ca. 10 Jahren, angeregt v.a. durch internationale Forschungsansätze und Schulleistungsstudien, verstärkte Diskussionen um die Qualität und Effizienz von Unterricht und Schule sowie Diskussionen und Forschungen zum Geschlechterverhältnis in Schule und Unterricht.

Schülerzentrierung, Öffnung des Unterrichts, Handlungsorientierung

Die Wurzeln von offenen Unterrichtskonzepten liegen in reformpädagogischen Bestrebungen u.a. von Montessori, Freinet oder Petersen. Andererseits wird offener Unterricht immer als notwendige Antwort auf eine veränderte Kindheit (Individualisierung, Mediatisierung, Demokratisierung) betrachtet. Der Begriff der Öffnung bezieht sich dabei auf die Faktoren Inhalte, Methoden, Organisation (räumlich/zeitlich) und Lehrerrolle:

- inhaltliche Öffnung meint die Schwerpunktsetzung von Inhalten durch die jeweiligen Schülerinnen,

- methodische Öffnung meint die Vielfalt und Auswahlmöglichkeit der Methoden durch die Schülerinnen,
- organisatorische Öffnung meint die räumliche und zeitliche Flexibilität von Unterricht, d.h. z.B. Schülerinnen können entscheiden, wann sie was machen (zeitlich); Lernmöglichkeiten auch außerhalb der Schule werden genutzt (räumlich),
- die neue Lehrerrolle bewegt sich hin zu einem Experten für Lehr-Lernprozesse und einem individuellen Lernberater, der vielfältige Lernanlässe und Lernhilfen zur Verfügung stellt.

Offener bzw. geöffneter Unterricht lässt sich insgesamt als schülerzentrierter und handlungsorientierter Unterricht begreifen, der die Schülerinnen dazu anregt, reale oder fiktive Probleme zu lösen und nicht an Fächergrenzen halt macht. Schülerzentriert ist dieser Unterricht deshalb, weil er an den je spezifischen Interessen, Lernvoraussetzungen und Lernentwicklungsmöglichkeiten der einzelnen Schülerinnen ansetzt, ohne das Curriculum unberücksichtigt zu lassen.

Mit Handlungsorientierung ist die Möglichkeit der Auseinandersetzung mit Lerninhalten gemeint. Dies muss längst nicht, wie immer wieder rezipiert wird, »mit der Hand« passieren. Insofern darf handlungsorientiertes Lernen nicht mit praktischem Lernen (»mit der Hand«) gleichgesetzt werden. Handlungsorientierung als Konzept stammt aus den Ansätzen der Lerntheorie der kulturhistorischen Schule (Leontjew, Wygotsky) sowie der kognitiven Handlungstheorie von Piaget und vor allem Aebli. Handlung lässt sich danach als sinnbestimmte Bearbeitung einer Thematik, eines Inhalts charakterisieren. Sie ist in all ihren Phasen d.h. in Planung, Durchführung, Ergebnis und Auswertung kognitiv durchdrungen. Handlungsorientiertes Lernen ist in diesem Kontext das Gegenteil von rezeptivem Lernen.

In der unterrichtlichen Praxis finden sich offene Unterrichtskonzepte z.B. als Freie Arbeit, Wochenplanarbeit, Werkstattunterricht, Projektunterricht. Bei all diesen Formen wird klar, dass offener Unterricht sehr anspruchsvoll ist: Für die Schülerinnen, die ja zahlreiche Kompetenzen (Sachkompetenzen, Sozialkompetenzen, Selbstkompetenzen) mitbringen müssen, aber auch für die Lehrerinnen, die über eine wesentlich gründlichere diagnostische Kompetenz sowie Kompetenzen bei der Konzeption und Erstellung von Lernmaterialien verfügen müssen.

Neue Medien und Multimedia im Unterricht

Im Jahre 1977 wurden die ersten Home- und Personalcomputer vorgestellt. Seither hat dieses Medium in technischer und ökonomischer Hinsicht eine stürmische Entwicklung und eine umfassende Ausbreitung in nahezu allen Lebens- und Arbeitsbereichen erlebt. Spätestens seit den 1990er-Jahren sind auch immer mehr Privathaushalte mit PC, Multimedia-PC und Internetzugang ausgerüstet. Die Funktionen sind vielfältig: Spielprogramme, Textverarbeitung, Lernprogramme, Teleshopping, Telebanking, Internetrecherchen, Chat, E-Mail und vieles andere mehr.

Die Diskussion, wie die allgemein bildende Schule auf diese neuen zeitgenössischen Schlüsseltechnologien reagieren soll, wurde und wird bis heute in Deutschland kontrovers geführt. Anders als in vielen anderen Staaten mischt sich in der Öffentlichkeit, in den Schulkollegien und auch in der Bildungspolitik bei der Debatte um die Chancen und Risiken der neuen Informations- und Kommunikationstechniken immer wieder Fortschrittsüberzeugung mit Skepsis. Die Positionen reichen von engagierter Befürwortung bis hin zu kulturkritischer Ablehnung. Dennoch bleibt festzuhalten, dass diese neuen Medien Kernbestandteil unserer gegenwärtigen und zukünftigen Kultur sind bzw. sein werden und dass Schule vor der Aufgabe steht, junge Menschen auf diese Gegenwart und Zukunft vorzubereiten und ihnen vor allem Kompetenzen vermittelt, mit den neuen Medien in mündiger und selbstbestimmter Weise umzugehen. Insofern ist Medienkompetenz als Teil einer zeitgemäßen Bildung zu betrachten, der vor allem aus folgenden Aspekten besteht:

- Medienwissen/Medienbewusstsein;
- Medienspezifische Rezeptionsmuster;
- Medienbezogene Genussfähigkeit;
- Medienbezogene Kritikfähigkeit;
- Selektion/Kombination von Mediennutzung;
- Produktion von Partizipationsmustern (eigene Gestaltung von Medien);
- Fähigkeit zur Anschlusskommunikation über Medienerfahrungen.

Seit Mitte der 1990er-Jahre finden die neuen Medien bzw. Inhalte aus dem Feld der Informatik in unterschiedlicher Weise Eingang in die Schule: Als »informationstechnische Grundbildung« (ITG) in allen Klassen 7–9, als Wahlpflichtunterricht oder AG für die Klassen 9/10, als »Informatik« im Fächerkanon der gymnasialen Oberstufe sowie seit Ende der 1990er-Jahre als bundesweite Initiative »Schulen ans Netz« bzw. der Initiative »D 21«, jeweils Kooperationen zwischen dem Bundesbildungsministerium und großen Konzernen des IT-Bereichs, v.a. der Deutschen Telekom. Dadurch wurden mittlerweile auch eine große Zahl von Grundschulen mit Computern und spezieller Lernsoftware sowie einem Internetzugang ausgestattet. Zur Illustrierung: Während 1994 noch die wenigsten Schulen einen Internetzugang hatten, waren es im Jahre 2000 rund 16.000, Ende 2002 nahezu alle der 40.000 deutschen Schulen.

Neben dem Computer als Textverarbeitungswerkzeug spielen bis heute insbesondere Lernprogramme bzw. Lernsoftware eine zentrale Rolle beim Einsatz von neuen Medien im Unterricht. Die Forschung hat jedoch gezeigt, dass die meisten Lernprogramme lediglich traditionelle Aufgabenformen auf den Bildschirm kopieren und nach einer attraktiven Verpackung (Farbe, Bewegung, Töne) suchen. Sie genügen häufig weder fachdidaktischen Kriterien noch nutzen sie die besonderen technischen Möglichkeiten des Computers. Meist handelt es sich um Übungen, die nur denjenigen helfen, die einen Inhalt schon verstanden haben. Neues lernen können Kinder nur selten – und brauchbare Hilfen erhalten vor allem diejenigen nicht, die besondere Schwierigkeiten haben. Demgegenüber müsste es zukünftig darum gehen, Lernsoftware zu entwickeln und zu evaluieren, die geeignet ist, selbstständiges Lernen zu fördern und den Unterschieden zwischen den Kindern gerecht zu werden.

Darüber hinaus ist festzustellen, dass der Nutzen eines Computerprogramms *konzept-* und *kontext*abhängig ist. Entgegen vielfach geäußerten Hoffnungen oder Befürchtungen wirkt eingesetzte Software nicht situationsneutral. Die didaktische Konzeption der Lehrperson, die pädagogische Kultur des Klassenzimmers, die Lernbiografien der Schülerinnen prägen, wie ein konkretes Programm eingesetzt und wie es von einzelnen Kindern wahrgenommen wird.

Auch im Bereich Multimedia, d.h. der Verknüpfung eines Multimedia-PCs mit »interaktiven« Programmen und der Hinzunahme von Informationen bzw. Quellen aus »klassischen« Medien (z.B. Bilder, Video, Ton, Text) auf der Basis weltweiter Informationsnetze (z.B. Internet) hat sich in den letzten Jahren in den bundesdeutschen Schulen viel getan. So gibt es z.B. umfassende Multimedia-Enzyklopädien für die Recherche von Unterrichtsinhalten oder sachbezogene und künstlerische Umsetzungen von Print-Quellen. Hier scheinen noch längst nicht alle schulischen Möglichkeiten genutzt zu sein, was aber nicht nur an der knappen Finanzsituation der Kommunen als Schulträger liegen mag, sondern auch an der ausbaufähigen Kompetenz der Lehrerinnen selbst im Umgang mit den neuen Medien sowie an der Tatsache, dass in aller Regel die Betreuung von Multimedia-Einrichtungen in Schulen eine zusätzliche Arbeit für einige, oft ohnehin überlastete, Kolleginnen ist. Insofern ist es wenig verwunderlich, dass die landesweite bzw. die regionale Lehrerfortbildung in diesem Bereich eines ihrer stärksten Profilfelder hat.

Schulentwicklung und Teilautonomie von Schulen

In den 1960er- und 1970er-Jahren orientierten sich die Theorien der Schulentwicklung hauptsächlich an Fragestellungen der Bildungsökonomie und Bildungssoziologie. Zentrale Themen waren dabei, im Rahmen der makroökonomisch ausgerichteten Bildungsökonomie, der Beitrag der Bildungsausgaben zum Wirtschaftswachstum, der Bedarf an qualifizierten Arbeitskräften und das Funktionieren des Berufsschul- und Weiterbildungssystems. Schulentwicklung war »äußere« Schulentwicklung. Auch die Bildungssoziologie beschränkte sich hauptsächlich auf makropolitische Untersuchungsgebiete wie die Sozialisationsfunktion der Schule oder die Reproduktion von Klassen durch die Schule. Hierbei ging es um Bildungsabschlüsse und die Ungleichheit der Bildungschancen. Aus beiden Bereichen, Bildungsökonomie und Bildungssoziologie, entstanden die Konzepte, die dann im »Bildungsgesamtplan« des Deutschen Bildungsrates (1973) zu finden waren. Mit der Stagnation der Bildungsreform wuchs das Interesse an der Erforschung der Gelingens- und Misslingensbedingungen von schulischen Innovationen. Vor allem im angelsächsischen Raum wurden Implementationsstudien durchgeführt, die ausnahmslos zu dem Ergebnis kamen, dass sich die Umsetzung und damit auch der Erfolg von Plänen nicht auf der staatlichen Ebene, sondern auf der Ebene von Einzelschulen entscheidet. Vor dem Hintergrund dieser Studien bahnte sich im Bereich der Schulentwicklung ein Paradigmawechsel an, und zwar vom Schulsystem zur Einzelschule. Es ging immer mehr um »innere« Schulentwicklung.

Die Folgen dieser Entwicklung waren auch im deutschsprachigen Forschungsraum deutlich ablesbar: Während in den 1970er-Jahren noch Fragen der Schulstruktur und Schulverwaltung im Zentrum von Schulforschung standen, so wurden diese von der Rolle der Einzelschule innerhalb der Bildungsreform abgelöst. Richtungsweisend war in diesem Zusammenhang der Züricher Schulforscher Helmut Fend, der auch durch eigene Forschungen Bestätigung für die These erhielt, dass sich einzelne Schulen derselben Schulform mitunter stärker voneinander unterscheiden als solche von anderen Schulformen. Die Forschung machte dies an unterschiedlichen »Schulkulturen«, »Unterrichtskulturen« oder einem bestimmten »Schulethos« fest. Fend prägte in diesem Zusammenhang das Bild von der »einzelnen Schule als pädagogische Handlungseinheit«. Aus diesen Forschungen entwickelte sich fast logisch die Frage der Unterscheidbarkeit von guten und weniger guten Schulen und damit von der Qualität von Schule (s.u.).

Wer sich mit der aktuellen Bildungsdiskussion befasst, kommt unweigerlich zu dem Schluss: Schulentwicklung ist mittlerweile eines der zentralen bildungspolitischen Themen der Gegenwart und überschneidet sich mit zahlreichen anderen Reformthemen, wie die Frage der Qualität von Schule, die größere Selbstständigkeit bzw. Teil-Autonomie von Schulen, die Öffnung von Schule und Unterricht und die Frage der Kooperation und Kommunikation im Kollegium.

Im Anschluss an Hilbert Meyer verstehen wir unter Schulentwicklung das koordinierte Zusammenwirken der Elemente Organisationsentwicklung, Unterrichtsentwicklung und Personalentwicklung mit dem Ziel, Schule besser und humaner zu machen. Dabei befasst sich Organisationsentwicklung u.a. mit dem Schulprogramm, der Schulkultur, dem Erziehungsklima, dem Schulmanagement, der Teamentwicklung, den Eltern und der Arbeit einer Steuergruppe. Unterrichtsentwicklung konzentriert sich u.a. auf die Schülerorientierung des Unterrichts, das überfachliche Lernen, das Methodentraining, die Öffnung des Unterrichts und die Entwicklung der Lernkultur. Personalentwicklung vollzieht sich u.a. in den Bereichen Kommunikationstraining, Lehrer-Selbst- und Fremdbeurteilung, Schulleitungsberatung, Hospitationen und Jahresgespräche.

Schulentwicklung		
Organisationsentwicklung	Unterrichtsentwicklung	Personalentwicklung

So ergab das die scheinbar paradoxe Situation, dass nun plötzlich Schulpolitik, Schulverwaltung und Schulleitungen diesen Ansatz von Schulentwicklung aufgriffen und zu ihrem Reformkonzept machten. Dies lag zum großen Teil auch daran, dass darin ihre eigene Rolle als Unterstützer, Berater oder Qualitätssicherer wesentlich aktiver angelegt war, als in früheren Reformkonzepten im Rahmen der Schulentwicklung.

Zur gleichen Zeit zogen sich viele Lehrerinnen aus dieser Debatte zurück. Auch die Lehrerverbände äußerten sich von Beginn an sehr kritisch zu den neuen Schulentwicklungskonzepten. Schulentwicklung war (wieder einmal) »von oben verordnet« und, aus Sicht der Kritiker, letztlich mit einer schlechteren personellen und materiellen Ausstattung der Schulen verbunden. Tendenziell waren und sind viele Lehrerinnen, aber auch zahlreiche Verbandsvertreterinnen der Ansicht, die gegenwärtigen Reformen würden auf dem Rücken der beschäftigten Lehrerinnen ausgetragen.

Vor allem die Debatte um die größere Selbstständigkeit der Einzelschule unter dem Schlagwort der »Teil-Autonomie« steht im Zentrum der Kritik an Konzepten der (inneren) Schulentwicklung. Die Teil-Autonomie von Schulen basiert auf einem Theorien-Mix von Politikwissenschaft (Demokratisierung der Gesellschaft), Verwaltungswissenschaft (Subsidiarität bzw. Deregulierung ist billiger und effizienter), Soziologie (Pädagogische Freiheit als Funktionsprinzip der Schule), Kulturwissenschaft (Kollektives Eltern- und Schülerrecht), Schulpädagogik (Erziehung zur und durch Demokratie) und Ökonomie (Schule als Betrieb). Dabei ist mittlerweile die Tendenz offensichtlich, dass sich von den Argumentationssträngen am ehesten die ökonomischen, die organisatorischen und die der pädagogischen Leistungssteigerung durchsetzen. Insgesamt gesehen lassen sich folgende Bausteine der Teil-Autonomie von Schulen herausarbeiten:

- Pädagogische Selbstständigkeit bedeutet Schwerpunktsetzungen in pädagogisch-didaktisch-methodischer Hinsicht, die Veränderung von Stundentafeln und Notengebung, die Öffnung der Schule zum lokalen bzw. regionalen Umfeld im Sinne von »Stadtteilschulen« oder die Bildung von Schulprofilen.
- Organisatorische Selbstständigkeit meint die Veränderung von Unterrichtsorganisation durch flexible Zeitmuster, Projekt- bzw. Epochenunterricht oder Team-Teaching sowie die interne und externe Evaluation, verbunden mit neuen und größeren Zuständigkeiten der schulischen Gremien.
- Personelle Selbstständigkeit meint die Auswahl der Schulleitung, der Lehrerinnen und des nichtlehrenden Personals durch die Gremien der Schule sowie die partielle Auswahl der Schülerinnen.
- Finanzielle Selbstständigkeit bedeutet den Eigenerwerb von Geld- und Sachmitteln sowie die Budgetierung der Sach- und Personalmittel in Eigenverantwortung der Schule.

Jedes dieser vier Felder ist mit den anderen insofern verknüpft, als eine Teil-Autonomie im einem Bereich notwendigerweise die Teil-Autonomie in den anderen Bereichen nach sich zieht. Konkret bedeutet Teil-Autonomie u.a.:

- Profilbildung: Schulen erarbeiten sich ein eigenes Schulprogramm und damit ein eigenständiges pädagogisches Profil.
- Unterrichtsangebot: Schulen entscheiden über die Zusammenlegung von Fächern zu Lernfeldern, Projektunterricht, Nachmittagsangebote.
- Schulen sorgen für eine hausinterne Fortbildung der Lehrer.

- Schulen schreiben frei werdende Lehrerstellen aus und entscheiden über die Besetzung.
- Auswahl nach Fähigkeit der Bewerber und zum Profil der Schule passenden Kompetenzen. Schulen entscheiden (in Zusammenarbeit mit Schulaufsicht und Elternvertretung) über Vergabe von Schulleitungs-Stellen.
- Schulen haben einen eigenen Haushalt. Sie dürfen Gelder einwerben (Sponsoring) und eigene Dienstleistungen bzw. Produkte verkaufen.
- Qualitätsmanagement: Schulen überprüfen ihre Qualität anhand selbst gesetzter Qualitätsstandards (s. Schulprogramm).

Damit teilautonome Schulen sinnvoll arbeiten können, ist ein schulrechtlicher Rahmen notwendig, der das Recht auf Gestaltung mit einer internen und externen Rechenschafts-Pflicht verbindet. Darüber hinaus ist es nötig, die Unterschiedlichkeit der einzelnen Schulen weiterhin mit dem Prinzip der Chancengerechtigkeit zu verbinden, um soziale Ungleichheiten zu verhindern bzw. zu minimieren. Wir sehen hier die Grundfrage zur Ausgestaltung der Teil-Autonomie: Wie lässt sich die größere Selbstständigkeit bzw. Gestaltungsfreiheit der Einzelschulen erreichen, ohne zugleich neue (oder alte) Privilegien zu produzieren?

Dennoch kann mittlerweile als Zwischenfazit festgestellt werden: Im Bereich der inneren Schulentwicklung und der Teil-Autonomie hat sich das pädagogische Prinzip besser durchsetzen können. Die Entwicklung innerhalb der Schulen und des Unterrichts zeigen deutlich positive Tendenzen u.a. in den Bereichen:

- Modernisierung der Lerninhalte und der Methoden
- neue Formen der Leistungsbewertung
- größere Eigenständigkeit der Schulen, z.B. bei der Personalauswahl, der gezielteren Verwendung von Finanzmitteln oder der inhaltlichen Profilbildung
- verstärkte Einbeziehung von Schülern und Eltern
- Diskussion der ungleichen Chancen von Mädchen und Jungen
- Öffnung der Schule in ihr Umfeld und ihre Nachbarschaft
- Förderung der Schülerinnen nach ihren Bedürfnissen und Notwendigkeiten.

Trotz vieler Veränderungen in Theorie und Praxis der Schule sind doch einige Rahmenbedingungen relativ gleich geblieben. Die Verwaltungszuständigkeiten (Schulämter, Regierungsbezirke, Ministerien) mit ihren Hierarchie-Ebenen und Kontrollverfahren haben noch weitgehend Bestand. Auch das zentrale Finanzierungssystem und die Bewirtschaftungsformen sind nahezu unverändert. Der einzelnen Schule sind noch immer kaum weitere Entscheidungs- und Gestaltungsrechte zugewachsen und die tatsächliche Partizipation aller an Schule Beteiligten ist sehr unterschiedlich ausgeprägt.

Bildungsökonomie und Diskussion des gegliederten Schulwesens

Zum Ende des 20. bzw. Beginn des 21. Jahrhunderts ist Schule in Deutschland gekennzeichnet durch gleich bleibend hohe, in Teilbereichen sogar steigende Anforderungen an die Leistungen des Schulsystems bei zugleich wachsenden Finanzierungsschwierigkeiten von Ländern und Kommunen Das Megathema Bildung führt auch dazu, dass der Anspruch an Schule, die Leistungen unseres Nachwuchses zu verbessern, gestiegen ist. Andererseits – und darin besteht die Kluft – ist die Realisierung solcher Leistungsanforderungen, durch die Verschlechterung der äußeren Rahmenbedingungen, schwieriger geworden. Zugleich nimmt der Erziehungsauftrag von Schule in dem Maße zu, wie das Aufwachsen in größeren Familienverbänden und die Erziehung durch Nachbarschaft schwindet.

Viele Bundesländer versuchen schon seit ungefähr zehn bis zwölf Jahren, die Kosten für den Bildungsbereich zu reduzieren. Dies geschieht gegenwärtig mittels unterschiedlicher Sparstrategien: Die Klassenfrequenz, d.h. der Klassenteiler wird erhöht, die Unterrichtsverpflichtung für Lehrerinnen wird angehoben, die Anrechnungsstunden werden abgebaut, Referendarinnen wird mehr Unterricht zugemutet. Eine weitere Sparstrategie ist die Stundentafel-Kürzung insbesondere in den so genannten »weichen Fächern« wie beispielsweise Sport, Bildender Kunst oder Musik. Fasst man die Sparmaßnahmen der Länder qualitativ zusammen, dann wird deutlich, dass dadurch die Anforderungen an Lehrende und Lernende erhöht werden.

Im internationalen Vergleich steht fest, dass in Deutschland insgesamt wesentlich weniger Geld (prozentual gemessen an den öffentlichen Gesamtausgaben) als in vielen anderen OECD-Ländern für Bildung ausgeben wird (Quelle: OECD: Bildung auf einen Blick, 2003): 10 Prozent in Deutschland gegenüber 13 Prozent im OECD-Durchschnitt. Dabei kommt ein weiterer gravierender Punkt hinzu: Deutschland legt den Schwerpunkt seiner Bildungsausgaben nicht in die Grundschule und den Kindergarten, sondern vor allem in die Sekundarstufe I und II (vor allem das Gymnasium) sowie das Studium. Zugespitzt heißt das: Wir investieren dann besonders viel, wenn ca. ein Drittel eines Jahrgangs ausgesiebt worden ist, v.a. durch den Besuch einer Hauptschule. Fast 10 Prozent jedes Jahrgangs verlassen die Schule ohne jeglichen Schulabschluss. Das bedeutet letztlich: Wir produzieren strukturell Versagerbiografien.

Die OECD-Schulleistungsstudien TIMSS und PISA ermittelten für die deutschen Schülerinnen Leistungswerte in zahlreichen Kompetenzen und Inhalten, die nur, wenn überhaupt, mittelmäßig waren. Auffallend war, dass insbesondere Staaten, die bis zum 10. Schuljahr Gesamtschulsysteme haben, deutlich vor Deutschland lagen. Schon viele bundesdeutsche Expertenteams sind in den letzten Jahren nach Finnland, Schweden oder Kanada gereist, um herauszufinden, wo die Ursache für die guten Schulleistungen dieser Länder kommen. Und sogar konservative Bildungspolitiker realisieren mittlerweile, dass die große Unterschiedlichkeit bzw. Heterogenität von Schülerinnen, mit denen die Lehrerinnen dort umgehen, kein Hinderungsgrund, sondern vielleicht eher ein zentraler Baustein für den Erfolg der Schule dort ist und der deutsche Weg der Homogenisierung von Lerngruppen nach vermeintlichen »Begabungsprofilen«, die in Wahrheit soziale Barrieren sind, weder den stärkeren noch den schwächeren Schülerinnen viel nützt.

Insofern wird es in den nächsten Jahren sicher eine verstärkte Diskussion in Schule und Gesellschaft, bei Eltern, Lehrerinnen und Bildungspolitikerinnen darüber geben, ob das deutsche Modell der Drei- bzw. (mit Sonderschule) Viergliedrigkeit noch seine Berechtigung hat und wie lange gemeinsam gelernt werden soll, d.h. auch, ob die Grundschulzeit nicht verlängert wird. Notwendig ist auf jeden Fall, die hiesige selektive Schul- und Unterrichtskultur abzulösen durch eine Kultur der Förderung für alle Schülerinnen, unabhängig von ihren kognitiven, emotionalen und psychomotorischen Lernvoraussetzungen.

Qualität von Schule und Unterricht

Qualitätsdiskussion

Wenn Sie an Ihre eigene Schulzeit zurückdenken, war von Bedeutung, dass Sie selbst, als Schülerin, durchaus »guten« von »schlechtem« Unterricht unterscheiden konnten und gleichzeitig die einzelnen Schulen Ihrer Stadt oder Gemeinde einen besseren oder schlechteren Ruf hatten.

Demgegenüber war die Frage der Qualität von Unterricht und Schule innerhalb der institutionellen Bildungsdiskussion eher anders akzentuiert: Bis in die 1980er-Jahre hinein galt Qualität allein durch eine Änderung der Quantitäten, d.h. durch eine Expansion zu bewerkstelligen: Mehr Lehrerinnen, mehr höhere Abschlüsse, mehr Chancengleichheit. Diese Diskussionslinie folgte der realen Bildungsexpansion und dem Nutzen, den man sich davon versprach. Begriffe marktwirtschaftlicher Färbung wie Qualität, Evaluation oder Effizienz spielten in Diskussionen in der Schule und um die Schule bis dahin eine absolute Nebenrolle. Für viele galt: Schule und Unterricht spielt sich auf einem Terrain ab, in dem es vor allem um lebendige Lernprozesse, um Chancengleichheit und quantitative Parameter (z.B. Klassengröße, Schüler-Lehrer-Relation, Abschlüsse) geht. Ungefähr Mitte der 1990er-Jahre setzte dann ein Paradigmenwechsel in der Bildungsdiskussion ein. Angestoßen wurde dieser u.a. durch internationale Schulleistungsstudien, v.a. durch TIMSS (»Third International Science and Mathematics Study«). Diese OECD-Studie zum mathematischen und naturwissenschaftlichen Unterricht zeigte, dass bundesdeutsche Schülerinnen international gesehen nur Mittelmaß erreichen. Vor allem Japan war bei TIMSS Spitze. Darüber hinaus zeigte die innerdeutsche TIMSS-Auswertung, dass zwischen den einzelnen Bundesländern gravierende Leistungsunterschiede bestehen.

Eingebettet war diese Erfahrung des Bildungsschocks durch TIMSS in eine generelle Akzentverschiebung hin zur Frage nach qualitativen Kriterien für Schule und Unterricht. Diese war durch mehrere Faktoren bedingt:

- Zum Ersten führten die geringeren Berufschancen dazu, dass Eltern und Schülerinnen selbst darauf achteten, eine gute Schulbildung und einen zukunftssicheren Bildungsabschluss zu erreichen.
- Zum Zweiten erschien die immer stärkere Einbindung Deutschlands in der EU und damit verbundene rechtliche Regelungen (z.B. Anerkennung von Schulabschlüssen) geeignet, die fehlende Einheitlichkeit der Schulsysteme in den einzelnen Bundesländern und damit auch die Kulturhoheit infrage zu stellen.
- Zum Dritten wurde von den meisten Bundesländern den einzelnen Schulen mehr Teil-Autonomie zugestanden (s.o.), was die Vergleichbarkeit von Bildungsprozessen und -ergebnissen notwendig machte.
- Zum Vierten haben die beruflichen Bildungssysteme (Duales System, Hochschulen) schrittweise ihre Zugangsvoraussetzungen erhöht, z.B. durch Aufnahmeprüfungen, Numerus Clausus etc. Die Begründung war: Zu viele Schülerinnen erreichen zu hohe Abschlüsse. Das drückt insgesamt die Qualität. Daher müssen z.B. die Betriebe oder Universitäten auswählen, wer geeignet für sie ist. Dies führte dazu, dass alleine das Vorhandensein eines Schulabschlusses immer weniger wert wurde.
- Zum Fünften stellte sich immer stärker heraus, dass die reformorientierte Schulforschung und Bildungspolitik die Fachleistungs-Dimension tendenziell ausgeblendet hat.
- Sechstens wurde im Laufe der Schulentwicklungsdiskussion klar, dass der Kern und der Prüfstein einer guten Schule guter Unterricht sei.
- Und schließlich gab es schon immer, besonders aber in der Reformpädagogik und der Zeit der großen Bildungsdiskussion in den 1970er-Jahren, bei Eltern, Schülerinnen, aber auch Lehrerinnen, mithin der gesamten interessierten Öffentlichkeit eine große Kritik an Prozess und Produkt des Unterrichts an deutschen Schulen.

Eingebettet in all diese Entwicklungen wurde TIMSS zu einem Kristallationspunkt, nicht Ausgangspunkt, der Qualitätsdiskussion um gute Schule und guten Unterricht in Deutschland. Nicht umsonst ist so zu erklären, warum eine 1994 erschienene internationale Vergleichsstudie zur Lesefähigkeit (»IEA«), die auch für die deutschen Schülerinnen, gemessen an den Erwartungen, desaströs ausfiel, kaum öffentliche Beachtung fand. Der Kontrapunkt dazu bildet eine weitere OECD-Studie, die 2001 publiziert wurde und auch die Lesekompetenz der Sekundarschülerinnen als Schwerpunkt hatte: PISA. Die PISA-Studie hat eine umfassende öffentliche Aufmerksamkeit erfahren, wobei sich mittlerweile zeigt, dass nahezu jede bildungspolitische Position, jedes neue Lehr- und Lernmaterial und jede pädagogische oder fachliche Äußerung mit dem Etikett »PISA« versehen wird. Darüber hinaus weisen erste Analysen der bildungspolitischen Maßnahmen der einzelnen Bundesländer und der Kultusministerkonferenz (KMK) nach PISA darauf hin, dass einzelne Reformakzente gesetzt werden (z.B. Grundschulenglisch, Lesetrainings etc.), dass aber gleichzeitig Grundlagen wie das selektive Schulsystem oder die praxisferne Lehrerausbildung an den Universitäten im Kern nicht angetastet werden.

Was ist eine gute Schule? Was ist guter Unterricht?

Fasst man die nationalen und internationalen Forschungen zur Frage, worin sich gute Schulen, d.h. Schulen, in denen effektiv und human gelernt wird, von weniger guten Schulen unterscheiden, lassen sich folgende Bausteine herauskristallisieren:

- Leistungsorientierung,
- arbeitsorganisatorisches Funktionieren,
- intensive Kooperation der Lehrerinnen,
- Innovationsbereitschaft und -fähigkeit der Lehrerinnen,
- Einbeziehung der Eltern, auch in zentrale Fragen,
- flankierende Stützmaßnahmen der Schulaufsicht,
- Führungsqualitäten der Schulleitung,
- gemeinsame Wertorientierung (Schulethos),
- intensive Kommunikation über die Planung, Durchführung und Auswertung von Unterricht,
- Fähigkeiten zur Evaluation,
- angemessene finanzielle und personelle Ressourcen,
- gutes Schulklima,
- Fortbildungsbereitschaft der Lehrerinnen.

Auch zur Frage des guten Unterrichts lassen sich einige Faktoren benennen:

- Lernen wird vor allem unter dem Förderungsaspekt und weniger unter dem Selektionsaspekt betrachtet und realisiert.
- Die Lehrerinnen engagieren sich persönlich und fachlich.
- Die Lehrerinnen sind in der Lage, den Leistungsstand der Schülerinnen relativ präzise zu diagnostizieren.
- Es gibt Mindeststandards bei Disziplin und Ordnung.
- Es herrscht ein Klima des gegenseitigen Vertrauens.
- Das Kollegium hat eine klare Verteilung von Zuständigkeiten.
- Es gibt relativ klar definierte Ziele für Unterricht und Schulkultur.
- Es gibt anregende Lernumgebungen in den Klassenzimmern.
- Es werden vielfältige Übungsmöglichkeiten zur Verfügung gestellt.
- Es gibt regelmäßige und gezielte Lernfortschrittskontrollen.
- Die Unterrichtszeit wird effektiv genutzt, organisatorische Dinge verbrauchen wenig Zeit.
- Lernen wird als Zentrum von Unterricht betont.
- Der Zusammenhang zwischen dem, was gelernt und dem, was abgeprüft wird, ist möglichst eng.

Bei diesen Listen muss man einerseits beachten, dass viele dieser Variablen aus internationalen Forschungen stammen, die nicht bruchlos auf das deutsche Schulsystem übertragbar sind. Darüber fällt auf, dass gerade Aspekte des fachlichen Lernens eine eher untergeordnete Rolle spielen, aber de facto wohl für die Qualität einer Schule zentral sind. Andererseits ist bislang noch völlig ungeklärt, in welcher Weise die unterschiedlichen Faktoren zusammenhängen, d.h. auch, welche eher im zentralen Bereich und welche am Rande, welche notwendige und welche hinreichende Faktoren sind, welche mit anderen Faktoren aus dieser Liste wie sich gegenseitig beeinflussen. Hier besteht also noch dringender Forschungsbedarf.

Quellen und weiterführende Literatur

Baumert, Jürgen u.a. (Hrsg.): PISA 2000. Basiskompetenzen von Schülerinnen und Schülern im internationalen Vergleich. Leske + Budrich, Opladen 2001.

Eikenbusch, Gerhard: Qualität im Deutschunterricht der Sekundarstufe I und II. Cornelsen, Berlin 2001, S. 20–88.

Gräsel, Cornelia/Mandl, Heinz: Qualitätskriterien von Unterricht. In: Apel, Hans Jürgen/Sacher, Werner (Hrsg.): Studienbuch Schulpädagogik. Klinkhardt, Bad Heilbrunn 2002, S. 181–208.

Gudjons, Herbert: Pädagogisches Grundwissen. Bad Heilbrunn: Klinkhardt, 2001, S. 355–378.

Weinert, Franz E. (Hrsg.): Leistungsmessungen in Schulen. Weinheim und Basel, Beltz 2001.

8. Psychologie – Zentrale Bezugswissenschaft der Erziehungswissenschaft

Wer Erziehungswissenschaft studiert, kommt immer auch mit Nachbarwissenschaften in Kontakt, die zwar primär andere Zuständigkeiten haben, aber seit vielen Jahren wertvolle Beiträge zur Erziehungswissenschaft leisten:

Die wichtigsten dieser Bezugswissenschaften sind

- Psychologie, v.a. mit ihren Subdisziplinen Entwicklungspsychologie, Pädagogische Psychologie und Lernpsychologie,
- Soziologie,
- Philosophie und
- Rechtswissenschaft.

In diesem Kapitel soll es darum gehen, welche Rolle die zentrale Bezugswissenschaft, die Pädagogische Psychologie, für die Erziehungswissenschaft spielt und welche Beiträge diese Wissenschaft für die erziehungswissenschaftliche Theorie und die pädagogische Praxis in der Schule bietet.

Entwicklungspsychologie

Lehrerinnen arbeiten mit Schülerinnen und Schülern, d.h. Kindern und Jugendlichen. Insofern ist es unerlässlich, dass Lehrerinnen viel über diese Kinder und Jugendliche wissen, wie sich ihr Denken und Handeln entwickelt, welche Rolle die Interaktion und Kommunikation mit dem engeren Umfeld (v.a. Eltern, Geschwister, Großeltern) und dem weiteren Umfeld (v.a. Peers, Bekannte, Mitschülerinnen) spielt, welche besonderen Herausforderungen, Chancen und Risiken die Lebensphasen der Kindheit und Jugend mit sich bringen.

Die vielleicht wichtigste Bezugswissenschaft für die Pädagogik ist mittlerweile die Psychologie mit ihren Unterdisziplinen »Pädagogische Psychologie« und »Entwicklungspsychologie« geworden. Pädagogische Psychologie beschäftigt sich mit psychologischen Aspekten von Erziehungs-, Bildungs- und Lernprozessen, schulischen und außerschulischen. Entwicklungspsychologie erforscht die psychologisch relevanten Entwicklungen, d.h. die Konstanten und Veränderungen im Lebensalter von Menschen. Hier spielt die Untersuchung von Kindheit und Jugend traditionell eine zentrale Rolle.

Im folgenden Kapitel möchten wir Ihnen an ausgewählten Fragestellungen der Entwicklungspsychologie so etwas wie einen ersten Einstieg in diese Disziplin geben. Dabei beginnen wir mit Aspekten der heutigen (im Vergleich zu früher deutlich veränderten) Kindheit und Jugend, klären den zentralen Begriff »Entwicklung« und stellen abschließend besonders verbreitete Entwicklungsmodelle vor.

Veränderte Kindheit und Jugend

Früher erforschte die Entwicklungspsychologie die Kindheit als Phase der seelischen Entwicklung des Menschen, mittlerweile umfasst die moderne Kindheitsforschung auch soziale, historische und kulturelle Bezüge dieses Lebensabschnittes. Zentrale Forschungsfrage ist, »welche Wechselwirkungen es zwischen dem sich entwickelnden Menschen und der sich wandelnden Umwelt gibt« (Oerter/Montada 2002, Vorwort). Wir wissen mittlerweile, dass »Kindheit« und »Jugend« schon immer nicht nur biologisch definierte Lebensphasen, sondern vor allem historisch-kulturelle Konstruktionen waren. Kindheitsforschung bezieht sich auf unterschiedliche »sozialökologische Zonen« (vgl. Baacke 1991, S. 96):

- das ökologische Zentrum (Familie, Zuhause ...),
- den ökologischen Nahraum (Nachbarschaft ...),
- die ökologischen Ausschnitte (Schule, Läden, Sportplatz ...),
- die ökologische Peripherie (Urlaubsorte ...).

Innerhalb dieses Modells wird das Kind als wachsende dynamische Einheit gesehen, die seine sozialökologische Zonen zunehmend in Besitz nimmt und sie gestaltet. Umgekehrt wirken diese Zonen fördernd und hemmend auf die Entwicklung des Kindes ein.

Wenn man danach fragt, inwieweit sich das Aufwachsen von Kindern in unserer Gesellschaft innerhalb dieser sozialökologischen Zonen gewandelt hat und immer noch wandelt, so lassen sich einige Aspekte benennen, die man verdichtet als »Veränderte Kindheit« beschreiben kann:

- Die Großfamilie verschwindet, die Klein- bzw. Teilfamilie dominiert. Kinder machen daher im Laufe ihrer Primärsozialisation (bis zum Kindergarteneintritt) weniger Beziehungserfahrungen als früher. Auf der anderen Seite erfahren Kinder eine Intensivierung der Beziehung zu ihren Eltern und eine höhere Empathie und Versorgung von den Eltern.
- Familiäre Erziehung hat sich merklich demokratisiert: Erziehungsleitziele der Eltern sind Selbstständigkeit und die Entfaltung der kindlichen Bedürfnisse und Interessen. Elterliche Sanktionen und Strafen sind zunehmend nicht-körperlich. Das wichtigste elterliche Sanktionsmittel ist mittlerweile das Fernsehverbot.

- Im gesamten Wohnumfeld, aber auch im öffentlichen Lebensbereich hat sich eine fortschreitende Verringerung der sinnlich-unmittelbaren Erfahrungsmöglichkeiten im Umgang mit Dingen und Menschen fortgesetzt. Kindliche Handlungsmöglichkeiten finden stärker als früher in speziell dafür eingerichteten Räumen statt: Kinderzimmer, Spielplatz, Kindergarten, Sportplatz u.a. Die Technisierung des Alltags und seiner Kommunikationsformen (z.B. Zentralheizung, Handy, Mikrowelle ...) verringert konkret erfahrbare Zusammenhänge.
- Das Raumerleben von Kindern hat sich gewandelt: Vom kontinuierlichen Raumerleben (das Haus, die Straße, der Stadtteil etc.) zur »Verinselung« (Wohninsel, Schulinsel, Besuchsinsel, Großelterninsel ...).
- Die Spielzeuge für Kinder sind zu einem riesigen Wirtschaftsfaktor geworden. Durch den Wunsch nach bestimmten Spielzeugen erlernen Kinder heute immer auch Konsumverhalten. Schon sehr früh richten Kinder ihre Wünsche nach dem Besitz imagefördernder Dinge.
- Heutige Kindheit ist Medienkindheit. Die elektronischen Medien (v.a. Fernseher, Video, Computer, Bildhandys ...) dominieren nicht nur zeitlich gesehen die Kinder, sondern formen auch ihr Bild von der Wirklichkeit. Die meisten Viertklässler besitzen einen eigenen Fernseher und/oder Videorekorder. Dabei ist wichtig, dass medial vermittelte (»Medium« = »Mittel, Mittler«) Wirklichkeit Primärerfahrungen zwar suggerieren, aber letztlich nur Abbilder der Welt sind, die notwendige Erfahrungen aus erster Hand erschweren.
- Erziehungsaufgaben, die früher selbstverständlich von den Eltern, der Großfamilie oder den Älteren auf der Straße übernommen wurden (z.B. Schwimmen lernen, turnen, aber auch situationsangemessene Kommunikation) wird heute zunehmend an das pädagogisch-professionelle Fachpersonal delegiert (z.B. Schwimmkurs, Benimmkurse, Sportvereine ...). Von dieser Entwicklung ist besonders die Schule betroffen.
- Die Gleichaltrigen (Peers) sind die wichtigsten Bezugspersonen bei der schrittweisen Ablösung von der Familie. Bereits im Kindergartenalter greifen die Gleichaltrigen in vielfältiger Weise (z.B. normierend, erweiternd, blockierend) in die Entwicklung des kindlichen Individuums ein. Es ist üblich, dass für Kindergartenkinder bereits Terminkalender geführt werden, um vielfältige soziale Kontakte fehlerlos zu planen.

Zusammengefasst kann heutige Kindheit als grundsätzlich verschieden von früherer Kindheit (z.B. von Ihrer eigenen Kindheit, erst recht von der Kindheit früherer Generationen) beschrieben werden. Heute haben wir es in groben Zügen mit einer demokratisierten, mediatisierten, konsumorientierten und verplanten Kindheit mit einer Erlebnisstruktur aus zweiter Hand zu tun.

»Entwicklung«

Im Mittelpunkt jeder entwicklungspsychologischen Theorie, vor allem der Anwendung ihrer Forschung in pädagogischem Zusammenhang, ist die Frage, in welchem Verhältnis »Entwicklung« und »Erziehung« stehen. Entwicklung ist immer auch eine Bedingung für Erziehung und Unterricht, andererseits auch als Ergebnis bzw. auch als Ziel von Erziehung und Unterricht zu denken. Damit korreliert zwangsläufig die Frage, welches Handeln von konkreten Menschen »entwicklungsangemessen« oder »entwicklungsunangemessen«, als »normal« oder »förderungsbedürftig« ist. Hier unterscheiden sich entwicklungspsychologische Theorieansätze in Geschichte und Gegenwart beträchtlich. Die zentralen Begriffe werden je nach entwicklungspsychologischer und pädagogisch-psychologischer Position verschieden aufgefasst. In einschlägigen Handbüchern finden sich eine Fülle von sich ergänzenden, teilweise aber auch sich ausschließenden Definitionen. Wir wollen dem nicht noch mehr hinzufügen, sondern für den Kontext dieser kurzen Übersicht lässt sich folgende Annäherung vornehmen: Mit dem Begriff »Entwicklung« (engl. »development«) wird die umfassende Veränderung (u.a. kognitiv, affektiv, psychomotorisch, temperamentsbezogen, einstellungsbezogen) eines Individuums bezeichnet. Entwicklung ist nicht unabhängig von den je spezifischen Voraussetzungen eines Menschen zu denken. Sie erfolgt nach bestimmten Gesetzmäßigkeiten und endet erst mit dem Tode.

Die Entwicklung eines Menschen durchläuft im Normalfall verschiedene Phasen (in Klammern jeweils ungefähre Altersangaben):

- die pränatale Phase (bis zur Geburt);
- das Säuglingsalter (von der Geburt bis zum 1. Lebensjahr);
- das Kleinkindalter (vom 1. bis zum 3. Lebensjahr);
- die frühe Kindheit (vom 1. bis zum 6. Lebensjahr);
- die mittlere Kindheit (vom 6. bis zum 10. Lebensjahr);
- die späte Kindheit (vom 10. bis zum 12. Lebensjahr);
- die Jugend (vom 13. bis zum 18. Lebensjahr);
- die Adoleszenz (vom 18. bis zum 21. Lebensjahr);
- das Erwachsenenalter;
- das Alter.

Diese Phaseneinteilung, erst recht aber die Altersangaben sind zwar recht verbreitet in der Fachliteratur, aber dennoch nicht unkritisch und ahistorisch zu betrachten. So lassen sich beispielsweise teilweise gravierende Unterschiede zwischen Mädchen und Jungen feststellen (z.B. bei der biologischen Geschlechtsreife), gleichzeitig tritt die Geschlechtsreife bei Mädchen heute in unserer Gesellschaft und anderen industrialisierten Gesellschaften wesentlich früher ein als noch vor 100 Jahren (heute knapp 13 Jahre, d.h. fast 3 Jahre früher als Ende des 19. Jahrhunderts!). Andererseits finden sich in vielen Kulturen um das 6. Lebensjahr herum Formen institutioneller Erziehung und der Herauslösung aus der Primär- (Familie) in die Sekundärsozialisation (z.B. Schule). Und auch Übergänge ins Jugendalter oder vom Jugend- ins Erwachsenenalter sind in vielen Gesellschaften mit zahlreichen Initiationsriten verbunden.

Wichtige entwicklungspsychologische Modelle

Wir möchten nun auf dieser begrifflichen und konzeptuellen Grundlage drei der bedeutendsten entwicklungspsychologischen Modelle kurz vorstellen:

- Eriksons Modell: Entwicklung als Krisenbewältigung;
- Piagets Modell der kognitiven Entwicklung;
- Kohlbergs Theorie der moralischen Entwicklung.

Entwicklung als Krisenbewältigung (Erik H. Erikson, USA, 1902–1993)

Erikson hat sich in seiner Entwicklungstheorie grundlegend von bislang vorliegenden psychoanalytischen Entwicklungstheorien (z.B. Freud) abgegrenzt. Für ihn ist menschliche Entwicklung ein lebenslanger Prozess. In seinem Konzept vollzieht sich Entwicklung als Streben nach Identität in einer Stufenfolge von aufeinander bezogenen Krisenbewältigungen. Diese »Krisen« (Erikson meint damit sehr allgemein Entwicklungsaufgaben bzw. Herausforderungen, nicht aber das, was wir alltagssprachlich unter »Krise« verstehen) lassen sich nur im Zusammenhang mit den jeweils relevanten Beziehungspersonen, der konkreten gesellschaftlich-historischen Situation und psychosozialen und psychosexuellen Bedingungen verstehen.

Erikson unterscheidet insgesamt acht »Krisen« – für jede Entwicklungsstufe eine. Auf die Stufen bis zum Erwachsenenalter gehen wir dabei etwas konkreter ein:

- Säuglingsalter: Urvertrauen vs. Urmisstrauen
  Die basale und erste Herausforderung eines Menschen ist die, sich auf die ersten Bezugspersonen im umfassendsten Sinne verlassen zu können.
- Kleinkindalter: Autonomie vs. Scham
  Im 2. und 3. Lebensjahr reift insbesondere das Muskelsystem heran: Das Kind lernt zu gehen und seine Ausscheidungen schrittweise zu kontrollieren. In gelingender Entwicklung entsteht aus der Selbstbeherrschung ein andauerndes Gefühl von Autonomie und Stolz auf das eigens Erreichte, in misslingender Entwicklung entstehen Scham und Selbstzweifel.
- Spielalter: Initiative vs. Schuldgefühl
  Bis zum 6. Lebensjahr entwickelt sich das Kind motorisch, sprachlich und kognitiv weiter. Kennzeichnend für diese Phase ist das ungeheure Streben nach Leistung und Unabhängigkeit. Wird dieses Streben nachhaltig gestört, entwickelt das Kind Schuld- und Versagensgefühle.
- Schulalter: Werksinn vs. Minderwertigkeitsgefühl
  Zu Beginn des Schulalters streben Kinder danach, nützlich zu sein, Dinge selbst machen zu können. Sie haben zunehmend Lust an der Vollendung ihrer Taten und Werke.

- Adoleszenz: Identität vs. Identitätsdiffusion
  In Verbindung mit den gravierenden körperlichen Veränderungen des beginnenden Jugendalters ist die zentrale Frage des Individuums: Wer bin ich? Was unterscheidet mich von anderen? Wie sehen mich die anderen? Das Thema »Identität« wird zum bestimmenden Motor der Entwicklung.
- Frühes Erwachsenenalter: Intimität vs. Isolierung
- Erwachsenenalter: Generativität vs. Selbst-Absorption
- Reifes Erwachsenenalter: Integrität vs. Lebens-Ekel

Dabei kann jede Krise nur im Zusammenhang der Bewältigungen der bisherigen Krisen verstanden werden. Erikson hat häufig betont, dass Entwicklung nach einem »epigenetischen Prinzip« verläuft, also die Phasen aufeinander aufbauen und jede Krise in vorherigen Phasen Vorläufer hatte und auch in nachfolgenden Phasen nie ganz verschwindet.

Kognitive Entwicklung nach Jean Piaget (1896–1980, Schweiz)

Jean Piaget gilt mittlerweile als meistzitierter Entwicklungspsychologe der Welt. Sein Stufenmodell fußt auf mehreren Grundannahmen und Begriffen:

- Kennzeichnend für Piaget ist der Verbund von Handeln und Denken. Konkretes Handeln des Individuums mit jeglichen Gegenständen führt einerseits zu Erkenntnissen, andererseits zu neuen, differenzierteren Handlungsmöglichkeiten. Handeln vollzieht sich immer in bestimmten »Operationen« und organisiert sich in »Strukturen« oder »Schemata«, d.h. in allgemeineren Mustern, Regeln, Gesetzmäßigkeiten, Kompetenzen. Diese Strukturen oder Schemata entwickeln sich. Denken insgesamt entwickelt sich durch den (erst konkreten, dann immer abstrakteren) Umgang mit der Welt, d.h. nicht nur den Dingen, sondern auch den Personen. Diese Entwicklung verläuft in irreversiblen Stufen, von denen die vorhergehende jeweils Voraussetzung für die nachfolgende Stufe ist.
- Entwicklung lässt sich als sich ergänzender Prozess von Akkomodation und Assimilation vorstellen. Akkomodation meint die Veränderung oder Anpassung der Schemata an die Umwelt. Assimilation meint die Anpassung der Umwelt an die eigenen Schemata. Als paradigmatische Phänomene des kindlichen Denkens und Handelns lassen sich die Nachahmung (Akkomodation) und das Spiel (Assimilation) auffassen. Die vielschichtige Verflechtung von Akkomodation und Assimilation führt zur Ausbildung und Differenzierung der Schemata. Der Motor dieser Entwicklung ist das Bedürfnis des Menschen nach Gleichgewicht, nach Übereinstimmung der eigenen Schemata mit der Umwelt.

Piaget unterscheidet vier Hauptstadien in der geistigen Entwicklung des Kindes:

- sensumotorische Phase (Geburt bis ca. 2. Lebensjahr);
- präoperationale Phase (2. bis 6./7. Lebensjahr);

- konkret-operationale Phase (7. bis ca. 11./12. Lebensjahr);
- formal-operationale Phase (ab 11./12. Lebensjahr).

Dabei verläuft die Entwicklung

- von der Koordination der angeborenen Reflexe zu ersten komplexen Mittel-Zweck-Schemata und der zunehmenden Verinnerlichung konkreter Handlungen (sensumotorische Phase),
- über die Ausbildung von Sprache und Spiel als zentrale Symbolsysteme und die starke Konstanz des Egozentrismus (präoperationale Phase),
- über die zunehmende Umkehrbarkeit (Reversibilität) des Denkens und den dominanten konkreten Handlungsbezug (konkret-operationale Phase),
- hin zu hypothesengeleitetem Denken, das nicht mehr auf vorgegebene Informationen beschränkt bleibt.

Die Theorie von Piaget hat mehrere Schwachstellen (z.B. zu geringe empirische Basis oder die Kultur- bzw. Schichtabhängigkeit der Versuchsreihen). Insgesamt aber ist als Verdienst von Piaget zu würdigen, Entwicklung als selbstkonstruktiven Prozess beschrieben zu haben, der sich im Kontakt mit der Umwelt vollzieht. Dies hat gravierende Auswirkungen beispielsweise auf die Frage, in welcher Weise und zu welchem Zweck in der Schule gelernt werden soll.

Kohlbergs Theorie der moralischen Entwicklung

In Weiterführung der Theorie von Piaget führte Lawrence Kohlberg (USA, 1927–1987) zahlreiche Längsschnittstudien durch und destillierte aus diesen Ergebnissen drei Stadien der Moralentwicklung, die jeweils zwei Stufen beinhalten.

Stadium I: Vorkonventionelles Niveau:
- Stufe 1: Orientierung an Strafe und Gehorsam
- Stufe 2: Naiver instrumenteller Hedonismus

Stadium II: Konventionelles Niveau:
- Stufe 3: Orientierung am Ideal des »guten Kindes«
- Stufe 4: Orientierung an »Recht und Gesetz«

Stadium III: Postkonventionelles Stadium (Moral selbst gesetzter Prinzipien)
- Stufe 5: Legalistische Orientierung, Anerkennung der Gesetzgebung
- Stufe 6: Orientierung am Gewissen oder an universalen ethischen Prinzipien

Bei seinen Studien legte er den (nahezu ausschließlich männlichen!) Probanden moralische Dilemmata vor. Ein Beispiel: »Soll ›Heinz‹ ein lebensrettendes Medikament für seine todkranke Ehefrau aus der Apotheke stehlen?« Kohlberg ging es jetzt vor allem darum, unabhängig vom Inhalt der Stellungnahme nach übergreifenden Mustern oder Systemen zu suchen.

Die Kritik an Kohlbergs Theorie der moralischen Entwicklung hält bis heute an. Als Hauptpunkte seien genannt: Das Problem der Vermischung von moralischer Meinung und moralischem Handeln, die Ausblendung geschlechtsspezifischer Aspekte sowie die Laborsituation unabhängig von konkreten moralischen Dilemmata vor Ort (was freilich wesentlich schwieriger zu untersuchen ist).

Quellen und weiterführende Literatur

Baacke, Dieter: Die 0–5-Jährigen. Beltz, Weinheim und Basel 1999.
Baacke, Dieter: Die 6–12-Jährigen. Beltz, Weinheim und Basel 1999.
Baacke, Dieter: Die 13–18-Jährigen. Beltz, Weinheim und Basel 2003.
Gudjons, Herbert: Pädagogisches Grundwissen. Klinkhardt, Bad Heilbrunn ^{7}2001, S. 109–147.
Dollase, Rainer: Veränderte Kindheit. In: Rost, Detlef H. (Hrsg.): Handwörterbuch Pädagogische Psychologie. Psychologie Verlags Union, Weinheim 1998, S. 526–531.
Oerter, Rolf/Montada, Leo (Hrsg.): Entwicklungspsychologie. Ein Lehrbuch. Psychologie Verlags Union, Weinheim ^{5}2002.
Rosemann, Bernhard/Bielski, Sven: Einführung in die Pädagogische Psychologie. Beltz, Weinheim und Basel 2001.
Spitzer, Manfred: Lernen. Gehirnforschung und die Schule des Lebens. Spektrum Akademischer Verlag, Heidelberg und Berlin 2002.
Trautner, Hanns Martin/Wieneke, Jeanette: Entwicklung und Förderung: Angewandte Entwicklungspsychologie. In: Roth, Leo (Hrsg.): Pädagogik. Ein Handbuch für Studium und Praxis. Oldenbourg, München 2001, S. 184–199.

Wissenschaftlich lernen und arbeiten im Studium

1. Wissenschaftlich arbeiten – Was ist das eigentlich?

Sie werden sich vielleicht fragen, was dieses Kapitel in einem Buch über das Lehramtsstudium zu suchen hat – schließlich wollen Sie sich auf den Lehrerberuf vorbereiten und nicht auf eine wissenschaftliche Karriere. Dennoch hoffen wir, Ihnen deutlich machen zu können, dass wissenschaftliches Arbeiten im Studium ein wichtiger Bestandteil zum Aufbau von professioneller Kompetenz ist.

Wissenschaftlich bedeutet laut Duden »*die Wissenschaft betreffend, dazu gehörend, darauf beruhend*«. Beim wissenschaftlichen Arbeiten geht es um eine Arbeitsweise, die auf der Wissenschaft beruht. Das heißt, Sie setzen sich mit den wissenschaftlichen Erkenntnissen anderer auseinander, begründen damit Ihr eigenes Handeln oder Denken und entwickeln im Idealfall am Ende daraus eigene Erkenntnisse. Wenn Sie eine wissenschaftliche Arbeit erstellen, zeigen Sie, dass Sie das Geschäft der Wissenschaft beherrschen: Wissen zu erzeugen. Doch dazu benötigen Sie Handwerkszeug.

Umberto Eco hat – nicht etwa in seiner Rolle als Romanautor, sondern in der des Universitätsprofessors – einen Leitfaden verfasst »Wie man eine wissenschaftliche Abschlussarbeit schreibt«. Darin beschreibt er vier Anforderungen, die eine wissenschaftliche Arbeit erfüllen sollte:

1. Die Untersuchung behandelt einen erkennbaren Gegenstand, der so genau umrissen ist, dass er auch für Dritte erkennbar ist.
2. Die Untersuchung muss über diesen Gegenstand Dinge sagen, die noch nicht gesagt worden sind, oder sie muss Dinge, die schon gesagt worden sind, aus einem anderen Blickwinkel sehen.
3. Die Untersuchung muss für andere von Nutzen sein.
4. Die Untersuchung muss jene Angaben enthalten, die es ermöglichen nachzuprüfen, ob ihre Hypothesen falsch oder richtig sind.
   (vgl. Eco 1992, S. 40 ff.)

Es gibt also verschiedene Konventionen oder Regeln, die beim wissenschaftlichen Arbeiten berücksichtigt werden müssen. Diese Regelungen sollen den Leserinnen eines wissenschaftlichen Textes ermöglichen, den Inhalt nachvollziehen und ihn beurteilen zu können.

2. Lernpsychologische Grundlagen

Um besser zu verstehen, wie wir Arbeitsprozesse strukturieren sollten, ist es nützlich zu wissen, wie unser Gehirn Informationen verarbeitet und speichert. In den letzten Jahrzehnten wurden in der Neurobiologie zahlreiche neue Kenntnisse über Lernprozesse gewonnen. Im Folgenden möchten wir einige dieser Erkenntnisse, allerdings in vereinfachter Form darstellen. Über das Lernen kann man drei grundsätzliche Aussagen machen:

1. Lernen ist ein aktiver Prozess. In seinem Verlauf spielen sich Veränderungen im Gehirn des Lernenden ab (vgl. Spitzer 2002, S. 4).
2. Lernen führt zu relativ stabilen Veränderungen im Verhalten oder im Verhaltenspotenzial (als sichtbares/beobachtbares Indiz für das Lernen) und baut auf Erfahrungen auf (Zimbardo 1995, S. 263).
3. Lernen findet immer statt. In Anlehnung an Watzlawick kann man also sagen: Man kann nicht lernen.

Schon zum Zeitpunkt der Geburt ist ein großer Teil des menschlichen Gehirns ausgebildet. Schon jetzt verfügt der Mensch über alle Neuronen (= Nervenzellen). Diese Zahl kann im Laufe des Lebens nicht zu- höchstens abnehmen. Was sich jedoch verändert ist die Zahl der Verbindungen zwischen den Neuronen sowie die Dicke dieser Faserverbindungen. Mit jedem Sinneseindruck und jeder Erfahrung wird an dem Netz geknüpft, das die Neuronen verbindet. Nervenbahnen, die häufig genutzt werden, sind dicker. Die Leistungsfähigkeit des Gehirns nimmt im Laufe seiner Entwicklung zu.

Fast alle Wissenschaftler sind sich darin einig, dass es drei Hauptbereiche im menschlichen Hirn gibt: das Stammhirn, das limbische System und die Großhirnrinde (Neokortex). Sie haben unterschiedliche Aufgaben. Das Stammhirn ist der Sitz der Reflexe und der Instinkte. Das limbische System ist zuständig für Gefühle und Triebe. In der Großhirnrinde finden die höheren geistigen Funktionen wie Denken und Problemlösen statt.

Neuere Forschungen lassen vermuten, dass die Funktionsbereiche des Gehirns nicht getrennt voneinander agieren, sondern im Gegenteil permanent interagieren, also eng zusammenarbeiten. Das heißt z.B., dass unsere bewussten Gedanken vom limbischen System beeinflusst werden. Für das Thema Lernen bedeutet dies: Es gibt kein Denken ohne Gefühle. Emotionen sind also mit Denkprozessen verknüpft.

Zum anderen bedeutet dies auch: Je intensiver wir uns mit etwas beschäftigen, desto mehr Hirnareale sind aktiv. Das vergrößert die Verarbeitungstiefe, d.h. es werden mehr Spuren im Gedächtnis hinterlassen.

Grundsätzlich werden im Gehirn Informationen auf zwei verschiedene Arten übermittelt: einmal über chemische Botenstoffe, so genannte Neurotransmitter wie Adrenalin, Serotonin oder Dopamin und zum anderen über elektrische Impulse. Unser Gehirn vibriert permanent, 24 Stunden ohne Pause, allerdings nicht immer in der gleichen Frequenz. Die unterschiedlichen Gehirnwellenbereiche lassen sich mit einem Elektroenzephalogramm (EEG) messen. Für das Thema Lernen sind sie deshalb interessant, weil manche das Aufnehmen von Informationen erleichtern, andere es eher unmöglich machen.

Es werden vier Gehirnwellenbereiche unterschieden: Alpha, Beta, Theta und Delta.

Wenn man die Augen schließt und jedes intensive Denken oder Konzentrieren vermeidet, sind die Alphawellen (8 bis 13 Hertz) normalerweise recht stark. Im oberen Bereich von Alpha sind Sie gelassen aufmerksam, im unteren eher in der Meditation. Im entspannten Wachzustand, kann man besonders gut lernen.

Betawellen (13 bis über 100 Hertz) gehen mit bewusster Aufmerksamkeit, analytischer, aktionsbereiter Wachheit einher. Dieser Zustand gilt als der normale, bewusste Rhythmus des Gehirns. Hier sind Sie konzentriert, haben Zugang zu Logik und Problemlösungen. Je höher diese Frequenz ist, desto eher fühlen Sie sich gestresst oder unwohl. Steigt sie deutlich über 30 Hertz, schieben sich Angst- und Fluchtreaktionen in den Vordergrund. Die meisten Menschen haben einen sehr hohen Anteil an Betawellen, und genau das macht effektives Lernen so schwer.

In Zuständen tiefer Entspannung, Schlaf und intensiver Meditation treten Thetawellen (4 bis 8 Hertz) verstärkt auf. Der Theta-Zustand ist ein Bereich, in dem wir mehr oder weniger verschlüsselt unser Unbewusstes erleben. Oft haben wir gerade in diesem Zustand bzw. im Moment des Aufwachens Aha-Erlebnisse oder plötzliche Erkenntnisse.

Wenn wir uns im traumlosen Tiefschlaf und in tiefsten Meditationszuständen befinden schwingt das Gehirn im langsamsten Rhythmus, den Deltawellen. Für unser Thema Lernen bedeutet dies: Am besten lernt man, wenn man entspannt ist.

Speichern von Informationen

Unser Gehirn verarbeitet eine Fülle von Reizen und Informationen aber nur ein Bruchteil davon wird langfristig gespeichert. Noch immer arbeitet die Neurobiologie mit dem Dreispeichermodell als Erklärungsbild: Sensorischer Speicher (Ultrakurzzeitgedächtnis), Kurzzeitspeicher und Langzeitspeicher. Einige neuere Erkenntnisse widersprechen der strikten Trennbarkeit der Speicher, es gibt aber noch kein anderes schlüssiges Erklärungsmodell für die Speicherprozesse im Gehirn. Der Sensorische Speicher, auch Ultrakurzzeitgedächtnis genannt, speichert eine große Informationsmenge für sehr kurze Zeit. Diese Informationen sind nicht bewusst. Treten innerhalb dieser Informationen wichtige oder bekannte Dinge auf, wird die Aufmerksamkeit darauf gerichtet. Ein Beispiel zur Veranschaulichung: Sicher kennen Sie folgende Situation: Sie unterhalten sich im Café mit Ihrem Gegenüber. An den Nachbartischen sitzen auch Menschen, die sich unterhalten. Dies nehmen Sie als Geräuschkulisse wahr, hören aber nicht, was genau gesprochen wird. Plötzlich hören Sie am Nebentisch den Namen Ihres Urlaubsziels. Und schon richtet sich Ihre Aufmerksamkeit auf das Gespräch am Nebentisch und Sie hören plötzlich mit.

Im Kurzzeitspeicher werden Informationen wie der Name schon sagt, nur während eines kurzen Zeitraumes gespeichert. Der Speicher kann nur eine bestimmte Informationsmenge aufnehmen. Die Größe der speicherbaren Informationseinheiten ist allerdings vom Vorwissen abhängig. Unbekannte Informationen benötigen mehr Speicherplatz als bekannte.

Manche Informationen werden dauerhaft behalten. Es gibt verschiedene Prinzipien, nach denen eine Information in den Langzeitspeicher übernommen wird:

- Wiederholung
  Die optimale Zeit für eine Wiederholung ist 10 Minuten nach der Lernperiode. Eine weitere Wiederholungsphase sollte sich 24 Stunden später anschließen.
- Subjektive Bedeutsamkeit
  Informationen, die uns besonders interessieren oder mit Positivem verknüpft sind, können wir uns sehr gut merken (auch wenn sie objektiv betrachtet nicht sehr bedeutsam sind).
- Primacy-Effect
  In einem Experiment wurde festgestellt, dass von einer Reihe von Aussagen die erstgenannten am besten behalten wurden. Sie kennen sicher auch das Phänomen, dass Sie sich in einer Vokabelliste die ersten Vokabeln am besten merken können.

Die Speicherung der Informationen erfolgt sehr selektiv. Versuchen Sie sich doch einmal daran zu erinnern, was Sie vor genau einer Woche anhatten. Und was trugen Sie bei Ihrer Abiturfeier oder dem Abschlussball der Tanzstunde? Wahrscheinlich können Sie sich eher an Ihre Kleidung bei der Feier erinnern, obwohl das Ereignis zeitlich weiter zurückliegt. Informationen, die mit besonderen Emotionen verknüpft sind, werden also eher gespeichert.

Pausen

Auf eine Phase des bewussten Lernens muss unbedingt eine Pause folgen. In der so genannten Nachwirkzeit ist das Gehirn noch – für uns unbewusst – mit der Verarbeitung der Informationen beschäftigt. Werden in dieser Zeit neue Informationen hinzugefügt, so kann weder das zuvor Gelernte eingeprägt werden (rückwirkende Hemmung), noch wird die neue Information behalten (vorauswirkende Lernhemmung).

Die unterschiedlichen Lerntypen

Bei jedem Menschen sind die Eingangskanäle der sinnlichen Wahrnehmung (Sehen, Hören, Fühlen) unterschiedlich ausgebildet. Das heißt, dass bei manchen Personen die Nervenbahnen von den optischen Eingangskanälen zum Großhirn, zum limbischen System (Sie erinnern sich, das war die Schaltzentrale der Gefühle) besonders stark ausgebildet und gut verknüpft sind. Das heißt, visuelle Eindrücke werden besser und schneller verarbeitet. Diese Menschen zählt man zum visuellen Lerntyp. Es gibt auch akustische oder haptische Lerntypen. In der Wechselwirkung mit anderen Faktoren ergibt sich somit eine Vielzahl unterschiedlicher Lerntypen. Es ist gut herauszufinden, zu welchem Lerntyp man gehört und welche Lernstrategien die individuell erfolgreichen sind.

Mithilfe vom Trainingsmaterial 10 können Sie Ihren persönlichen Lernstil prüfen.

Quellen und weiterführende Literatur

Bednorz, P./Schuster, M.: Einführung in die Lernpsychologie. Reinhardt/UTB, München und Basel [3]2002.

Spitzer, Manfred: Lernen. Gehirnforschung und die Schule des Lebens. Spektrum, Heidelberg und Berlin 2002.

Watzlawick, Paul/Beavin, Janet H./Jackson, Don D.: Menschliche Kommunikation. Formen, Störungen, Paradoxien. Huber, Bern 1969.

3. Zwischen der »Gemeinschaft von Lehrenden und Lernenden« und knallharter Hierarchie: Umgang mit Dozierenden

Neben den Kommilitoninnen sind die Dozentinnen die Menschen, mit denen Sie während des Studiums den meisten Kontakt haben werden. Obwohl auch sie lehren, unterscheiden sie sich in der Regel dennoch von den Lehrerinnen, die Sie aus Ihrer Schulzeit kennen.

An einigen Universitäten findet man ein stark hierarchisches System vor. An dessen Spitze stehen die Professoren. Diese Gruppe lässt sich noch einmal unterteilen. Die höchst dotierte Professur ist eine C4-Stelle, in der Regel die Lehrstuhlinhaber. Dann folgen die C3- und C2-Stellen. C1-Stellen haben meist junge Wissenschaftler, die an ihrer Habilitation (bisher noch Voraussetzung um Professor zu sein) arbeiten. Demnächst wird es auch W-Professuren, so genannte Juniorprofessuren, geben.

Die nächste Gruppe der Bediensteten ist der Akademische Mittelbau, also z.B. Akademische Räte, Lehrkräfte für besondere Aufgaben, Akademische Direktoren. All die haben feste Stellen an der Hochschule. Daneben gibt es noch Assistenten, wissenschaftliche Mitarbeiter und Lehrbeauftragte, das sind befristet Beschäftigte. Und irgendwann kommen dann die Studierenden ... Meist sind die Gruppen stolz auf ihren Status und möchten auch entsprechend behandelt werden bzw. behandeln andere Menschen entsprechend. An dieser Tatsache werden Sie in der Regel nicht viel ändern können – es ist aber ganz nützlich, sie sich bewusst zu machen.

Aus unserer Beobachtung während der eigenen Studienzeit und der Arbeit an der Hochschule haben wir Ihnen eine Typologie von Dozenten zusammengestellt. Ähnlichkeiten mit lebenden Personen sind rein zufällig und nicht beabsichtigt. Die Beschreibungen sind natürlich überspitzt und mit einem Augenzwinkern zu lesen. Die Tipps, die sich jeder Typbeschreibung anschließen, sind aber durchaus ernst gemeint.

Der Abgehobene

Er residiert im Elfenbeinturm und widmet sich mit Vorliebe seinem Spezialgebiet »Die australische Kakerlake und ihre Auswirkung auf die Unterdrückung der Aborigines«. Die Arbeit mit Studierenden ist ihm eher lästig. Lehramtsstudierende sind für ihn Studierende 2. Klasse. Er empfindet es nahezu als Beleidigung, dass er sich mit ihnen abgeben muss. Zu seinem großen Leidwesen kommt er aber nicht darum herum.

Sein Motto in der Lehre ist »Fordern statt Verwöhnen« oder »Fördern = Fordern«. Er erwartet die intensive Auseinandersetzung mit 1000-seitigen Handbüchern. Seine

Vorträge sind mit Fremdwörtern gespickt und er verweist gerne auf Studien und Diskussionen, »die Ihnen ja sicher bekannt sind«. Im Praktikum oder während Referaten konzipiert er Festreden auf Latein.

Wenn Sie bei ihm punkten wollen, müssen Sie sich auf das hohe Niveau begeben. Bereiten Sie sich auf Gespräche mit ihm gut vor. Drücken Sie sich gewählt aus und benutzen Sie die Fachsprache (Hüten Sie sich aber vor Fremdwörtern, deren Bedeutung Sie nicht mit 100-prozentiger Sicherheit kennen ...). Sagen Sie nicht gleich, dass Ihnen etwas zu viel ist – dafür hat er kein Verständnis. In Veranstaltungen von Abgehobenen und/oder das dadurch angeregte Selbststudium zu Hause kann man oft sehr viel lernen.

Der Glotzer

Der in aller Regel männliche Glotzer ist vor allem weiblichen Studierenden zugewandt. Seine Lieblingsbeschäftigung ist es, die Kleidung oder Figur der Studentinnen zu kommentieren. In Seminaren und Sprechstunden gibt er eindeutig zweideutige Botschaften von sich. Zurückhaltendere Exemplare der Gattung bekommen bei Dekolletés oder Röcken Stielaugen und feuchte Hände. Im schlimmsten Falle kann der Glotzer bei Gesprächen unter vier Augen auch zum Grabscher werden. Auf die oft notwendige Einschaltung der Frauenbeauftragten reagiert er mit Protest und Verhaltensänderung zugleich.

Sie müssen sich als Frau nicht alles bieten lassen – und Sie müssen auch nicht immer nett sein. Vor allem nicht in so einem Fall. Jede Universität hat eine Frauenbeauftragte. Im Vorlesungsverzeichnis finden Sie ihren Namen, ihre Sprechstunde und Telefonnummer. An sie können Sie sich vertrauensvoll wenden. Dokumentieren Sie den Vorfall am besten schriftlich und wenden Sie sich an die Frauenbeauftragte. Für alle weiteren notwendigen Gespräche mit dem Dozenten bitten Sie eine Kommilitonin mitzukommen, lassen Sie die Zimmertüre geöffnet oder nehmen Sie vielleicht auch ein Diktafon mit in die Besprechung, das, verborgen in Ihrer geöffneten Tasche, mitläuft.

Der Strukturierte

Er hat in der ersten Veranstaltung zu Semesterbeginn einen Seminarplan und eine detaillierte Literaturliste erstellt. Seine Veranstaltungen sind so strukturiert, dass man gut mitschreiben kann. Folien oder Power-Point Präsentationen gestaltet er übersichtlich. Auf klare Fragen gibt er klare Antworten. Er hasst es aber, wenn Studierende um den heißen Brei herumreden. Hausarbeiten mit Fett- oder Kaffeeflecken, Zitier- und Rechtschreibfehler sind ihm ein Gräuel.

Mit diesem Dozententyp kann man gut auskommen, wenn man selbst gerne strukturiert arbeitet. Menschen mit liberalerem Arbeitsstil mögen ihn auch für einen Pedanten halten.

Der Nette

Er sieht sich mehr als Pädagoge. Die Arbeit mit Studierenden macht ihm Spaß. Er plaudert gerne aus dem Nähkästchen und erzählt im Seminar von seinen Kindern. Er hat immer Verständnis, einen guten Rat und ein offenes Ohr für Probleme – auch persönlicher Art.
Hausarbeiten kann man bei ihm mit passender Ausrede auch mit vier Monaten oder Semestern Verspätung abgeben. Er drückt in jedem Fall drei Augen zu.

Mit dem Netten kann man eigentlich gut auskommen. Allerdings muss man auch Verständnis für ihn haben und über seine Scherze und Exkurse lachen können. Es ist nicht jedermanns/-fraus Sache, über Privates im Seminar zu reden. Manchmal muss man ihn vielleicht auf den Weg zur Sache zurückbringen.

Der Faule

Er hält zu Beginn des Semesters einen einführenden Vortrag und vergibt dann Referate, die inhaltlich natürlich nicht vorbesprochen, geschweige denn danach reflektiert werden. In den restlichen Sitzungen fällt seine Anwesenheit ausschließlich durch abschließende Fragen oder Kommentare auf. Der Faule liest Hausarbeiten nur mit dem Daumen – wenn man Glück hat. Eine detaillierte Rückmeldung kann man von ihm nicht erwarten. Gerne vergibt er Themen, für die die Studierenden ihm die englischsprachige Fachliteratur übersetzen müssen. In der Sprechstunde ist er meist mit allem einverstanden. Das heißt allerdings nicht, dass er sich später, z.B. bei einer Prüfung, daran erinnert.

Fordern Sie Ihre Rechte ein. Sie haben das Recht beraten zu werden und eine Rückmeldung zu Ihrer Arbeit zu bekommen. Halten Sie bei Gesprächen fest, was der Dozent Ihnen gesagt hat. Haken Sie evtl. noch nach: »Habe ich Sie richtig verstanden, dass ...?« oder »Ich möchte noch einmal zusammenfassen, was wir besprochen haben ...«

Der Chaot

Er findet sich meist selbst nicht mehr in seinen Unterlagen zurecht. Beim Wettbewerb »Die wirrsten Grafiken der Welt« würde er den ersten Preis gewinnen.
In seinem Arbeitszimmer findet man zwischen Büchern, Ordnern, Goldfischglas, leeren Kaffeetassen und Kopien selten einen Platz. In seinem Regal sind die Bücher

zu finden, die in der Bibliothek seit 5 Jahren als verschollen gelten. An Absprachen kann er sich nicht immer erinnern.

Auch hier gilt: Halten Sie Absprachen schriftlich fest. Verlassen Sie sich nicht zu sehr auf Dinge, die er Ihnen verspricht – er könnte sie auch schnell wieder vergessen ...

Die männliche Bezeichnung dieser Dozententypen schließt natürlich Frauen mit ein. Häufig treten diese Typen nicht in Reinform sondern als Mischtyp auf.

Grundsätzlich sind Dozenten auch Menschen mit ihren guten und schlechten Seiten. Natürlich stehen Sie in einem Abhängigkeitsverhältnis zu ihnen. Begegnen Sie Ihren Dozenten mit Respekt – nicht unterwürfig, aber Sie sollten auch bedenken, dass Sie keinen Kommilitonen vor sich haben. Wie im Umgang mit anderen Menschen sollten die Maximen: Höflichkeit, Offenheit und Engagement handlungsleitend sein. Zeigen Sie Interesse an der Sache. Seien Sie offen für Anregungen und Hinweise.

Versuchen sie, Kontakt zu den Dozentinnen zu halten. Das heißt nicht, dass Sie sich »einschleimen« sollen, Sie sollten sich aber auch nicht verstecken.

Wenn Sie Fragen an eine Dozentin haben, können Sie sie nach einer Veranstaltung ansprechen. Oft werden Sie dann aber auf die »Sprechstunden« verwiesen. In der Regel haben Dozentinnen regelmäßige Sprechzeiten. Die Termine finden Sie im Vorlesungsverzeichnis. Häufig müssen Sie sich zur Sprechstunde anmelden – per E-Mail, über eine aushängende Liste oder bei der Sekretärin. Wenn Sie einen vereinbarten Termin nicht einhalten können, sollten Sie sich unbedingt abmelden. In der vorlesungsfreien Zeit werden Feriensprechstunden angeboten – allerdings beschränken sich diese auf wenige Termine. Das sollten Sie bei der Planung einer Hausarbeit o.ä. bedenken und rechtzeitig Nachfragen stellen und Absprachen treffen. Viele Dozentinnen sind auch per E-Mail kontaktierbar – aber nicht alle nutzen das Medium. Erkundigen Sie sich lieber vorher bei der Dozentin. Denken Sie beim Schreiben der E-Mail jedoch an den Adressatenbezug!

4. Die Veranstaltungsarten

Studieren aber wie? Das Vorlesungsverzeichnis – ein Buch mit sieben Siegeln

Für Ihren Studiengang bzw. Ihre Studienfächer gibt es eine Studienordnung, in der festgelegt ist, welche Arten von Veranstaltungen Sie besuchen müssen und in welchen Sie einen Leistungsnachweis (Schein) erwerben müssen. Am besten erstellen Sie sich zu Beginn Ihres Studiums eine Übersicht. So können Sie Ihr Studium grob planen. Häufig werden Sie den Plan nicht genau einhalten können – Anmeldelisten und -verfahren, überfüllte Veranstaltungen, Pflichtveranstaltungen, die nicht in jedem Semester angeboten werden etc. können Ihnen das Leben schwer machen. Folgende Fragen können bei der Erstellung eines Studienplanes helfen:

- Welche Veranstaltungen muss ich laut Studienordnung besuchen?
- Welche Studienbereiche muss ich abdecken?
- Welche Leistungsnachweise muss ich erwerben?
- Was sollte ich im Grundstudium belegen?
- Welche Kurse sollte ich im Hauptstudium belegen?
- Muss ich bestimmte Leistungsnachweise für eine Zwischenprüfung vorlegen?
- Wann muss ich die Praktika absolvieren? Wie sind die Anmeldefristen dafür? Wie viele Praktika brauche ich?

Wenn Sie diese Übersicht erstellt haben, nehmen Sie sich das Vorlesungsverzeichnis vor und suchen nach passenden Veranstaltungen für Ihr Semester. Viele Fakultäten und/oder studentische Fachschaften geben ein kommentiertes Vorlesungsverzeichnis heraus (meist auch im Internet abrufbar), in dem Sie detailliertere Informationen über Inhalte und Anforderungen sowie die jeweils betreffende Fachliteratur finden.

Erstellen Sie einen groben Stundenplan für das Semester, am besten mit Bleistift. Schreiben Sie sich dabei gleich Alternativen auf. Wenn Ihnen die Veranstaltung des einen Dozenten nicht zusagt oder Sie keinen Platz bekommen, besuchen Sie die Alternativveranstaltung. In den ersten ein bis zwei Semesterwochen ist es durchaus üblich, Veranstaltungen »auszuprobieren« und zu wechseln. Überlegen Sie, wie viel Sie sich zumuten möchten und können. (Habe ich genügend Zeit zum Nacharbeiten? Wie viele Hausarbeiten kann ich im Semester bzw. in den Ferien schreiben? usw.)

Bei der Auswahl von Seminaren ist man nie ganz frei. Es gibt verschiedene Kriterien bei der Auswahl einer Veranstaltung:

1. *Thema:* Das Thema der Veranstaltung interessiert mich.
2. *Berufsbezogenheit:* Die Veranstaltung befasst sich mit einem pädagogischen Arbeitsfeld.
3. *Zeitpunkt:* Die Veranstaltung passt in meinen Stundenplan.
4. *Dozent:* Dozentin XY möchte ich kennen lernen/bei XY lernt man viel/XY ist mein Prüfer.
5. *Prüfungsordnung:* Die Veranstaltung ist für alle Studierenden verpflichtend.
6. *Schein:* Ich brauche noch einen Leitungsnachweis.
7. *Kommilitoninnen:* Meine Freundinnen besuchen die Veranstaltung.

Alle diese Gründe haben sicher ihre Berechtigung. Wir raten Ihnen: Wählen Sie Veranstaltungen, die Sie thematisch interessieren. Suchen Sie sich auch bewusst Herausforderungen. Belegen Sie das Seminar bei Dozentin X, auch wenn Sie wissen, dass es für Sie arbeitsintensiver wird als bei Dozentin Y. Sie werden am Ende mehr gelernt haben. Werfen Sie immer wieder einen Blick auf die Prüfungsordnung, damit Sie zielgerichtet studieren. Manchmal kann es sinnvoll sein, eine Veranstaltung mit Freundinnen zu besuchen, weil Sie sich dann in der Recherche unterstützen und eventuell Arbeiten gemeinsam oder arbeitsteilig erledigen können.

Veranstaltungstypen

Damit Sie sich im Dschungel der Seminartypen besser zurecht finden, haben wir eine kurze Erklärung zu den verschiedenen Veranstaltungsarten zusammengestellt.

Proseminar/Einführung

Einführende Veranstaltung für Studienanfänger im Grundstudium, in der ein Überblick über ein bestimmtes Thema gegeben wird. Der Besuch dieser Veranstaltungen ist in der Regel verpflichtend.

Seminar

In Seminaren werden von den Teilnehmerinnen unter Leitung eines Dozenten spezielle Problemgebiete wissenschaftlich vertieft. In der Regel sind Sie in einem Seminar als Studierende stärker eingebunden als in einer Vorlesung. Es gibt Diskussions- und Gruppenarbeitsphasen. Oft werden auch Referate vergeben. In manchen Fächern ist aber die Zahl der Studierenden so groß, dass das seminarförmige Arbeiten schwierig wird.

Vorlesung

Mündlicher Vortrag einer Dozentin, der einen Überblick über größere Themenbereiche gibt, basierend auf dem neuesten Stand der Forschung. Dies sind meist große

Veranstaltungen, die im Hörsaal stattfinden. Eine aktive Beteiligung der Studentinnen ist in Vorlesungen weniger vorgesehen.

Oberseminar/Hauptseminar
Veranstaltung für fortgeschrittene Studierende (im Hauptstudium) zu einem begrenzten Thema, in dem Spezialwissen vermittelt bzw. erarbeitet wird. Das im Grundstudium vermittelte Wissen wird in der Regel vorausgesetzt. Wie im Seminar wird in diesem Veranstaltungstypus wieder stärker Ihre Beteiligung gefordert.

Übung
Ergänzende Veranstaltung – meist einer Vorlesung zugeordnet. In den Fremdsprachen, Sport, Musik und Kunst gibt es viele fachpraktische Übungen. Häufig sind die Teilnehmerzahlen begrenzt, damit auch wirklich geübt werden kann.

Projekt
Projekte werden meist in Verbindung von mehreren Fächern angeboten. Ein Thema wird aus der Sicht verschiedener Disziplinen betrachtet. Man arbeitet eher in kleineren Projektgruppen zusammen. Projekte sind häufig mit einem erhöhten Zeitaufwand verbunden.

Praktikum
Im Schulpraktikum können Sie Erfahrungen in Ihrem zukünftigen Beruf sammeln. Die Teilnahme am Schulpraktikum ist verbindlich. Die Zahl und Art der Praktika ist jedoch in den Bundesländern unterschiedlich geregelt.

Tutorium
Ein Tutorium wird meist zusätzlich zur Veranstaltung mit vielen Teilnehmern angeboten. In von Studenten geleiteten kleineren Gruppen werden Themen vertieft und geübt. Hier besteht in der Regel die Möglichkeit, das nachzufragen, was man sich im großen Seminar nicht zu fragen traut.

Kolloquium
Es dient der vertiefenden Diskussion ausgewählter wissenschaftlicher Fragestellungen. Vorlesungen können durch ein Kolloquium ergänzt werden. In der Regel kann man keinen Leistungsnachweis erwerben.

Exkursionen
Exkursionen finden im Rahmen bestimmter Lehrveranstaltungen oder im Anschluss an ein besonderes Vorbereitungsseminar statt. In Fächern wie Biologie, Geschichte oder Geografie ist die Teilnahme an einer bestimmten Anzahl von Exkursionen verpflichtend. Die Teilnehmerzahl ist in der Regel begrenzt.

Bereiten Sie die Lehrveranstaltungen, die Sie besuchen, vor und nach, d.h. lesen Sie die im Seminar besprochene, dem Thema zugrunde liegende Literatur. Oft bekommen Sie von der Dozentin eine Literaturliste und einen Seminarplan. So können Sie sich orientieren, welche Literatur wichtig ist und welche Themen in den kommenden Sitzungen behandelt werden. Manche Dozentinnen richten in der Bibliothek einen Handapparat ein, in dem die Grundlagenwerke und/oder ein Ordner mit Kopiervorlagen stehen. Diese Unterlagen können allerdings nicht ausgeliehen werden.

Schreiben Sie in Veranstaltungen mit. Gehen Sie Ihren Mitschrieb nach der Veranstaltung oder vor der nächsten Sitzung nochmals durch. Gibt es etwas, das Sie noch nicht verstanden haben? Dann fragen Sie nach. Denken Sie daran: Es gibt keine dummen Fragen!

Gründliche Vor- und Nachbereitung bedeutet zwar einen höheren Zeitaufwand, aber es lohnt sich. Sie werden mehr Wissen mitnehmen, die Sitzungen machen mehr Spaß, wenn Sie mitdiskutieren und folgen können. Außerdem haben Sie damit zugleich ein Gebiet so strukturiert erarbeitet, dass Sie es als Prüfungsthema nehmen können.

5. Literatur recherchieren

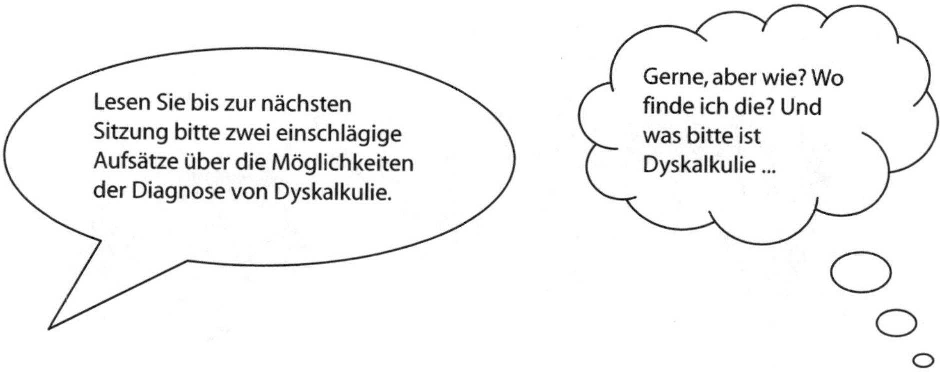

Ob zur Seminarvor- und -nachbereitung, zum Verfassen einer Hausarbeit oder eines Unterrichtsentwurfs, Sie werden in Ihrem Studium immer wieder Literatur zu verschiedenen Themen suchen müssen. Manche Dozentinnen geben Ihnen dazu, vor allem im Grundstudium, noch Hinweise. In der Regel sind Sie aber auf sich selbst gestellt und müssen dann »Studierfähigkeit« beweisen.

Im oberen Beispiel hat die Studentin zweierlei Probleme: Sie muss sich informieren, was hinter dem Fachbegriff steckt und sie muss dazu einschlägige, möglichst aktuelle Literatur suchen. Für die erste Begriffsklärung kann man ein Lexikon konsultieren. Um herauszufinden, dass der Begriff »Dyskalkulie« eine Rechenschwäche bezeichnet, genügt schon ein Fremdwörterlexikon. Um sich nun einen groben Überblick über die Thematik zu verschaffen, gibt es zwei Herangehensweisen:

- in der Bibliothek recherchieren,
- im Internet recherchieren.

Bibliotheksrecherche

In der Bibliothek stehen verschiedene Suchsysteme zur Verfügung. Viele Bibliotheken bieten eine Einführung in die verschiedenen Recherchesysteme an. Nutzen Sie solche Angebote!

Alphabetischer Katalog
Alle in der Bibliothek vorhandenen Titel sind in diesen Katalogen nach Autoren und manchmal auch nach Titeln geordnet zu finden.

Sachkatalog
Hier sind die in der Bibliothek vorhandenen Publikationen nach thematischen bzw. inhaltlichen Aspekten geordnet. Hier können Sie ein Stich- oder Schlagwort suchen.

Elektronischer Katalog
Alle Universitätsbibliotheken verfügen mittlerweile über einen elektronischen Katalog, einen so genannten OPAC (Online Public Access Catalogue). So können Sie bequem mit verschiedenen Suchkriterien arbeiten.

In unserem eingangs genannten Beispiel hätte die Studentin nun also wieder verschiedene Möglichkeiten:

- In einem Handbuch oder Lexikon für Mathematikdidaktik den Eintrag über *Dyskalkulie/Rechenschwäche* lesen. Dort finden sich dann in der Regel weitere Literaturhinweise.
- Im Stichwortkatalog unter *Dyskalkulie/Rechenschwäche* nachschlagen.
- Im OPAC als Freitext *Dyskalkulie/Rechenschwäche* suchen.
- In Zeitschriften (entweder Grundschul-Zeitschriften oder mathematikdidaktische Zeitschriften) nach Themenheften zu *Dyskalkulie/Rechenschwäche* suchen.

In all diesen Dokumenten finden Sie wiederum Literaturverzeichnisse. Bei der Durchsicht dieser Literaturangaben werden Sie immer wieder auf dieselben Titel stoßen. Bei denen können Sie dann davon ausgehen, dass es sich um Grundlagenwerke handelt.

Wenn ein Buch nicht im Bestand Ihrer lokalen Bibliothek ist, besteht die Möglichkeit, es per Fernleihe bei einer anderen Bibliothek zu bestellen. Um herauszufinden, wo das Buch vorhanden ist, müssen Sie die Online-Kataloge einzelner Bibliotheken durchsuchen. Es gibt auch überregionale Verbünde von Bibliotheken mit übergrei-

Arten Wissenschaftlicher Literatur

Lexika
In Lexika finden Sie kurze präzise Informationen zu verschiedenen Themen. Es gibt allgemeine Konversationslexika (z.B. Brockhaus). In der Regel empfiehlt sich aber der Blick in ein Fachlexikon. Lexika finden Sie im Präsenzbestand von Bibliotheken. Sie können nicht ausgeliehen werden.

Handbücher
Handbücher enthalten Artikel zu wesentlichen Teilbereichen eines Fachgebietes. Die Beiträge geben meist einen Überblick über den Stand der Forschung, methodische Zugänge und bestimmte Themenfelder. Handbücher befinden sich meist im Präsenzbestand einer Bibliothek und können oft nicht ausgeliehen werden.

Sammelbände
Sie enthalten Aufsätze verschiedener Autoren, die um ein Thema zentriert sind. Sie sind in der Regel in einer Bibliothek ausleihbar.

Monografien
So werden wissenschaftliche Abhandlungen, die ein Autor oder ein Autorenteam zu einem bestimmten Thema verfasst hat, bezeichnet.

Fachzeitschriften
Eine Fachzeitschrift beschäftigt sich meist mit einem Spezialgebiet. Hier finden Sie Zugang zu aktuellen Fragen, Untersuchungen und Diskussionspunkten eines Fachgebietes. Es erscheinen in regelmäßigen Abständen mehrere Hefte pro Jahr. In Bibliotheken findet man die Hefte des laufenden Jahres meist in einer Auslage. Die älteren Jahrgänge werden zu Jahresbänden gebunden. Manchmal können die Jahresbände ausgeliehen werden, meist befinden sie sich aber im Präsenzbestand einer Bibliothek.
Da viele Wissenschaftsdisziplinen internationalisiert sind, sollten Sie auch ausländische, vor allem englischsprachige Fachzeitschriften Ihres Gebietes kennen.
Fachzeitschriften sind in der Regel in einem gesonderten Katalog aufgeführt. Dem Zeitschriftenverzeichnis können Sie die Signatur der Zeitschrift entnehmen. Artikel aus Fachzeitschriften können Sie nicht über den elektronischen Bibliothekskatalog recherchieren!

Graue Literatur
Als Graue Literatur werden Veröffentlichungen, die außerhalb des Verlagswesens und Buchhandels erscheinen, bezeichnet. Dazu zählen Veröffentlichungen von universitären Instituten, Broschüren von Institutionen, unveröffentlichte Manuskripte u.ä. Diese Texte sind meist schwer erhältlich. Sie müssen sich dazu direkt an den Herausgeber oder Verfasser wenden.

fender Suchfunktion so z.B. der Katalog des Südwestdeutschen Bibliotheksverbundes (SWB – www.bsz-bw.de/cgi-bin/opacform.cgi). Ihre lokale Bibliothek bestellt das Buch dann bei der jeweiligen Bibliothek. Das Aufgeben von Fernleihen ist gebührenpflichtig (in der Regel 1,50 Euro). Sie müssen damit rechnen, dass mehrere Wochen vergehen, bis Sie das bestellte Buch erhalten. Manche Bibliotheken verfügen auch über ein Online-Fernleihsystem.

Auch Zeitschriftenartikel können Sie bei verschiedenen Anbietern online bestellen. Sie erhalten per Post eine Kopie des gesuchten Artikels. Auch dieser Service ist natürlich kostenpflichtig. Hier einige der wichtigsten Dokument-Schnell-Lieferdienste:

- SUBITO (www.subito-doc.de)
- JADE/JASON (www.ub.uni-dortmund.de/JASON/Jason1.html)
- DBI-LINK (www.dbilink.de)

Weitere Quellen für das Auffinden von Literatur sind:

Bibliografien
In verschiedenen Disziplinen sind Fachbibliografien verfügbar. Das sind Verzeichnisse von Publikationen eines Fachgebiets, die nach thematischen Kriterien zusammengestellt sind.

Literaturdatenbanken
Hierbei handelt es sich in der Regel um Fachdatenbanken, die von kommerziellen Anbietern zusammengestellt wurden. Der Vorteil ist, dass alle Monografien und Zeitschriftenartikel dieses Themas aufgelistet sind – unabhängig vom Vorhandensein in Bibliotheken. Diese Datenbanken stehen teils online (gegen Gebühr), teils offline (CD-ROM, die käuflich erworben werden muss) zur Verfügung. Oft haben Bibliotheken die Nutzungsrechte von Datenbanken. In die Literaturdatenbanken sind meist nur aktuellere Titel aufgenommen. Prüfen Sie vor Nutzung einer Datenbank, wie weit sie in die Vergangenheit zurück reicht.

Internetrecherche

Der Weg, sich schnell einen groben Überblick zu verschaffen, geht über das Internet. Hierbei ist jedoch Vorsicht geboten. Nicht alle Quellen sind verlässlich. Manche Informationen sind sehr ungenau. Manchmal ist es schwierig, sich im Informationsdschungel zurechtzufinden und nicht vom Weg abzukommen (siehe auch S. 181ff.).

Bei der Eingabe des Begriffs *Dyskalkulie* z.B. in die Suchmaschine »Google« finden sich eine ganze Reihe von Einträgen: von Definitionen, über Literatur- und Linklisten bis hin zu Therapieangeboten.

Wenn alle Stricke reißen ...

Schließlich können Sie Ihre Dozenten um Literaturhinweise bitten. Zu dieser Strategie sollten Sie jedoch erst greifen, wenn Sie trotz intensiver Bemühungen keine geeignete Literatur gefunden haben. Sie sollten zumindest zeigen, dass Sie schon Vorarbeiten geleistet haben. Tipp: Viele Dozenten stellen Literaturlisten auf ihre Homepage.

Interdisziplinarität erweitert den Blickwinkel

Häufig lassen sich bei einem Thema Schnittstellen zu anderen Disziplinen finden. Suchen Sie nach solchen Anknüpfungspunkten. Bei unserem Beispiel *Dyskalkulie/Rechenschwäche* war der Ausgangspunkt die Mathematikdidaktik. Hier bietet sich zum Beispiel ein Blick in psychologische (Stichwort: Entwicklungspsychologie) oder pädagogische Publikationen (Stichwort: Umgang mit Lernstörungen im Unterricht) an.

6. Wissenschaftlich lesen

Im Laufe Ihres Studiums werden Sie vieles und auch sehr unterschiedliches lesen müssen. Um die Stoffmengen bewältigen zu können, müssen Sie unterschiedliche Lesestrategien und Arbeitsweisen anwenden können.

Vor dem Lesen

Leseziel bestimmen

Noch bevor Sie beginnen einen Text zu lesen, sollten Sie überlegen, was Ihr Leseziel ist. Wenn Sie ohne ein konkretes Ziel mit der Lektüre beginnen, werden Sie mit hoher Wahrscheinlichkeit weniger effektiv lesen. Klären Sie also Ihr eigenes Leseziel. Hier ein paar Fragen als Hilfe:

- Warum lese ich den Text?
- Was will ich wissen?
- Möchte ich einen allgemeinen Überblick bekommen?
- Möchte ich Detailwissen erhalten?
- Muss ich dazu den ganzen Text lesen?
- Möchte ich neue Ideen bekommen?
- Möchte ich einen Standpunkt kritisch prüfen?

Einen Überblick verschaffen

Vor allem wenn Sie nicht nur einen Aufsatz oder Artikel sondern ein ganzes Buch vor sich haben, ist es ratsam sich vorher einen Überblick zu verschaffen.

Inhaltsangabe/Hintergrund Verfasser/Absicht des Buches
Im Klappentext erhalten Sie meist eine Kurzangabe des Inhalts, einen kurzen Überblick über den Hintergrund des Verfassers und die Absicht des Buches.

Veröffentlichung/Wann
Schauen Sie, wann das Buch erschienen ist. Handelt es sich um die erste Auflage oder um eine Überarbeitung? Ist es das Original oder eine Übersetzung?

Inhaltsverzeichnis
Im Inhaltsverzeichnis sehen Sie, wie der Autor seinen Gedankengang aufbaut und wo Sie die Informationen finden, die Sie benötigen.

Vorwort/Einleitung
Das Vorwort oder die Einleitung geben Informationen des Autors über den Aufbau des Buches.

Thema und neue Bezugsquellen
Wenn Sie schon gut über ein Thema Bescheid wissen, können Sie im Literaturverzeichnis sehen, welche Bezugsquellen der Autor hat und wie aktuell diese sind.

Zusammenfassungen am Ende der Kapitel
Manche Autoren geben auch Zusammenfassungen am Ende einzelner Kapitel.

Eigene Leseentscheidung
Entscheiden Sie erst jetzt, was Sie tatsächlich genauer lesen wollen.

Fragen stellen

Wenn Sie sich intensiv mit einem Text auseinander setzen wollen – sei es zur Prüfungsvorbereitung oder weil Sie eine Arbeit zu dem Thema schreiben möchten – ist eine aktive Lesehaltung wichtig. Das bedeutet, dass Sie Ihr Vorwissen zum Thema aktivieren müssen, da unser Gehirn versucht, neues Wissen mit vorhandenem zu verknüpfen.

Der Leseprozess

Je nach Leseziel werden Sie eine andere Lesestrategie wählen. Wir stellen Ihnen drei genauer vor, die für das wissenschaftliche Lesen von Bedeutung sind.

Durchsehendes Lesen

Beim Durchsehen eines Textes geht es darum, eine gezielte Information aus einem Text herauszuholen. Sie gehen den gesamten Text schnell durch auf der Suche nach bestimmten Stichwörtern.

Querlesen

Diese Strategie wird oft auch »kursorisches Lesen« oder »Diagonallesen« genannt. Hier geht es darum, sich etwas tiefer als beim Durchsehen einzulesen. Meist dient diese Strategie der Relevanzprüfung eines Buches oder Aufsatzes, d.h. zu prüfen, ob es sich lohnt, sich genauer mit dem Text zu befassen.

Die Strategie kann auch Anwendung finden, wenn Sie einen Text schon durchgearbeitet haben und Sie sich noch einmal rückblickend den Inhalt vergegenwärtigen möchten.

Studierendes Lesen

Das studierende Lesen ist ein gründliches Vorgehen und bedarf hoher Konzentration. Man muss Wort für Wort, Satz für Satz, Abschnitt für Abschnitt lesen. Meist genügt ein einmaliges Lesen nicht, um den Text vollständig zu erfassen.

Wenn Sie bei einem Absatz Verständnisschwierigkeiten haben, ist es oft produktiver, wenn Sie die Stelle überspringen und weiterlesen. Später können Sie zum Problem zurückkehren. Eine andere Hilfe bei Schwierigkeiten ist das Nachschlagen von Begriffen.

Markieren beim Lesen

Für viele Menschen, ist es hilfreich, während des Lesens Markierungen vorzunehmen. Eine Möglichkeit ist das Unterstreichen. Mit unterschiedlichen Farben können Sie Stellen hervorheben, die Ihnen wichtig erscheinen, die Sie nicht verstehen usw. Zusätzlich sollten Sie Randbemerkungen einfügen. Dies können entweder Worte sein – Fragen, die auftauchen, Zusammenhänge, die Sie assoziieren, oder auch Symbole. Mit der Zeit können Sie Ihr eigenes System von Symbolen erarbeiten. Unten sehen Sie einige Beispiele zur Veranschaulichung. Bemühen Sie sich jedoch um einen maßvollen Einsatz der Zeichen. Bei zu vielen Anmerkungen und Unterstreichungen können Sie schnell den Überblick verlieren.

Randmarkierungen	**Markierungen innerhalb des Textes**	**Randkommentare**
/ wichtig // sehr wichtig ! erstaunlich ? fragwürdig ↯ bin ich anderer Ansicht + gut - schlecht ↔ Gegenteil von → Verweis-Pfeil auf Seite ... oder Literatur	einkreisen einkasteln unterstreichen Wellenlinien farbige Markierungen mit Buntstift, Leuchtmarker	Th (These) Arg (Argument) Def (Definition) Log? (Logik – Widersprüche in der Argumentation) Bsp (Beispiel) vgl. S. (vergleiche Seite ...)

Nach dem Lesen

Ein chinesisches Sprichwort sagt: *Die blasseste Tinte ist besser als das beste Gedächtnis.* Selbst wenn Sie einen Text intensiv gelesen haben, ist es nötig sich Notizen dazu zu machen, um die Informationen zu einem späteren Zeitpunkt zur Verfügung zu haben.

Exzerpt

Ein Exzerpt ist ein kurzer schriftlicher Auszug aus einer Quelle. Sie schreiben das Wichtigste wörtlich oder in eigenen Worten auf. Wenn Sie Teile wörtlich übernehmen, sollten Sie die Zitierregeln beachten (siehe S. 154). Wenn Sie später etwas aus dem Exzerpt für eine schriftliche Arbeit übernehmen, wissen Sie sonst wahrscheinlich nicht mehr genau, was Ihre eigenen Worte sind und welche die des Autors. Notieren Sie die Kernaussagen und den Argumentationsgang des Textes. Hilfreich ist es, wenn man sich an der schon vorhandenen Gliederung des Textes orientiert.

Ein Exzerpt enthält jedoch nur die Position des Autors, möglichst wenig Ihrer eigenen Position zum Gelesenen. Kritische Anmerkungen sollten Sie getrennt vermerken.

Das Erstellen von Exzerpten mag zu Beginn sehr aufwändig und anstrengend erscheinen. Oft ist auch schon ein bestimmtes Hintergrundwissen erforderlich, um ein gutes Exzerpt zu erstellen. Jedoch sollten Sie Exzerpte erstellen, wenn:

- Sie den gelesenen Text nicht dauerhaft zur Verfügung haben.
- Sie den Text für eine wissenschaftliche Arbeit aufbereiten wollen.
- Sie den Text zur Prüfungsvorbereitung nutzen möchten.

Visualisieren

Als Alternative oder Ergänzung des Exzerpierens kann das Visualisieren dienen. Darunter ist die bildhafte oder symbolische Darstellung eines Textes gemeint.

Das Visualisieren hat zwei Haupteffekte. Um einen Text bildlich darstellen zu können, muss man ihn gründlich lesen und seine Hauptaussagen verstanden haben. Außerdem dient das entstehende Bild als zusätzliche Lern- und Merkhilfe. Wie man aus der Lernpsychologie weiß, können wir Bilder besser speichern als Worte. Sehr dauerhaft werden Informationen gespeichert, die über mehrere Sinneskanäle eingegeben werden und die zur Verarbeitung beide Gehirnhälften in Anspruch nehmen. Die Verbindung von Worten und Bildern ermöglicht also einen nachhaltigeren Erinnerungswert.

- **Netzwerktechnik**
  Bei dieser Technik versucht man, den Inhalt des Textes nach Hauptbegriffen zu strukturieren und deren Beziehungen untereinander darzustellen. Die Begriffe werden mit Umrandungen (Kasten, Kreis ...) gekennzeichnet. Relationen lassen sich am besten mit Linien und Pfeilen darstellen. Diese Pfeile können natürlich auch noch beschriftet werden.
- **Mindmap**
  Unser Denken verläuft nicht linear, sondern assoziativ. Das Mindmap (zu übersetzen als »Gehirn-Karte«) versucht, assoziative Denkprozesse zu unterstützen und zu veranschaulichen. Bei einem Mindmap steht im Zentrum ein wichtiger Begriff. Um ihn gruppieren sich die Unterthemen. So erstellen Sie ein Mindmap:
  1. Schreiben Sie den Kernbegriff des zu bearbeitenden Themas in die Mitte eines Blattes (A4, quer).
  2. Schreiben Sie wichtige Gedanken um den Kernbegriff herum auf Linienäste. Von diesen Begriffen abhängige Gedanken schreiben Sie auf weitere Verzweigungen.
  3. Später können Sie mit Farben, Pfeilen und Symbolen Zusammenhänge verdeutlichen.

  Mittlerweile gibt es auch Computerprogramme für die Erstellung von Mindmaps.

Bei beiden Techniken können Sie auch kleine Zeichnungen als Merkhilfen verwenden.

Egal auf welche Art und Weise Sie das Gelesene festhalten, sollten Sie sich ein System überlegen, mit dem Sie Ihre Notizen ordnen. Wir möchten Ihnen verschiedene Möglichkeiten vorstellen:

Karteikarten

Benutzen Sie für eine Exzerpt-Kartei möglichst große Karten, am besten DIN-A5. Vermerken Sie in der Kopfzeile die bibliografischen Angaben des Buches oder des Artikels.

Auf Karteikarten können Sie auch erfassen, welche Literatur Sie zu bestimmten Themen besitzen bzw. gelesen haben. Für eine Verfasserkartei genügt ein kleineres Format, z.B. DIN-A7. Auf den Karten sollten dann folgende Informationen vermerkt sein:

- Autoren-Name(n)
- Titel
- Erscheinungsort und -jahr
- Bei Zeitschriftenaufsätzen: Name der Zeitschrift, Jahr, Heftnummer, Seitenzahl
- Ggf. Fundstelle (Bibliotheks-Signatur)

Hier ein Beispiel:

Volz, Steffen (2001): Literaturerwerb im »Bildungskeller«. Versagensbefunde im Fach Deutsch.
In: Deutschunterricht 2/2001, S. 31–34
Kopiert, Ordner DD3
Volz stellt eine ausgeprägte Mittelschichtsorientierung der bisherigen lese- und kommuni-
kationswissenschaftlichen Forschung fest. Jugendliche bildungsferner Her-
kunft, also leistungsschwache Haupt- und Sonderschüler/innen, tauchen so gut wie
nirgends auf. Nach einer Analyse der gängigen (Deutsch-) Unterrichtspraxis mit
leistungsschwachen Sch. und einer kritischen Bestandsaufnahme der fachdid. Rezeption
in der Sopäd berichtet V. über die Ergebnisse seiner Befragung ehemal.
Förderschüler/innen zu ihren Leseerfahrungen im DU und ihrer Mediennutzung allg.
Zentraler Befund: der DU blieb im Wesentlichen auf das Training der Lesefertigkeit
reduziert, die Textauswahl wurde als wenig ansprechend und nicht altersgerecht
empfunden, zudem wurde der DU als methodisch sehr konventionell und wenig
anregend empfunden. Die Lektüre von Ganzschriften fand in der Erinnerung der Jugendl.
nicht statt. V. fordert eine Literarisierung anstelle von purer Alphabeti-
sierung und skizziert dies ansatzweise abschließend in einem Konzept für einen »leseför-
dernden Literaturunterricht« mit sog. »lernschwachen Schüler/innen«.

Ordner

Eine andere Möglichkeit, ist das Exzerpt auf lose Blätter zu schreiben und diese in einem Ordner aufzubewahren. Wichtig sind auch hier die bibliografischen Angaben, um die Notizen später noch ihrer Quelle zuordnen zu können.

7. Den Computer und das Internet nutzen

Computer

Sie können die Exzerpte auch mit dem PC erstellen. Sie sollten sich ein System zur Verwaltung der Dateien überlegen. Sinnvoll ist es als Datei-Name Autor und Jahr des exzerpierten Buches oder Artikels zu wählen. Auf Seite 145 finden Sie Hinweise zu speziellen Bibliografier-Programmen.

Eine ziemlich bekannte Lesestrategie, die die verschiedenen Schritte miteinander verbindet ist die »SQ3R Methode«. SQ3R ist eine Abkürzung für Arbeitsschritte.

1. S = Survey

Verschaffen Sie sich einen Überblick über den Text. Wie ist er aufgebaut? Schauen Sie das Inhaltsverzeichnis durch, lesen Sie die Einleitung.

2. Q = Question

Stellen Sie vor dem genauen Lesen Fragen an den Text. Hilfreich sind hierbei die klassischen W-Fragen:

- Wer? (Autor)
- Was?
- Wozu?
- Warum?
- Wie?
- Wann?

3. R1 = Read

Lesen Sie den Text mit Ihren Fragen im Hinterkopf.

4. R2 = Recite

Formulieren Sie nun Antworten auf die Fragen in eigenen Worten.

5. R3 = Review

Überfliegen Sie nochmals alle Überschriften der einzelnen Kapitel oder Abschnitte. Versuchen Sie dabei, sich die wichtigsten Aussagen ins Gedächtnis zu rufen. Prüfen Sie ob Sie Schritt 4. erschöpfend bearbeitet haben.

8. Veranstaltungsmitschriften

Kennen Sie die Situation? Eine Kommilitonin, die mit Ihnen eine Vorlesung besucht, war krank und fragt Sie, was in der letzten Sitzung gelaufen ist. Sie blättern Ihren Block durch und finden schließlich die Unterlagen. Sie haben jedoch Schwierigkeiten, die Inhalte zu rekonstruieren und wiederzugeben ...

Die Veranstaltungsmitschrift kann unterschiedliche Zwecke erfüllen. Sie können das Gehörte nach der Veranstaltung, zur Klausurvorbereitung oder zu einem noch späteren Zeitpunkt nachlesen. Das setzt natürlich voraus, dass die Mitschrift so gestaltet und strukturiert ist, dass Sie auch nach längerer Zeit noch nachvollziehen können, was Sie aufgeschrieben haben. Manchen Studierenden hilft das Mitschreiben, beim Thema zu bleiben und konzentriert zuzuhören.

Was ist wichtig bei einer Mitschrift?

- **Notieren Sie immer Datum, Titel und Thema der Veranstaltung.**
  Dieser Hinweis mag Ihnen banal erscheinen. Sofern Sie aber nicht zu den ganz ordentlichen Menschen gehören, die sofort jedes Blatt in den passenden, korrekt beschrifteten Ordner abheften, werden Sie feststellen, dass es Ihnen beim sortieren beschriebener Blätter (spätestens zum Semesterende) nicht immer leicht fällt, diese zuzuordnen.
- **Notieren Sie das Gesagte in eigenen Worten.**
  Versuchen Sie auf keinen Fall wortwörtlich mitzuschreiben. Wenn Sie nicht gerade stenografieren können, werden Sie bei diesem Versuch scheitern. Schreiben Sie erst wenn die Redner/in einen Gedanken beendet hat.
- **Gliedern Sie den Mitschrieb.**
  Überschriften, Aufzählungen, Spiegelstriche machen Ihre Mitschrift übersichtlicher.
- **Arbeiten Sie mit sinnvollen, einheitlichen Abkürzungen und Symbolen.**
  Abkürzungen sind nur dann sinnvoll, wenn Sie sie später auch noch verstehen. Legen Sie sich evtl. ein Abkürzungsverzeichnis an.
- **Lassen Sie genug Platz für Anmerkungen.**
  Wenn Sie den Mitschrieb nach der Veranstaltung nochmals durcharbeiten, werden Sie vielleicht feststellen, dass Ihnen manche Sachverhalte nicht mehr ganz schlüssig sind. Nachdem Sie in der Literatur nachgelesen haben, möchten Sie weitere Erkenntnisse vielleicht in Ihren Notizen ergänzen.
- **Notieren Sie Namen und Literaturangaben, die in der Veranstaltung genannt werden, möglichst vollständig.**
  Das spart Zeit und Suchen, wenn Sie die Quellen nachlesen möchten.

Die Trainingsbausteine 3 und 4 helfen Ihnen weiter.

9. Ein Protokoll schreiben

Das Protokoll ist eine Sonderform der Mitschrift. Während die Mitschrift nur der Verfasserin, d.h. der Studierenden selbst als Gedächtnisstütze dient, soll das Protokoll möglichst genau und objektiv, d.h. frei von persönlichen Einschätzungen und Kommentaren, den Verlauf eines Gesprächs oder einer Sitzung wiedergeben. Es muss so verfasst sein, dass auch Personen, die an der Sitzung nicht teilgenommen haben, sich über Verlauf und Ergebnisse informieren können. Der Protokollant wird vor Beginn einer Sitzung bestimmt. Ein Protokoll muss bestimmte formale Kriterien erfüllen: Benennung von Anlass, Ort, Zeitpunkt (Datum und Dauer), Teilnehmer und Leitung der Veranstaltung, Unterschrift des Protokollanten. Es sollte möglichst knapp und sachlich verfasst sein. Ausschmückende Adjektive, Metaphern oder Schlussfolgerungen sind fehl am Platze. Protokolle werden im Präsens verfasst, Äußerungen von Rednern werden im Konjunktiv wiedergegeben.

Es gibt verschiedene Arten von Protokollen: Ergebnisprotokoll, Verlaufsprotokoll, Seminarprotokoll. Die ersten beiden Arten werden Sie vor allem benötigen, wenn Sie sich in einer Fachschaft, im AStA oder als studentische Vertreterin in einem Gremium der Hochschule engagieren möchten.

- **Ergebnisprotokoll**
  Das Ergebnisprotokoll fasst Gesprächsbeiträge ordnend zusammen. Die behandelten Themen werden in eine logische Ordnung gebracht. Das heißt, die Ergebnisse einer Sitzung werden unabhängig vom chronologischen Verlauf festgehalten. Die Tagesordnungspunkte werden genau so wie sie in der Tagesordnung stehen geschildert, auch wenn sie in der Sitzung in einer anderen Reihenfolge behandelt wurden.
- **Verlaufsprotokoll**
  Wie der Name schon vermuten lässt, dokumentiert das Verlaufsprotokoll den genauen Verlauf der Sitzung. Es benennt die gemachten Vorschläge oder gestellten Anträge, Einwände und Begründungen, ggf. mit Nennung von Namen der Sprecher.
- **Seminarprotokoll**
  In manchen Veranstaltungen verlangt der Dozent, dass die Studierenden reihum ein Seminarprotokoll erstellen. Damit bezweckt er Folgendes (wir gehen vom positiven Fall aus, nicht davon, dass er eine Möglichkeit sucht, wie Studierende einen Schein erwerben können):

- Die Seminarteilnehmerinnen – außer dem Protokollanten – können sich voll auf das Seminar oder die Diskussion konzentrieren und müssen nicht mitschreiben.
- Der Protokollant lernt, bewusst mitzuschreiben und Strukturen innerhalb einer Veranstaltung sichtbar zu machen.

Ein Seminarprotokoll enthält das Thema der Sitzung, die behandelte Fragestellung, die Arbeitsschritte, die Ergebnisse der Diskussion oder Erarbeitung und ggf. offene Fragen oder Verweise auf die nächste Sitzung. Im Anhang werden Handouts, Textauszüge und Tafelbilder angefügt.

Das Seminarprotokoll ist eine Mischung aus Verlaufs- und Ergebnisprotokoll. Häufig ist es nicht nur wichtig das Ergebnis eines Vortrags oder einer Diskussion zu schildern, sondern es muss der Diskussionsverlauf oder der Gedankengang dargestellt werden.

10. Ergebnisse präsentieren: Referat

Mit einem Referat vermitteln Sie Ihren Kommilitoninnen Spezialwissen, das Sie sich erarbeitet haben. Im Anschluss an diesen Vortrag haben die Zuhörerinnen in der Regel Gelegenheit, Fragen zu stellen oder über das Thema zu diskutieren.

Ihre Vorbereitung sollte nach den Grundsätzen des wissenschaftlichen Arbeitens erfolgen. Die Arbeitsschritte Recherche, Lesen, Exzerpieren und Gliedern sind dieselben wie bei der Erstellung einer schriftlichen Hausarbeit. Das Schreiben dagegen ist ein anderes, da es sich beim Referat um einen mündlichen Vortrag handelt.

Denken Sie daran: Ein Referat ist ein mündlicher Vortrag keine Vor*lesung*. Wenn Sie noch nicht so geübt im freien Sprechen sind, können Sie ein Redemanuskript schreiben, sich Formulierungen überlegen – besonders der Anfang und der Schluss sind wichtig. Diese beiden Teile hinterlassen bei der Zuhörerin den bleibendsten Eindruck – der Anfang durch den »Primacy-Effect«, der Schluss, weil es das zuletzt Gehörte ist und weil hier das Wichtigste nochmals zusammengefasst wird.

Schreiben Sie das Manuskript mit dem Computer, damit Sie beim Vortragen nicht ins Stocken kommen, weil Sie Ihre eigene Schrift nicht lesen können. Dabei sollten Sie mindestens 1,5-fachen Zeilenabstand wählen. Die Schrift sollte mindestens 12 Punkt groß sein.

Wenn Sie sich sicher genug fühlen, sollten Sie sich im Laufe der Vorbereitung vom Manuskript lösen und beim Vortrag mithilfe von Stichwörtern frei formulieren können. Die Stichpunkte können Sie auf großen Karteikarten (DIN-A5 oder DIN-A6) festhalten. Gestalten Sie Ihre Unterlagen übersichtlich und strukturiert. Wichtiges können Sie farblich hervorheben.

Wenn Sie mithilfe von DIN-A5-Blättern vortragen, sollten Sie diese beim Reden ablegen (auf dem Tisch oder einem Redepult) oder auf einer festen Unterlage halten. Es wirkt auf die Zuhörerinnen sehr unsicher, wenn die Blätter in Ihren Händen zittern oder gar rascheln. Optimal sind Karteikarten, auf die Sie ab und zu einen Blick werfen. Das kennen Sie sicher aus dem Fernsehen – beobachten Sie einmal Günther Jauch oder Bärbel Schäfer.

Wir raten Ihnen, das Halten des Referates zu üben – egal ob vor dem Spiegel, vor Freunden oder vor dem Aquarium. Dabei entdecken Sie leicht Stolpersteine und Ungereimtheiten. Stoppen Sie die Zeit und kürzen Sie Ihren Vortrag gegebenenfalls. Weniger ist manchmal mehr.

Bereiten Sie den Vortrag mit Blick auf Ihre Zuhörerinnen vor. Erklären Sie Ihre Gedankengänge – Sie haben sich während der Vorbereitung Spezialwissen angeeignet, über das Ihre Kommilitoninnen wahrscheinlich nicht verfügen. Geben Sie den Zuhörerinnen zu Beginn einen Überblick darüber, was sie erwartet.

Visualisieren Sie Ihren Vortrag. So fällt es den Zuhörerinnen leichter, Ihnen zu folgen. Schaubilder, Karikaturen, Stichworte oder Gliederungspunkte können dazu dienen. Arbeiten Sie dabei mit verschiedenen Medien, z.B. Tafel, Power-Point-Präsentation, Filmausschnitt oder Handout. Zeigen Sie dabei Medienkompetenz! Wichtig ist immer, dass Sie den Sinn und Zweck des Medieneinsatzes reflektieren *und* dass Sie ihn vorher geübt haben. Nichts ist schlimmer als zuzusehen, wie der Referent – mehr oder weniger zitternd – eine Folie auf fünf verschiedene Arten auflegt, umherzieht und unscharf stellt. Wägen Sie die Vor- und Nachteile der verschiedenen Medien ab. Sie müssen kein Medienfeuerwerk inszenieren.

Als Orientierungshilfe für die Zuhörerinnen, bietet es sich an, ein Handout oder Thesenpapier zu erstellen. Mehr dazu können Sie im folgenden Kapitel nachlesen.

Viele Studierende sind sehr aufgeregt und unsicher, wenn sie ein Referat halten. Das ist ganz normal. Etwas Lampenfieber gehört dazu, wenn man es nicht gewohnt ist, vor Menschen zu sprechen. Gute und gründliche Vorbereitung verschafft Ihnen jedoch Sicherheit!

Im Trainingsbaustein 5 finden Sie eine Checkliste zur Vorbereitung eines Referats.

11. Thesenpapier für ein Seminar

Manchmal bietet es sich an, die Zuhörerinnen bei einem Vortrag zu entlasten. Dazu kann das so genannte Thesenpapier dienen.

Inhaltliche Gestaltung

Ein Thesenpapier, heute meist auch neudeutsch »Handout« genannt, kann unterschiedlich gestaltet sein. Die der Bezeichnung »Thesenpapier« am nächsten kommende Form ist eine Zusammenstellung Ihrer Thesen. Hierbei beziehen Sie Stellung zu Ihrem Vortragsthema und formulieren Ihre Position. Ein solches Thesenblatt dient als Impuls für eine anschließende Diskussion. Die Teilnehmer sollen zur aktiven Teilnahme provoziert werden. Das bedeutet, dass die Thesen möglichst kurz und prägnant formuliert werden sollten. Ihr Vortrag orientiert sich dann an diesen Thesen.

Eine andere Form des Thesenpapiers stellt eine Zusammenfassung Ihres Vortrags dar. Es enthält eine Übersicht Ihrer Gliederungspunkte. Zu jedem Punkt kann eine kurze Zusammenfassung gegeben werden oder es kann auch Zitate und Schaubilder enthalten. Klären Sie mit Ihrem Dozenten ab, ob eine bestimmte Form des Thesenblattes verlangt wird. Das Handout sollte auch für Personen, die Ihr Referat nicht gehört haben, verständlich sein.

Formale Gestaltung

Ihr Thesenpapier sollte mit dem Computer geschrieben sein. Handgeschriebene Handouts sind nicht mehr zeitgemäß. Selbst wer heute keinen eigenen Computer besitzt, hat genügend Möglichkeiten sich Zugang dazu zu verschaffen.

Nennen Sie im Kopf (oberer Teil des Blattes) Ort, Titel der Veranstaltung, Datum, den Namen des Dozenten, Titel Ihres Referats und Ihren Namen. Geben Sie am Ende des Blattes wichtige Literatur an. Es sollte aber nicht mehr als 2 DIN-A4-Seiten umfassen. Auf jeden Fall sollte es übersichtlich und grafisch ansprechend gestaltet sein. Wählen Sie dazu eine gut lesbare Schrift. Der Schriftgrad sollte 10 Punkt nicht unterschreiten (höchstens bei Anmerkungen). Das Thesenpapier sollten Sie vor Ihrem Vortrag austeilen, damit sich die Teilnehmerinnen während Ihres Referats besser orientieren können und entscheiden können, was sie mitschreiben. Verweisen Sie beim Sprechen auch immer wieder auf die entsprechenden Punkte auf dem Handout.

12. Eine Hausarbeit verfassen

Mündliche Vorträge können Sie während des Studiums meiden. Woran Sie aber auf keinen Fall vorbei kommen werden, sind schriftliche Hausarbeiten. Sie müssen zu verschiedenen Anlässen angefertigt werden. Es gibt Seminararbeiten in Einführungen, Seminaren und Hauptseminaren und Abschlussarbeiten am Ende des Studiums. Auch die ausführlichen Unterrichtsentwürfe, die Sie in Praktika oder didaktischen Seminaren erstellen müssen, gehören zur Textsorte »wissenschaftlicher Text«. Die Arbeiten sind in einem gewissen zeitlichen Rahmen zu verfassen. Die Anforderungen unterscheiden sich jedoch je nach Art der Arbeit, Studiengang und -fach und Dozent. Erkundigen Sie sich daher, welche Vorgaben, es für die Arbeiten gibt, die Sie anzufertigen haben.

Einige Grundsätze gelten unabhängig davon in jedem Fall; es sind die Grundsätze des wissenschaftlichen Arbeitens. Folgende Phasen gehören zum Arbeitsprozess:

1. Sondieren
2. Literatur recherchieren
3. Auswerten
4. Gliedern
5. Schreiben/Aufbereiten
6. Überarbeiten
7. Redigieren
8. Schwierigkeiten

Vor dem Beginnen – Planen

In der Regel muss die Arbeit zu einem bestimmten Zeitpunkt fertig sein. Meist müssen Sie auch die Fertigstellung mehrerer Arbeiten in einem Zeitraum koordinieren. Mit einem Arbeitsplan können Sie sich selbst auf dem Weg zu diesem Ziel an die Hand nehmen – und disziplinieren. Sonst besteht die Gefahr, dass Sie sich verzetteln und dann die Arbeit unter Zeitdruck fertig stellen müssen. Teilen Sie die Arbeit in kleine Schritte ein und setzen Sie sich dead-lines. Versuchen Sie diese Zeitplanung so konsequent wie möglich einzuhalten. Die Zeitlimits oder Zwischenziele müssen allerdings erreichbar sein. Beginnen Sie mit dem Dringlichsten und beginnen Sie sofort. Das Dringlichste, wohlgemerkt, ist in diesem Fall das Erstellen der Arbeit, nicht das Putzen des Waschbeckens oder das Umtopfen von Pflanzen ... Wenn Sie das Anfangen vor sich her schieben, wird die Hürde zu beginnen immer höher und die Zeit läuft Ihnen am Ende davon. Finden Sie heraus, wann Sie am besten arbeiten können. Manche Menschen haben ihr Leistungs- und Konzentrationshoch am Vormittag, andere arbeiten am effektivsten spät abends oder nachts. Nutzen Sie Ihre Leistungszeiten für das konzentrierte Arbeiten. In die Bibliothek oder zum Kopieren können Sie in der Zeit Ihres Leistungstiefs gehen.

Planen Sie auch Pausen mit ein!

Sondieren – Worüber will ich eigentlich schreiben?

Meist ist das Thema einer Arbeit schon zum Teil bestimmt – durch das Thema der Veranstaltung, für die Sie die Arbeit verfassen oder durch einen Themenkatalog eines Dozenten oder vielleicht sind Sie im Laufe der Veranstaltung auf ein Thema oder eine Fragestellung gestoßen, die Sie gerne genauer ergründen möchten. Manchmal – meist bei der Abschlussarbeit – müssen Sie selbst ein Thema finden. Vielleicht haben Sie auch im Praktikum ein schulisches Problem entdeckt oder erlebt und wollen dies nun genauer ergründen.

Sie müssen sich entscheiden ob Sie eine reine Theorie-Arbeit schreiben wollen oder ob Sie eine empirische Untersuchung machen möchten.

Wichtig ist in jedem Fall die genaue Eingrenzung des Themas. Dieser Arbeitsschritt sollte nicht unterschätzt werden. Wenn Sie ihn übergehen, laufen Sie Gefahr, das Thema arbeitstechnisch und wissenschaftlich nicht in den Griff zu bekommen und sich zu überfordern. Ein gewisses Vorwissen benötigen Sie jedoch, um das Thema enger fassen zu können. Daher müssen Sie sich einlesen.

Literatur recherchieren – Welche Literatur gibts zu meinem Thema?

Ich nenne das Recherchieren die Raupenphase.
Sten Nadolny

Verschaffen Sie sich zuerst einen Überblick über Ihr Thema. Dazu eignen sich Lexika und Handbücher. Vielleicht gibt es auch ein Themenheft einer Fachzeitschrift. Notieren Sie dabei, welche Stichwörter Sie in welchen Büchern gelesen haben. Am Ende eines Artikels finden Sie Literaturangaben. Notieren Sie sich die Titel. Mit der Zeit werden Sie merken, dass einige Titel immer wieder genannt werden. Sie können davon ausgehen, dass es sich hierbei um die Grundlagenwerke handelt. Achten Sie bei den Büchern und Lexika auf Aktualität. Geben Sie sich jedoch nicht mit dem erstbesten Aufsatz oder Artikel zufrieden. Er enthält vielleicht nicht alle Informationen, die Sie benötigen oder entspricht gar nicht dem Stand der Forschung. Sie können auch Bibliotheks- und Buchhandelskataloge nach Stichwörtern und Autoren durchsuchen. Sie müssen bei der Recherche nicht gleich die Bücher lesen. Hier sind eher das Inhalts- und Literaturverzeichnis von Interesse. Es kann Ihnen weiterführende Hinweise bieten. Erweitern Sie Ihre Suche auch auf verwandte Disziplinen, um den Blickwinkel auf das Thema zu erweitern.

Das Internet – Fluch oder Segen bei der Recherche?

Die Verbreitung des Internet hat in den letzten Jahren stark zugenommen. Dadurch haben sich die Möglichkeiten der Informationsbeschaffung verändert. Dies hat Vor- und Nachteile. Innerhalb kürzester Zeit hat man Zugang zu einer Vielfalt an Informationen. Man kann über Suchmaschinen aktuelle Informationen beschaffen und Überblicksartikel finden. Manchmal besteht aber die Gefahr, im Informationsdschungel den Durchblick zu verlieren. Wenn Sie eine Suchmaschine wie z.B. google benutzen, spezifizieren Sie die Suche. Es gibt Suchoptionen wie »erweiterte Suche« oder »Profisuche«. Sie können auch mehrere Begriffe miteinander verbinden. Nutzen Sie fachspezifische Suchmaschinen. Das Hauptproblem der Informationssuche im Internet ist jedoch die zum Teil zweifelhafte Qualität der Quellen und die Verifizierung der Zuverlässigkeit und Genauigkeit der Angaben.

Das Internet hat dennoch viele Vorteile. Sie können bundes- und weltweit in Bibliothekskatalogen recherchieren. Dabei müssen Sie allerdings bedenken, dass die meisten Bibliotheken nicht ihre kompletten Bestände digital erfasst haben. Vor allem ältere Titel sind häufig nur vor Ort in Zettelkatalogen zu finden. In der Regel wird aber auf der Startseite angegeben, ab welchem Erscheinungsjahr die Titel verzeichnet sind.

Aktuelle Publikationen finden Sie auch in Buchhandelskatalogen und Online-Buchhandlungen, ein modernes Antiquariat unter www.zvab.de. Unter www.paperball.de finden Sie tagesaktuelle Artikel von über 100 deutschsprachigen Tages- und Wochen-Zeitungen. Weitere Informationsquellen, besonders für statistische Angaben, können Homepages verschiedener Ämter und Institutionen sein (siehe auch Internettipps im Serviceteil).

Lesen und Auswerten

Im Kapitel »Wissenschaftlich Lesen« haben wir diesen Arbeitsschritt bereits ausführlich beschrieben. Daher hier nur noch einmal eine Kurzfassung der Lesestrategien:

1. **Überblick über den Text verschaffen**
   Überfliegen Sie den Text. Schauen Sie, wie er gegliedert ist.
2. **Fragen formulieren**
   Überlegen Sie, was Sie nach dem Lesen des Textes wissen möchten, bzw. was Sie vom Text erwarten.

3. **Lesen und markieren**
4. **Zusammenfassen**
5. **Inhalt rekapitulieren,** eventuell auftauchende Fragen festhalten.
6. **Text bewerten**

Literaturverwaltung

Halten Sie alle Titel fest, die Sie angelesen oder durchgearbeitet haben oder noch lesen wollen, sonst kann es passieren, dass Sie Aufsätze mehrfach kopieren (soll alles schon vorgekommen sein ...). Hierfür möchten wir Ihnen verschiedene Systeme vorstellen.

Karteikarten
Notieren Sie die bibliografischen Angaben (Verfasser, Titel, Ort, Jahr etc.). Außerdem können Sie Vermerke anbringen wie: Bibliothekssignatur, kopiert oder nicht, in welchem Ordner abgeheftet etc. Wenn Sie größere Karten verwenden, können Sie auch wichtige Zitate festhalten.

Fuchs, Birgitta (2003)
Maria Montessori. Ein pädagogisches Porträt.
Weinheim, Basel (Beltz)
UB: 2002 A 12459
Kapitel 1–3 kopiert, Ordner Päd5

Tabelle in Word oder Excel
Dieselben Angaben, die Sie handschriftlich auf Karteikarten festhalten, können Sie als Word- oder Exceldatei verwalten. Hier ein Beispiel:

Autor	Titel	Ort, Jahr	Standort	Kommentar
Schulz, Andrea	Lernschwierigkeiten im Mathematikunterricht der Grundschule.	Berlin 1995	95A3476 (UB)	Fundierte Untersuchung zu Lernschwierigkeiten im Mathematikunterricht, zur Diagnostik und Förderung.
Steeg, Friedrich H.	Lernen und Auslese im Schulsystem am Beispiel der »Rechenschwäche«.	F.a.M./ Berlin/ Bern/N.Y./ Paris/ Wien 1996	kopiert, Ordner Nr. 3	Für Interessierte, die das Thema Lernen-Schule-Rechenschwäche hinterfragen wollen.
...				

Datenbank

Eine andere Möglichkeit der computergestützten Literaturverwaltung ist die Nutzung einer Datenbank. An der Universität Düsseldorf wurde z.B. LiteRat, ein »Programm für Literaturverwaltung und -management mit Zitate-, Schlagwort- und Fundortverwaltung sowie Tools für die arbeitsteilige Literaturbearbeitung im Team« entwickelt. Unter www.literat.net steht es zum kostenlosen Download bereit. Es können alle bibliografischen Angaben eingegeben werden. Darüber hinaus kann man Zitate, Kommentare oder Abstracts einfügen. Außerdem ist es möglich, Verzeichnisse von anderen Personen zu importieren, d.h. Sie können Ihre Literatursammlung mit anderen austauschen. Mit allen eingegebenen Titeln lassen sich Literaturverzeichnisse zusammenstellen. Sowohl diese als auch die Zitate und Kommentare können ausgedruckt werden (nachdem sie in ein rtf.-Dokument konvertiert wurden).

Ein anderes Programm ist Bibliographix. Ein kommerzieller Anbieter bietet es zum Verkauf an. Eine Basisversion kann man sich kostenlos downloaden (www.bibliographix.com). Ein weiteres relativ kostengünstiges Programm zur Literaturverwaltung ist intranda Dr. (www.intranda.com). International führend ist das Programm »Reference Manager«, kurz »Ref-Man« (www.refman.com).

Gliedern – Wie kann ich das Thema schlüssig darstellen?

Wenn Sie sich in das Thema eingelesen haben, müssen Sie als Nächstes Ihre Arbeit strukturieren. Das ist eine mühsame aber zugleich sehr wichtige Aufgabe beim wissenschaftlichen Schreiben.

Mithilfe eines Mindmaps oder Clusters können Sie eine Übersicht aller relevanten und weniger relevanten Punkte erstellen. Nehmen Sie ein großes Blatt Papier im Querformat. Schreiben Sie Ihre Fragestellung in die Mitte. Gruppieren Sie darum die Teilthemen und deren Einzelaspekte. Dann können Sie entscheiden, was wichtig und weniger wichtig ist und welche Reihenfolge für die Darstellung der Unterpunkte sinnvoll ist. Das Mindmap zeigt, welche Bereiche unproportional umfangreich sind. Hier müssen Sie prüfen, ob Sie weitere Unterkategorien finden, oder ob manche Aspekte weiter führen, als es vom Thema her nötig ist. Sie können auch sehen, wo es noch Lücken in der geplanten Arbeit gibt. Vielleicht fallen Ihnen noch Aspekte ein, an die Sie vorher nicht gedacht haben.

Jetzt können Sie eine hierarchisierende Gliederung erstellen. Dabei fallen sicher einige der Ideen, die Sie im Mindmap gesammelt haben, weg. Spielen Sie mit dem Material und probieren Sie verschiedene Gruppierungen aus. Je nach Thema und Fachgebiet bieten sich unterschiedliche Vorgehensweisen an:

- **Deduktives Vorgehen** – Vom Allgemeinen zum Speziellen
  Ausgangspunkt ist eine allgemeine Hypothese oder einer Theorie, die Sie durch verschiedene Beispiele stützen.

- **Induktives Vorgehen** – Vom Speziellen zum Allgemeinen
  Hier gehen Sie den umgekehrten Weg: Sie stellen einen oder mehrere Fälle z.B. aus der Praxis dar, analysieren sie und leiten daraus ein grundlegendes Muster oder eine verallgemeinerbare Aussage ab.
  Beispiel: Wie Mädchen und Jungen spielen
  Sie beschreiben eigene Beobachtungen zum Spielverhalten von Mädchen und Jungen oder schildern Beispiele aus der Fachliteratur.

- **Dialektisches Vorgehen** – These – Antithese – Synthese
  Hier gehen Sie den Dreischritt der Dialektik: These – Antithese – Synthese. Zu Beginn stellen Sie eine These (Behauptung) auf, die Sie mit Argumenten belegen. Im nächsten Abschnitt stellen Sie Gegenargumente auf. Danach werden die Aussagen mit dem Ziel einer Lösung abgewogen.
  Beispiel: Bietet die Gesamtschule mehr Lernchancen für alle Schülerinnen?
  These: Chancen der Gesamtschule
  Argument 1: Leistungsdifferenzierung
  Argument 2: Chancengleichheit
  ...
  Antithese: Grenzen der Gesamtschule
  Argument 1: Unterforderung der Leistungsstärkeren
  Argument 2: Aufgabe des Klassenverbandes
  ...
  Synthese: Resümee

- **Chronologisches Vorgehen – Zeitliche Abfolge**
  Die Ergebnisse werden in zeitlicher Reihenfolge präsentiert. Dies bietet sich besonders bei historischen Themen und Themen, die eine fortlaufende Entwicklung schildern, an.
  Beispiel: Natürlicher Zweitspracherwerb des Kindes – Konsequenzen für die Didaktik
  1. Abgrenzung des Begriffes vom Erstspracherwerb und gesteuerten Zweitspracherwerb
  2. Natürlicher Zweitspracherwerb
  2.1 Individuelle Einflussfaktoren
  2.2 Äußere Einflussfaktoren
  2.3 Struktur des Verlaufs
  2.4 Schwierigkeiten
  3. Didaktische Konsequenzen

- **Vergleichendes Vorgehen**
  Beim Vergleich stellen Sie verschiedene Autoren, Theorien o.ä. einander gegenüber. Die gewählten Themen werden jeweils nach den selben Kriterien oder Kategorien untersucht. Am Schluss steht ein Fazit Ihrer Ergebnisse.

Beispiel: Der Begriff der »freien Arbeit« in der Reformpädagogik
1. Einleitung
2. Maria Montessori
3. Peter Petersen
4. Céléstin Freinet
5. Zusammenfassung

- **Vorgehen bei empirischen/experimentellen Arbeiten**
  Einführung in das Thema
  Darstellung der Forschungslage (kurze Übersicht über die vorliegende Forschung zum Thema)
  Problemstellung (Erläuterung und Einordnung der Fragestellung) und
  Untersuchungsgegenstand (Beschreibung des untersuchten Materials)
  Methoden (Beschreibung und Begründung des gewählten Vorgehens)
  Ergebnisse (Darstellung und Diskussion der Ergebnisse)
  Zusammenfassung und Ausblick
  Literaturverzeichnis
  Gegebenenfalls Anhang

Die Gliederung sollten Sie frühzeitig, vor allem bei Abschlussarbeiten, mit dem zuständigen Dozenten besprechen.

Formales zur Erstellung einer Gliederung
Einzelne Abschnitte, die sich thematisch unterscheiden, sollten auch formal voneinander getrennt sein. Für die Gestaltung der Gliederung gibt es verschiedene Möglichkeiten. Die numerische Gliederung, auch Dezimalgliederung genannt, ist jedoch die am meisten genutzte.

Hier ein Beispiel. Das Thema der Arbeit ist *Integrative Erziehung in der Montessori-Pädagogik im Primarbereich*

1 *Theoretische Grundlegung – Begriffe und Definitionen*
1.1 Der Begriff der Behinderung
1.2 Das Prinzip der Normalisierung
1.3 Der Begriff der Integration
1.4 Der Begriff der gemeinsamen Erziehung

2 *Die Entwicklung der gemeinsamen Erziehung behinderter und nichtbehinderter Kinder*
2.1 Historische Entwicklung integrativer Pädagogik
2.2 Organisation gemeinsamer Erziehung im Primarbereich

3 *Die Montessori-Pädagogik*
3.1 Montessoris Weg zur Pädagogik
3.2 Das pädagogische Konzept
3.2.1 Anthropologische Grundlagen
3.2.1.1 Die Entwicklung des Kindes

3.2.1.2 Die sensiblen Perioden
3.2.1.3 Geistiger Embryo und absorbierender Geist
3.2.1.4 Deviation und Normalisation
3.2.2 Die wichtigsten Prinzipien der Montessori-Pädagogik
3.2.2.1 Die vorbereitende Umgebung
3.2.2.2 Die freie Wahl der Arbeit
3.2.2.3 Die didaktischen Materialien
3.2.3 Montessoris Verständnis kindlichen Lernens
3.2.3.1 Die Polarisation der Aufmerksamkeit
3.2.3.2 Die Struktur des Lernvorgangs
3.2.3.3 Der Lernrhythmus
3.3 Die Kosmische Erziehung
3.3.1 Die Kosmische Theorie
3.3.2 Ziele der Kosmischen Erziehung

4 *Montessori-Pädagogik für Kinder mit Behinderungen*
4.1 Die Wurzeln der Montessori-Pädagogik in der Heilpädagogik
4.2 Die Entdeckung der Montessori-Pädagogik für Kinder mit Behinderungen
4.2.1 Die Entwicklung in Deutschland
4.2.2 Internationale Tendenzen

5 *Integrative Erziehung am Beispiel der Montessori-Schule der »Aktion Sonnenschein« in München*
5.1 Organisation der Schule
5.2 Der Schulalltag
5.2.1 Freiarbeit
5.2.2 Gebundener Unterricht
5.2.3 Fachunterricht
5.2.4 Leistungskontrolle
5.2.5 Rituale im Schulleben
5.3 Methodik und Adaption des Montessori-Materials

6 *Resümee*

Manchmal werden Texte mit Zahlen und mit Buchstaben gegliedert. Die Großbuchstaben stehen hierbei für die Hauptteile. Römische Zahlen bezeichnen die großen Kapitel, Arabische Zahlen die Unterkapitel. Diese können nochmals mithilfe von Kleinbuchstaben unterteilt werden. Häufig werden die Großbuchstaben weggelassen.

A Theoretische Grundlegung

I *Begriffe und Definitionen*
1 Der Begriff der Behinderung
2 Das Prinzip der Normalisierung
3 Der Begriff der Integration
4 Der Begriff der gemeinsamen Erziehung

II *Die Entwicklung der gemeinsamen Erziehung behinderter und nichtbehinderter Kinder*
1 Historische Entwicklung integrativer Pädagogik
2 Organisation gemeinsamer Erziehung im Primarbereich

B Die Montessori-Pädagogik

I *Montessoris Weg zur Pädagogik*
II *Das pädagogische Konzept*
1 Anthropologische Grundlagen
  a) Die Entwicklung des Kindes
  b) Die sensiblen Perioden
  c) Geistiger Embryo und absorbierender Geist
  d) Deviation und Normalisation
2 Die wichtigsten Prinzipien der Montessori-Pädagogik
  a) Die vorbereitende Umgebung
  b) Die freie Wahl der Arbeit
  c) Die didaktischen Materialien
3 Montessoris Verständnis kindlichen Lernens
  a) Die Polarisation der Aufmerksamkeit
  b) Die Struktur des Lernvorgangs
  c) Der Lernrhythmus
usw.

Es ist darauf zu achten, dass einem Arbeitsschritt mit der Endziffer 1 immer mindestens ein weiterer Arbeitsschritt folgen muss (»Wer 1. sagt, muss auch 2. sagen ...«). Hinter der letzten Ziffer wird kein Punkt gesetzt.

Schauen Sie sich einmal gezielt unterschiedliche Bücher aus Ihrem Fachgebiet oder wahllos aus dem Bibliotheksregal gegriffene genauer an. Untersuchen Sie, wie das Inhaltsverzeichnis aufgebaut ist.

Bei der Formulierung der Gliederungspunkte sollten Sie Folgendes beachten:

- **Kurze prägnante Formulierung**
  Der Leser sollte sich schnell einen Überblick über den Aufbau der Arbeit verschaffen können. Die einzelnen Punkte sollten selbst erklärend sein.
- **Inhaltliche Aussagen treffen**
  Die Punkte sollten eine Übersicht über Ihr Thema geben. Eine Gliederung nach den Begriffen »Einleitung«, »Hauptteil« und »Schluss« ist zwar strukturell sinnvoll, jedoch kann der Leser mit der Gliederung wenig anfangen.
- **Ausgewogenheit**
  Die einzelnen Hauptabschnitte sollten einen vergleichbaren Umfang bzw. eine vergleichbare Anzahl von Unterpunkten haben.
- **Bezug zum Gesamtthema**
  Jeder Gliederungspunkt sollte einen sichtbaren Bezug zum Gesamtthema der Arbeit haben.

Die Endfassung der Gliederung ist das Gerüst und gleichzeitig das Inhaltsverzeichnis Ihrer Hausarbeit. Je besser Sie die Gliederung durchdenken, desto leichter fällt das Schreiben hinterher. Schreiben ist aber auch ein Prozess. Deshalb kann es sein, dass sich Ihre Gliederung während des Schreibens nochmals verändert.

Schreiben – Jetzt wirds ernst ...

Wie bei einem Schulaufsatz sind auch die Kernbestandteile einer wissenschaftlichen Arbeit »Einleitung«, »Hauptteil« und »Schluss«.

Die Einleitung – Ihre Visitenkarte
Die Einleitung dient dem Leser dazu, einen Überblick über das Thema Ihrer Arbeit und Ihr Vorgehen zu bekommen. Flüchtige Leser (und zu denen gehören oft auch leider Dozenten) werden nur die Einleitung lesen oder nach der Lektüre dieses Kapitels entscheiden, ob sie noch mehr lesen möchten. Sie sollten daher darauf achten, dass dieser Teil besonders gut formuliert und ausgearbeitet ist. Folgende Informationen erwartet der Leser in der Einleitung:

- Beschreibung der Themenstellung: Um was geht es in der Arbeit?
- Einordnung in übergeordnete Zusammenhänge: Welche anderen Bereiche/Theorien etc. berührt das Thema?
- Schwerpunkte der Arbeit: Mit welchen Themenbereichen beschäftigt sich die Arbeit?
- Ziele der Arbeit: Welche Fragestellungen werden bearbeitet?
- Abgrenzung des Themas: Welche Themenfelder werden ausgeklammert und warum?
- Motivation zur Beschäftigung mit dem Thema: Warum haben Sie dieses Thema gewählt?
- Überblick über das Vorgehen: Was erwartet den Leser im Folgenden? Wie ist der Argumentationsgang?

Da die Einleitung einen Überblick über den folgenden Text gibt ist es sinnvoll, sie zuletzt zu verfassen und sich zuerst dem Hauptteil zu widmen.

Der Hauptteil – Butter bei die Fische
Der Hauptteil stellt den Kern Ihrer wissenschaftlichen Arbeit dar. Hier geht es um eine vertiefte inhaltliche Auseinandersetzung mit Ihrem Thema. Beim Schreiben des Hauptteils wird Ihnen eine zuvor sorgfältig erstellte Gliederung zugute kommen.

Nehmen Sie bei der Ausformulierung der Unterpunkte immer wieder die Ausgangsfrage in den Blick, damit Sie sich nicht beim Arbeiten vom eigentlichen Thema »wegschreiben«.

Besonderes Augenmerk sollten Sie im Hauptteil auf die Gestaltung der Übergänge zwischen den einzelnen Kapiteln legen.

Der Schlussteil – Zusammenfassung und Ausblick
Hier wird in der Regel die Ausgangsfrage nochmals aufgegriffen. Dann erfolgt ein Rückblick auf den Argumentationsgang und die Darstellung zu welcher Erkenntnis Sie gekommen sind. Sie sollten darauf achten, dass der Schlussteil einen klaren Zu-

sammenhang zur Einleitung aufweist – der Kreis muss sich schließen. Stellen Sie in der Zusammenfassung heraus, was an Ihrer Arbeit neu ist, was sie zur Erweiterung des Kenntnisstandes beiträgt.

Außerdem können Sie in Form eines Ausblicks beschreiben, was Ihre Ergebnisse mit Blick auf die Zukunft bedeuten und/oder welche Notwendigkeiten sich für die weitere Forschung aus Ihren Ergebnissen ergeben.

Überarbeiten – Auf der Suche nach Fehlern und Ungereimtheiten

Bevor Sie eine Arbeit abgeben, sollten Sie sie unbedingt überarbeiten. Lassen Sie Ihr Werk ein paar Tage liegen und lesen es dann noch einmal durch. Mit etwas Abstand fallen Ihnen Ungereimtheiten in der Darstellung oder Schreibfehler eher auf.

Bitten Sie dann einen (oder mehrere Personen), die Arbeit Korrektur zu lesen. Wenn man sich lange mit einem Thema beschäftigt hat, verliert man leicht den Überblick und den Blick für Rechtschreibfehler. Mithilfe der Rechtschreibprüfung des Computers finden Sie zwar die meisten Schreibfehler, jedoch nicht alle ...

Überprüfen Sie die formale Gestaltung der Arbeit. Sind alle Überschriften gleich groß? Ist der Zeilenabstand einheitlich? Haben Sie alle Zitate markiert? usw. Bei den Trainingsmaterialien finden Sie eine Checkliste zur Überarbeitung Ihrer Hausarbeit.

Schwierigkeiten – Und wenn es mit dem Schreiben nicht so klappt?

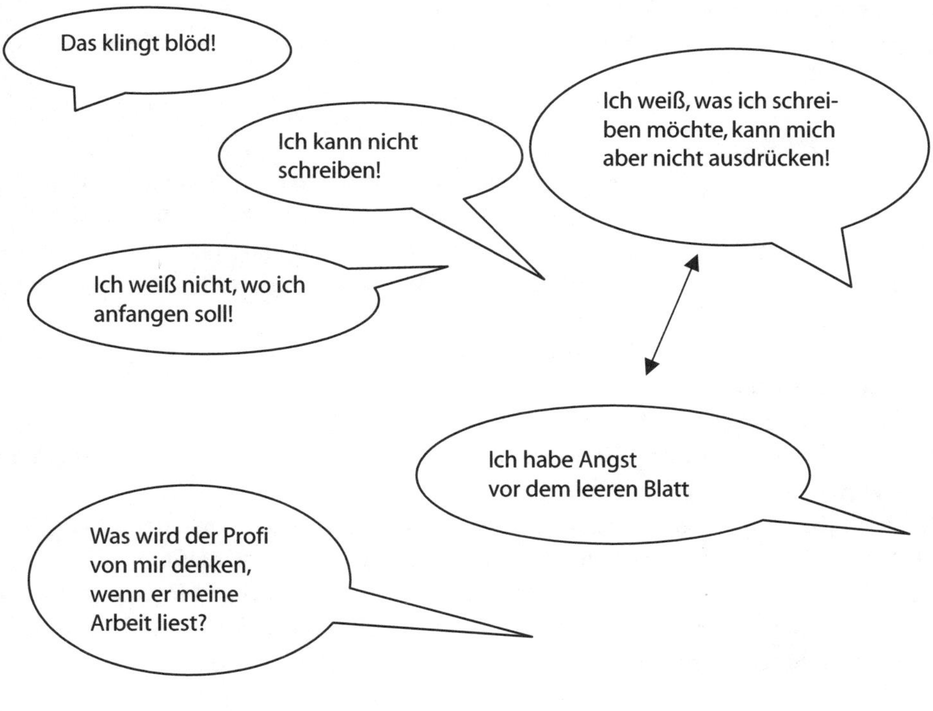

Wenn Ihnen diese Aussagen bekannt vorkommen, dann lesen Sie hier weiter. Viele Studierende und – Sie können Gift drauf nehmen – auch einige Ihrer Dozenten kennen die Angst vor dem leeren Blatt. Es gibt jedoch verschiedene Tricks, um mit diesen Schreibblockaden umzugehen.

Der erste Schritt zur Lösung ist das Erkennen und die Benennung des Problems. Überlegen Sie sich also, was Ihr Hauptproblem beim Schreiben ist. Sagen Sie jetzt nicht : »Alles.« Nehmen Sie sich ein Problemfeld, am besten das, das Ihnen am größten erscheint, und beschreiben Sie es.

Häufige Problemfelder

Wie fange ich an?
Die Gliederung ist der erste Schritt zum Anfangen. Nehmen Sie sich einen Punkt, am besten aus dem Hauptteil, heraus, zu dem Sie besonders viel wissen und schreiben Sie alles auf, was Ihnen dazu einfällt. Wichtig ist, dass Sie an irgendeiner Stelle anfangen. Wie beim Kreuzworträtsel ist es dann leichter an dieser Stelle anzuknüpfen.

Manchmal hat man den Kopf voller Dinge und kann sich deshalb nicht aufs Schreiben konzentrieren. Nehmen Sie sich ein Blatt und schreiben Sie alles auf, was Ihnen im Kopf herum geht – auch oder gerade die Dinge, die nichts mit der Arbeit zu tun haben. Wenn Sie zwar wissen, was Sie schreiben wollen, aber nicht beginnen können, erzählen Sie jemandem was Sie schreiben wollen. Sie können auch ein Diktiergerät dazu nehmen und sich dabei aufnehmen. Den Text tippen Sie dann ab und nutzen ihn als Gerüst zur Weiterarbeit.

Belohnen Sie sich, wenn Sie einen Abschnitt geschafft haben – aber betrügen Sie sich nicht selbst dabei ...

Es ist nicht gut genug!
Perfektionismus und Selbstkritik lassen uns an unseren Texten zweifeln. Schreiben Sie jedoch erst mal so gut Sie es können. Hinterher können Sie das noch überarbeiten und verbessern. Die neuere Schreibforschung sieht das Überarbeiten als einen wichtigen und normalen Schritt des Schreibprozesses an. Auch professionelle Schreiber arbeiten und feilen oft lange an ihren Texten.

Ich habe keine Lust
Motivation ist ein sehr wichtiger Faktor beim Schreiben. Vom Grad der Motivation hängt ab, wie konzentriert wir arbeiten können. Vor allem bei Examensarbeiten braucht man einen langen Atem. Deshalb ist es hier besonders wichtig, dass das Thema Sie interessiert! Manchmal kann es sein, dass Ihre Schwierigkeiten gar nichts mit dem Schreiben zu tun haben. Es stecken ganz andere Dinge dahinter. Vielleicht haben Sie Stress mit Ihrem Partner oder Ihren Eltern. Oft sinkt die Motivation auch, wenn die Menge an Arbeit unüberschaubar erscheint. Hacken Sie den Berg in möglichst kleine Stücke. Unterteilen Sie die Arbeit. Machen Sie sich einen Arbeitsplan,

auf dem Sie Erledigtes abhaken oder Durchstreichen können. Machen Sie sich zwei Dinge bewusst:

- Wissenschaftliches Schreiben ist Arbeit.
- Schreiben lernt man nur durch Schreiben.

Also: Packen Sies an – schieben Sie das Schreiben nicht vor sich her, sondern beginnen Sie möglichst früh damit! Und: Auch wissenschaftliches Schreiben ist ein Übungs- und Lernprozess. Erwarten Sie nicht zu viel auf einmal von sich. Schriftsteller haben jahrelange Übung! Und auch sie arbeiten lange an einem Text bis er druckreif ist ...

Abholung der Hausarbeit

Erkundigen Sie sich nach der Regelung der Abholung bei Ihren Dozenten. Manche hängen Listen aus mit den Namen der Studierenden, die ihre Hausarbeiten abholen können. Andere hinterlegen die Arbeiten bei der Sekretärin.

In der Regel haben Sie viel Zeit und Mühe in die Erstellung der Hausarbeit investiert und sind deshalb zu Recht auch an einer Rückmeldung interessiert. Manche Dozenten schreiben Kommentare in Ihre Arbeit und geben Ihnen so eine schriftliche Rückmeldung. Manche kommentieren und besprechen Ihre Arbeit von sich aus mit Ihnen. Das ist aber leider nicht die Regel. Deshalb sollten Sie sich auf die Abholung der Hausarbeit vorbereiten. Lesen Sie Ihre Arbeit nochmals durch und überlegen Sie selbstkritisch, was Sie für gelungen, was problematisch einschätzen. Fragen Sie bei den Dozenten nach, was gut, was nicht so gut und ob einzelne Teile überarbeitet werden sollten.

In Trainingsbaustein 8 finden Sie eine Liste mit möglichen Punkten für ein solches Gespräch.

13. Zitieren

Unter Zitieren versteht man die Übernahme eines Teils eines fremden Textes – das kann ein Wort, ein Satz oder ein ganzer Abschnitt sein – unter Angabe der Quelle. Mit dem Zitieren anderer Autoren stützen Sie Ihre Argumentation (nach dem Motto: ich hab mir das nicht nur ausgedacht, sondern XY, der in der Fachwelt schon berühmt ist – im Gegensatz zu mir – ist auch dieser Meinung) und machen Ihre Gedankengänge transparent. Für das Zitieren gibt es zahlreiche und auch unterschiedliche Konventionen. Dies mag einem lästig erscheinen, es ist jedoch unerlässlich sie zu kennen und zu befolgen. Es zeigt zum einen, dass Sie fähig sind, mit wissenschaftlicher Literatur umzugehen. Zum anderen dient es zum Schutze geistigen Eigentums.

Bei der Beurteilung einer schriftlichen Arbeit schauen Dozentinnen häufig darauf, ob, wie und was Sie zitieren und im Literaturverzeichnis angeben. Es ist schwer, zu sagen, wie viel Sie zitieren sollten. Leitend sollte beim Schreiben für Sie sein: Die Sache muss ein Zitat erforderlich machen! Es gibt verschiedene Formen von Zitaten:

- wörtliches Zitat,
- sinngemäßes Zitat (Paraphrase),
- zusammenfassendes Zitat.

Wörtliche Zitate

Das wörtliche Zitat muss sinn-, wort- und zeichengenau sein. Es wird durch doppelte Anführungs- und Schlussstriche gekennzeichnet: »xxx xxx« oder »xxx xxx«.

»Die heutige Schülergeneration ist aufgrund der skizzierten Sozialisationsbedingungen immer weniger bereit und in der Lage, in der tradierten Weise zu lernen.« (Klippert 2001, S. 23)

Lange wörtliche Zitate können durch Einrückung und kleineren Schriftgrad gekennzeichnet sein:

> Die heutige Schülergeneration ist aufgrund der skizzierten Sozialisationsbedingungen immer weniger bereit und in der Lage, in der tradierten Weise zu lernen. Viele Schülerinnen sind durch die tradierten Lehr-/Lernverfahren mehr oder weniger überfordert bzw. *fehlgefordert* (Hervorh. im Original), da sie auf der rezeptiven Schiene weder hinreichend zu motivieren sind noch dort ihre Stärken haben. (Klippert 2001, S. 23)

Das wörtliche Zitat hat nicht nur sinngemäß genau dem Originaltext zu folgen, sondern es muss zeichengenau sein. In der Tabelle finden Sie einige Sonderregelungen, die beim Zitieren wichtig sind.

Hervorhebungen im Original Sie werden im Zitat ebenfalls hervorgehoben (Kursiv- oder Fettdruck). Dies kann auch noch kenntlich gemacht werden.	»Viele Schülerinnen sind durch die tradierten Lehr-/Lernverfahren mehr oder weniger überfordert bzw. *fehlgefordert* (Hervorh. im Original), da sie auf der rezeptiven Schiene weder hinreichend zu motivieren sind noch dort ihre Stärken haben.« (Klippert 2001, S. 23)
Das Original enthält ein Zitat Dies wird als ›Zitat im Zitat‹ übernommen und mit einfachen Anführungs- und Schlusszeichen markiert: »xxx xxx ›yyy yyy‹ xxx« oder »xxx xxx ›yyy yyy‹ xxx«.	»Auch wenn sie den Betrieb stören, sind solche Schulschwierigkeiten in einer handlungstheoretischen Perspektive als eine ›Form der produktiven Auseinandersetzung mit den schulischen Gegebenheiten‹ (Hurrelmann 1995, S. 141) zu begreifen.« (Lautmann/Meuser 2001, S. 250)
Fehler im Original Eigentlich müssen sogar Fehler des Originals übernommen werden. Sie werden dann mit einem nachgestellten [sic!] markiert, das heißt: »so lautet die Quelle!«	
Auslassungen Auslassungen von Sätzen, Satzteilen, Worten oder Buchstaben werden mit drei Punkten in eckigen Klammern [...] markiert.	»Viele Schülerinnen sind durch die tradierten Lehr-/Lernverfahren mehr oder weniger überfordert bzw. fehlgefordert (Hervorh. im Original), [...]«
Umstellungen Sie können nötig werden, um das Zitat dem eigenen Text anzupassen und werden durch runde Klammern markiert.	So wird z.B. aus dem Originalsatz: »Die heutige Schülergeneration ist aufgrund der skizzierten Sozialisationsbedingungen immer weniger bereit und in der Lage, in der tradierten Weise zu lernen.« durch Auslassung und Umstellung folgendes Zitat: Die veränderten Sozialisationsbedingungen der heutigen Schülergeneration sind für Klippert der Grund weshalb sie »immer weniger bereit und in der Lage (ist), in der tradierten Weise zu lernen.« (vgl. Klippert 2001, S. 23)
Hervorhebung im Zitat Dies müssen Sie so kennzeichnen: (Hervorh. X.Y.) – X.Y. sind dabei Ihre Initialen.	»Die heutige Schülergeneration ist aufgrund der skizzierten Sozialisationsbedingungen immer weniger (Hervorh. R.S.) bereit und in der Lage, in der tradierten Weise zu lernen.« (vgl. Klippert 2001, S. 23)

Paraphrase

Die Paraphrase gibt den Inhalt der zitierten Stelle mit eigenen Worten wieder. Es ist wichtig, dass Sie sich bemühen, den genauen Sinn der Stelle wiederzugeben. Hierbei werden keine Anführungszeichen gesetzt. Die Paraphrase wird durch eine entsprechende Formulierung, einen einleitenden Satz und durch den dazugehörenden Beleg gekennzeichnet; z.B.:

> Wie Klippert ausführt, sind vor allem die veränderten Sozialisationsbedingungen der Schülerinnen ein Grund dafür, dass die hergebrachten Lehr- und Lernformen nicht mehr greifen und über neue Wege nachgedacht werden muss (vgl. Klippert, 2001, S. 23 f.)

Zusammenfassende Zitate

Auch das *zusammenfassende Zitat* wird so gekennzeichnet. Es muss sinngenau sein und fasst den Inhalt der zitierten Stelle zusammen. Für alle Formen von Zitaten gilt, dass sie immer »belegt« werden müssen, d.h.: Auf jedes Zitat, ob wörtlich oder nicht, folgt der Zitatnachweis. Der Beleg erfolgt seitengenau, d.h. immer mit der Seitenangabe der Fundstelle, bei längeren Zitaten mit der Seitenzahl des Beginns und des Endes (z.B.: S. 3–5; statt S. 3–4 schreibt man S. 3 f.).

Man unterscheidet die sozialwissenschaftliche und die geisteswissenschaftliche Zitierweise. Die sozialwissenschaftliche Zitierweise hat sich inzwischen in den Sozialwissenschaften (Soziologie, Pädagogik, Psychologie ...) fast überall durchgesetzt. In der am wenigsten aufwändigen Form stehen unmittelbar nach dem Zitat, der Paraphrase oder der Zusammenfassung in runden Klammern die Angaben:

Verfasser – Leerzeichen – *Jahr* – Komma + Leerzeichen – *Seitenzahl*;

also: »xxxx xxxx« (Klippert 2001, S. 23).
Möglich sind aber auch diese Formen: (Klippert 2001: 23) oder (Klippert 2001, S. 23). Die genauen Angaben zu diesen Titeln sind dann im Literaturverzeichnis zu finden.

Die geisteswissenschaftliche Zitierweise ist z.B. in der Literaturwissenschaft, vor allem in Arbeiten bis 1980, sehr häufig anzutreffen. Nach dem Zitat, der Paraphrase oder der Zusammenfassung steht eine hochgesetzte Ziffer, die auf die entsprechende Fuß- oder Endnote verweist, in der dann der Zitatbeleg steht.

Als Beispiel: »xxx xxx«[12] verweist auf Anmerkung 12; dort wird dann die Quelle des Zitats angegeben (s. die Regeln für das Literaturverzeichnis).

Bei Paraphrasen und Zusammenfassungen steht vor dem Beleg ein »vgl.« (= Vergleiche). Dabei kann man den Beleg in den Text einbauen oder am Schluss in Klammern hinzufügen, also z.B.:

Wie Klippert (vgl. Klippert 2001, 23 f.) ausführt, sind vor allem die veränderten Sozialisationsbedingungen der SchülerInnen ein Grund dafür, dass die hergebrachten Lehr- und Lernformen nicht mehr greifen und über neue Wege nachgedacht werden muss.

oder

Wie Klippert ausführt, sind vor allem die veränderten Sozialisationsbedingungen der Schülerinnen ein Grund dafür, dass die hergebrachten Lehr- und Lernformen nicht mehr greifen und über neue Wege nachgedacht werden muss (vgl. Klippert 2001, 23 f.).

Wenn man ein Zitat nicht der Originalquelle, sondern einem Text entnommen hat, in den es bereits als Zitat aufgenommen wurde, wird das folgendermaßen angegeben:

(Aufschnaiter 1998 zit. nach Klippert 2001, S. 33).

Manchmal genügt es auch, auf eine bestimmte Position oder auf eine Studie zu verweisen. Wie beim zusammenfassenden Zitat geben Sie dann in Klammer die Bezugsquelle an (vgl. Nachname Jahr).

Medienerziehung und Mediendidaktik sind zwei aufeinander bezogene Bereiche. Sie lassen sich unter dem Oberbegriff Medienpädagogik zusammenfassen (vgl. Tulodziecki 1997).

Häufig gibt es an der Hochschule oder im Fachbereich Vorgaben zu Zitierweisen und Literaturangaben. Erkundigen Sie sich, welche für Sie gelten. Egal für welche Zitierweise Sie sich entscheiden, wichtig ist: **Einheitlichkeit, Vollständigkeit und Richtigkeit der gewählten Zitiertechnik!**

Literaturangaben

Das Literaturverzeichnis steht am Schluss Ihrer Arbeit. Es werden alle Titel aufgeführt, die Sie in der Arbeit zitiert oder auf die Sie verwiesen haben, damit der Leser sich die Quellen beschaffen oder dort nachlesen kann. Auch hier gibt es wieder unterschiedliche Formen der Angabe. Unbedingt enthalten sein müssen alle Angaben, die nötig sind, um den Text in einer Bibliothek zu finden. Hier einige Beispiele:

Quelle	Angabe	Beispiel
Monografie (Buch, das von einem Autor geschrieben wurde)	Nachname des Verfassers, Vorname (evtl. abgekürzt): Titel des Buches mit Untertitel, Erscheinungsort und -jahr.	von Hentig, Hartmut: Die Schule neu denken. Eine Übung in pädagogischer Vernunft. Weinheim 2003.
	Nachname des Verfassers, Vorname (evtl. abgekürzt) (Erscheinungsjahr): Titel des Buches mit Untertitel, Erscheinungsort: Verlag.	von Hentig, Hartmut (2003): Die Schule neu denken. Eine Übung in pädagogischer Vernunft. Weinheim: Beltz.
Sammelband	Namen und Vornamen der Herausgebers (Hrsg. oder Hg.): Titel des Buches mit Untertitel, Erscheinungsort und -jahr.	Hurrelmann, Klaus/Ulich, Dieter (Hrsg.): Handbuch der Sozialisationsforschung. (5. neu bearb. Aufl.) Weinheim und Basel 1998.
Aufsatz aus einem Sammelband	Nachname des Verfassers, Vorname (evtl. abgekürzt): Titel des Aufsatzes mit Untertitel, In: Namen und Vornamen der Herausgeber (Hrsg. oder Hg.): Titel des Buches mit Untertitel, Erscheinungsort und -jahr, erste und letzte Seite des Aufsatzes.	Kreppner, Kurt: Sozialisation in der Familie. In: Hurrelmann, Klaus/Ulich, Dieter (Hrsg.): Handbuch der Sozialisationsforschung. (5. neu bearb. Aufl.) Weinheim und Basel 1998, S. 321–334.
Zeitschriften-aufsatz	Nachname des Verfassers, Vorname (evtl. abgekürzt): Titel des Aufsatzes mit Untertitel, In: Titel der Zeitschrift, Jahrgang bzw. Heftnummer und Erscheinungsjahr, erste und letzte Seite des Aufsatzes.	Calvert, Kristina: Gelb und Rosa. Mit Kindern über Zufall und Absicht philosophieren. In: Grundschule 10/2002, S. 22–24.
Internetseiten	Für die Kennzeichnung von Internetseiten als Quelle gibt es noch keine einheitlichen Konventionen. Es ist jedoch sinnvoll Monat und Jahr des Zugriffs in Klammern anzugeben, damit der Leser die Quelle nachvollziehen kann.	URL: http://www. xxxxxxx.de/XX (Monat und Jahr des Zugriffs) URL: http://www.destatis.de/basis/d/biwiku/schultab23.htm (06/2003)

Bei Internetseiten ist es oft sinnvoll, den Titel der jeweiligen Seite anzugeben, da viele Adressen oft nicht genau auf die einzelne verwendete Seite gehen, sondern nur die Startseite der Site angeben.

> z.B.: »IGLU: Höchste Zeit zum Umdenken!« Stellungnahme des Arbeitskreises Grundschule zur IGLU-Studie unter »Aktuelles« auf http: http://www.grundschulverband.de/ (08/2003)

Ab der zweiten Auflage eines Textes wird die Art der vorliegenden Auflage entweder in Klammern genannt oder durch eine kleine hochgesetzte Zahl kenntlich gemacht.

Roth, Leo (Hrsg.): Pädagogik. Handbuch für Studium und Praxis[2]. München: Oldenbourg, 2001.

oder

Roth, Leo (Hrsg.): Pädagogik. Handbuch für Studium und Praxis (2., überarb. und erw. Aufl.). München: Oldenbourg, 2001.

Wenn in Ihrer Quelle kein Verfasser angegeben ist, müssen Sie o.V. (ohne Verfasserangabe) an die Stelle des Autors setzen. Wenn die Ortsangabe fehlt, schreiben Sie o.O. (Ohne Ortsangabe). Bei fehlender Jahresangabe o.J. (ohne Jahresangabe).

Die Titel werden in alphabetischer Reihenfolge aufgelistet. Wenn Sie mehrere Titel eines Autors verwendet haben, werden diese chronologisch geordnet. Wenn Sie von einem Autor mehrere Titel, die im selben Jahr geschrieben wurden, aufführen, werden diese mit Kleinbuchstaben unterscheidbar gemacht.

Hurrelmann, K. (1994a): Sozialisation und Gesundheit. Weinheim: Juventa.
Hurrelmann, K. (1994b): Familienstress, Schulstress, Freizeitstress. Weinheim: Beltz.

Auch für das Literaturverzeichnis gibt es evtl. bestimmte Vorgaben des Fachbereiches. Auf alle Fälle gilt auch hier: Die Form, die Sie gewählt haben, müssen Sie konsequent durchhalten!

14. Prüfungsvorbereitung

In der Zeit des Hauptstudiums begegnen viele Studierende dem Gespenst »Prüfung«. Ganz unerwartet taucht es auf – auf dem Flur, beim Warten vor einem Dozentensprechzimmer oder im Seminar – und dann begegnet man ihm immer wieder. Manche haben keine Angst vor Gespenstern und lassen es entweder gelassen an sich vorbei ziehen oder schauen ihm fest ins Auge. Anderen wiederum jagt schon das Wort »Prüfung« einen Schauer über den Rücken oder bringt schlaflose Nächte. Deshalb wollen wir in diesem Kapitel beschreiben, wie Sie sich auf eine Prüfung vorbereiten können.

Auswahl von Themen

Bei einer mündlichen, manchmal auch bei einer schriftlichen Prüfung können Sie in der Regel ein oder mehrere Schwerpunktthemen wählen. Erkundigen Sie sich rechtzeitig über die Regelungen in Ihren Fächern.

Diese Schwerpunktthemen müssen mit dem bzw. den Prüfern abgesprochen werden. Wenn Sie die Möglichkeit haben, Ihre/n Prüfer zu wählen bzw. Wünsche anzugeben, beginnen sie frühzeitig zu recherchieren, mit welchen Personen Sie es zu tun haben. Fragen Sie Kommilitoninnen, die bereits von den Personen geprüft wurden. Diese »Erfahrungsberichte« sind allerdings mit Vorsicht zu genießen. Es handelt sich um individuelle Einschätzungen und Vorlieben, die andere vielleicht wieder ganz anders beurteilen (Gerüchteküche ... Gefahr der Verbreitung von Horrorszenarien ...). Besuchen Sie eine Veranstaltung bei Ihrem potenziellen Prüfer. Nutzen Sie die Möglichkeit der Sprechstunde. Hier können Sie gezielt nachfragen, was dem Prüfer wichtig ist. Erkundigen sie sich, was sein Forschungs-/Interessensschwerpunkt ist. Sie haben die Möglichkeit, an öffentlichen Prüfungen teilzunehmen. Prüfungskandidatinnen können beim Prüfungsamt angeben, ob sie zu Ihrer Prüfung »Zuhörer« zulassen möchten. Bei diesen Prüfungen können Sie dann »Mäuschen spielen«.

Wählen Sie Themen, zu denen Sie schon etwas wissen und die Sie interessieren. Vermeiden Sie Allerweltsthemen, die außer Ihnen noch 100 andere Prüflinge wählen.

Bei der Prüfungsvorbereitung gilt dasselbe wie bei der Erstellung einer Hausarbeit: Sie sollten den Arbeitsprozess gliedern und planen.

Während des Lernens

Die Möglichkeit ungestört zu arbeiten ist die wichtigste Voraussetzung für effektives Lernen. Suchen Sie sich einen ansprechenden Arbeitsplatz: Hier müssen Sie herausfinden, wo Sie am besten arbeiten können: zu Hause, in der Bibliothek oder im Ferienhaus in Frankreich, am leeren Schreibtisch oder auf dem Boden von Büchern umgeben etc. Sie sollten auf jeden Fall ausreichend Licht haben, eine angenehme Raumtemperatur und genug Platz für Ihre Arbeitsmaterialien.

Vermeiden Sie Störungen! Ein paar Stunden am Tag sollten Sie konzentriert arbeiten. Schalten Sie in der Zeit Ihr Handy aus, überlegen Sie wo Sie Ihr Kind unterbringen können, bitten Sie Ihre Mitbewohner um Ruhe o.ä. Wenn Ihre Gedanken um etwas anderes kreisen, schreiben Sie sie auf einen Zettel. Dann haben Sie den Kopf wieder frei.

- Legen Sie Lern-Pausen ein.
- Verschaffen Sie sich Bewegung.
- Versuchen Sie in der Lernzeit, sich ausgewogen zu ernähren. (Wie der Volksmund schon weiß: »Ein voller Bauch studiert nicht gern.« ...) Machen Sie zum Essen eine Pause (nicht nebenher futtern). Vermeiden Sie Alkoholexzesse.
- Schlafen Sie ausreichend.
- Belohnen Sie sich ab und zu. Wenn Sie den ganzen Tag gearbeitet haben, können Sie sich auch am Abend einen Kino-Besuch oder ein Glas Wein mit Freunden gönnen.

Lerntechniken

Grafiken erstellen

Vor allem visuellen Lerntypen hilft es, die Sachverhalte bildlich darzustellen. Versuchen Sie ein Schaubild zu Ihrem Thema zu erstellen. Vielleicht finden Sie für einzelne Punkte Symbole.

- **Regelmäßige Wiederholung des Lernstoffes**
  Das ist zwar keine besonders ausgefeilte Lerntechnik, doch es geht kein Weg daran vorbei. Nur durch Wiederholen lernt man.
- **Lernkartei**
  Die Lernkartei ist ein Hilfsmittel zum regelmäßigen Wiederholen. Sie besteht aus einer Reihe von Karteikarten, auf die die zentralen Inhalte des Lernstoffs geschrieben werden. Die Lernkartei wird vor allem zur Wiederholung von Inhalten eingesetzt. Aber schon die Erstellung der Kartei ist ein wichtiger Schritt. Man muss Inhalte zusammenfassen und in klarer Form darstellen.

Die Karteikarten sollten DIN-A6- oder A5-Format haben. Man kann auf sie entweder zu lernende Fakten schreiben oder auf eine Seite eine Frage, auf die andere die Antwort. Sie können die Karten in Gruppen ordnen:

1. Kann ich schon gut – Diese Karten prüfen Sie in größeren Abständen.
2. Kann ich noch nicht so gut – Diese Karten müssen Sie sich in regelmäßigen Abständen vornehmen.
3. Weiß ich noch gar nicht/kann ich mir nicht merken – Diese Karten müssen Sie sich häufig vornehmen.

Die Karten wandern dann von einer Kategorie zur nächsten.

- **Lernen mit Bewegung**
  Manche Menschen können sich Dinge besser in Verbindung mit Bewegungen merken. Gehen Sie rhythmisch und sprechen Sie sich die Inhalte vor.
- **Untergliedern**
  Machen Sie sich Unterpunkte und merken Sie sich deren Anzahl.

15. Prüfungen

Jetzt wird es ernst. In diesem Kapitel beschreiben wir, wie mündliche und schriftliche Prüfungen ablaufen können, wie Sie sich darauf vorbereiten können und geben Ihnen ein paar Tipps zum Umgang mit Prüfungsangst.

Mündliche und schriftliche Prüfungen unterscheiden sich deutlich voneinander. Bei der schriftlichen Prüfung haben Sie länger Zeit, über die Fragestellung und Ihre Antwort nachzudenken. Bei der mündlichen Prüfung ist Spontaneität gefragt. Es gibt unterschiedliche Prüfungstypen. Wichtig ist, dass Sie schon bei der Vorbereitung das üben, was gefragt ist: bei der mündlichen Prüfung das Sprechen, bei der schriftlichen das Schreiben.

Mündliche Prüfungen

Mündliche Prüfungen finden in der Regel im Dienstzimmer eines Dozenten statt. An der Prüfung nimmt neben dem oder den Prüfern noch ein Beisitzer teil. Seine Aufgabe ist es, den Prüfungsverlauf zu protokollieren. Er stellt in der Regel keine Fragen. Sie können entscheiden, ob an der Prüfung andere Studierende teilnehmen dürfen. Nach der Prüfung werden Sie gebeten, den Raum zu verlassen. Die Kommission berät über Ihre Note. Dann werden Sie zur Eröffnung der Note wieder herein gebeten.

Mündliche Prüfungen unterliegen einer gewissen Willkür. Dabei spielt Persönliches (Sympathie/Antipathie) durchaus eine Rolle. Frageverhalten und Antworterwartungen von Prüfern können sehr unterschiedlich sein.

Vor der Prüfung

- Lassen Sie sich Fragen und Aufgaben stellen, die Sie mündlich beantworten. Hierfür eignet sich eine Lerngruppe besonders gut.
- Üben Sie auch in elaborierter Standardsprache zu antworten. Unter Freunden neigt man dazu, in die Umgangssprache zu verfallen.
- Stellen Sie sicher, dass Sie wissen, wo sich der Prüfungsraum befindet. Nichts ist schlimmer als in der Aufregung vor der Prüfung den Raum zu suchen.
- Seien Sie rechtzeitig da: Auf keinen Fall zu spät aber auch nicht viel zu früh.
- In manchen Fachdisziplinen gibt es einen geheimen Dress-Code. Erkundigen Sie sich vorher danach. Wählen Sie jedoch Kleidungsstücke, in denen Sie sich wohl fühlen.

In der mündlichen Prüfung kommt es darauf an, in kurzer Zeit sein umfangreiches Wissen zu präsentieren und gleichzeitig Lücken zu kaschieren.

Während der Prüfung
- Begrüßen Sie Ihre Prüfer und den Beisitzer.
- Konzentrieren Sie sich auf die Fragestellung.
- Wenn Sie die Frage nicht verstanden haben, bitten Sie um Wiederholung der Frage.
- Versuchen Sie in der Prüfung einen eigenen Standpunkt zu vertreten und nicht das zu sagen, von dem Sie denken, dass es der Prüfer hören will.
- Verstehen Sie die Fragen als »Impulse«: Antworten Sie nicht nur direkt und ausschließlich auf die Fragen, sondern entwickeln Sie von einer Frage aus das, was Sie sonst noch zum Thema wissen, weiter.

Schriftliche Prüfungen

Schriftliche Prüfungen finden meist in großen Seminarräumen und Hörsälen statt. Bei Abschlussprüfungen müssen Sie sich zu Beginn ausweisen (Studentenausweis) und bekommen einen Platz zugewiesen. Wenn Sie den Raum verlassen wollen (Toiletten-, Zigaretten-, Frischluft-, Bewegungspause), müssen Sie sich bei der Aufsicht abmelden. Taschen müssen am Rand abgestellt werden. Essen, Trinken und Schreibsachen dürfen Sie mit an den Platz nehmen.

Vor der Prüfung
- Stellen Sie sich selbst Aufgaben zum Thema, die Sie schriftlich beantworten.

Während der Prüfung
- Lesen Sie die Aufgaben mehrmals und gründlich.
- Wenn mehrere Themen zur Auswahl stehen, überlegen Sie gut, was Sie zu welchem Bereich wissen.
- Die Reihenfolge der Bearbeitung der Fragen steht Ihnen frei. Beginnen Sie also mit etwas, von dem Sie denken, es fällt Ihnen leicht.
- Schreiben Sie ein Konzept – Notieren Sie ihre Gedanken zur Lösung in Stichworten, machen Sie ein Mindmap oder erstellen Sie ein Schaubild. So können Sie Gedankengänge strukturierter darstellen.
- Belegen Sie Ihre Aussagen mit Argumenten.
- Planen Sie die Prüfungszeit. Setzen Sie sich Limits. Zum Beispiel: Lesen Sie 15 Minuten vor Abgabe Ihre Antworten nochmals in Ruhe durch und prüfen Sie sie auf Klarheit. Machen Sie auch Pausen.

Prüfungsangst

Viele Menschen leiden unter Prüfungsangst. Meist macht sich die Angst schon bei der Prüfungsvorbereitung bemerkbar. Die Angst kann sich auf verschiedene Aspekte der Prüfung beziehen:

- **Angst vor der Prüfungsvorbereitung:** Sie haben Angst, den Anforderungen der Vorbereitung nicht gerecht zu werden.
- **Angst vor der Prüfungssituation:** Sie haben Angst, in der Prüfungssituation Ihr Wissen nicht an die Prüferin/den Prüfer zu bekommen, Fragen nicht zu verstehen oder deren Antwort nicht zu wissen.

- **Angst vor den Folgen eines Versagens:** Sie möchten weder sich selbst noch andere enttäuschen/eine Verlängerung des Studiums können Sie sich finanziell nicht leisten ...
- **Angst vor den Folgen des Bestehens:** Die (Abschluss-)Prüfung bestehen, bedeutet gleichzeitig, dass Sie einen Abschnitt Ihres Lebens – das Studium – hinter sich lassen und neue Aufgaben und Anforderungen auf Sie zu kommen.

Machen Sie sich klar, wo die Ursachen Ihrer Angst liegen. Ein gewisses Maß an Angespanntheit vor einer Prüfung ist jedoch normal und durchaus nützlich. Das Adrenalin macht Sie leistungs- und konzentrationsfähig ... Ein Übermaß an Anspannung und Erregung kann jedoch hemmend wirken.

Strategien zum Umgang mit Prüfungsangst

- **Programmieren Sie sich positiv**
  Sprechen Sie sich vor: »Ich bin gut vorbereitet.«, »Ich kann mich gut konzentrieren.«, »Ich gebe mein Bestes.«
- **Richtiges Atmen**
  Wenn wir Angst haben, verhält sich unser Körper so ruhig wie möglich, um vom Feind nicht entdeckt zu werden. Die Atmung wird flach, die Stimme leise. Tiefes, langsames Atmen dagegen wirkt angstlösend. Atmen Sie also tief durch, versuchen Sie »in den Bauch« zu atmen.
- **Entspannungsübungen**
  Es gibt verschiedene Entspannungstechniken, z.B. Autogenes Training, Yoga, progressive Muskelentspannung. Diese Techniken helfen Ihnen, in der Zeit der Prüfungsvorbereitung ruhig zu werden bzw. zu lernen wie Sie Ruhe in Ihrem Körper herbei führen können. Häufig bieten Volkshochschulen oder auch private Institute entsprechende Kurse an.
- **Bewegung**
  Körperliches Training baut Angsthormone ab. Manchen Menschen hilft es besser, sich beim Sport auszupowern oder abzureagieren, als Entspannungsübungen zu machen.
- **Sprechen Sie mit Ihrer Angst**
  Machen Sie sich ein Bild von Ihrer Angst. Wie sieht sie aus? Wie fühlt sie sich an? Wenn Sie ein Vorstellungsbild haben (z.B. schwarze Wolke, riesiger Schatten o.ä.), können Sie damit leichter umgehen. Sie können mit diesem Bild sprechen. Sie können es vor Ihrem geistigen Auge kleiner/leiser/heller werden lassen.
- **Ankern Sie positive Erfahrungen**
  Diese Methode muss einige Zeit vor der Prüfung eingeübt werden. Ziel der Übung ist, in einer Angstsituation Zugang zu »Kraft-Reserven« zu haben. Denken Sie an eine Situation, in der Sie erfolgreich/optimistisch/leistungsstark waren. Wählen Sie dann eine leicht zugängliche Körperstelle, die Sie unauffällig drücken können (z.B. Daumen und Mittelfinger der rechten Hand zusammendrücken) – das ist jetzt Ihr Ankerplatz. Lassen Sie die positive Situation vor Ihrem geistigen Auge noch mal entstehen. Versuchen Sie, sie möglichst intensiv nachzuspüren. Wenn Sie das Gefühl spüren, drücken Sie ihren »Ankerpunkt« (etwa 5 Sekunden). Wenn das »Ankern« geklappt hat, müssten Sie jetzt in der Lage sein, auf Druck, das positive Gefühl wieder zu erleben.

- **Fantasieren Sie den Prüfungs-GAU zu Ende**
  Was passiert, wenn Sie die Prüfung nicht bestehen? Sie haben das Gefühl, die Welt wird untergehen. In der Regel geht das Leben aber weiter und es finden sich Lösungen für die neue Situation.

Medikamente gegen Angst?

Vor dem unkontrollierten Einnehmen von Medikamenten zur Bewältigung von Prüfungsangst möchten wir Ihnen dringend abraten. Pflanzliche Mittel wie Baldrian, Johanniskraut oder Bachblüten mögen manchen Prüflingen helfen ruhiger zu werden. Manche greifen jedoch zu Arzneimitteln wie Betablockern unter Umständen sogar zu illegalen Drogen. Abgesehen von eventuellen körperlichen Schäden ist das Fatale an diesen Mitteln, dass man ihre Wirkung schwer abschätzen kann und Sie in der Prüfung eventuell nicht mehr »Sie selbst« sind.

Wenn die Angst zu groß wird, ist es hilfreich, professionelle Hilfe zu suchen. Das Studentenwerk der Hochschule bietet in der Regel Beratung an. Es gibt in Volkshochschulen Kurse zur Bewältigung von Prüfungsangst.

16. Kooperation im Studium

Lerngruppen sind ein Phänomen, das an allen Hochschulen auftaucht. Studierende schließen sich zusammen, um sich gemeinsam auf eine Prüfung oder ein ausgewähltes Thema vorzubereiten.

Das kann sehr effektiv und nützlich sein. Man ist gezwungen bis zum nächsten Treffen, ein Thema vorzubereiten o.ä. Lerngruppen ersetzen selbstverständlich nicht das Pauken im stillen Kämmerlein, aber gemeinsam lernt es sich oft leichter. In der Diskussion mit anderen kann man schwierige Sachverhalte eher begreifen. Die Gruppensituation bietet die Möglichkeit, **neue Sichtweisen und Perspektiven** kennen zu lernen und vom Wissen anderer zu profitieren. Dabei ist wichtig, dass die Teilnehmer ein ähnliches Leistungsniveau haben. Bei einem großen Wissensgefälle kann es auf allen Seiten zu Frustration kommen. Das Lernen in der Gruppe kann auch die Motivation durchzuhalten stärken.

Manchmal können Lerngruppentreffen aber auch zum Kaffeekränzchen oder zur Ausheulstunde werden. Das mag ab und zu in Ordnung sein, doch muss es sich in Grenzen halten. Die Zusammenarbeit kann ganz unterschiedlich gestaltet werden:

- Organisieren von Literatur aufteilen
- Zusammenfassen von Literatur aufteilen
- Das Gelernte diskutieren
- Texte gemeinsam durchsprechen
- Prüfungsgespräche simulieren

Wir haben ein Interview mit Silja, einer Referendarin geführt, die über ihre Erfahrungen mit Lerngruppen berichtet.

I: *Wie hast du deine Lerngruppe gefunden?*

Silja: Am Anfang war es sehr schwierig. Als die Prüfung näher rückte, haben eine Freundin und ich beschlossen, uns gemeinsam vorzubereiten. Wir wollten unseren Kreis noch erweitern. Meine Freundin fragte zwei weitere Bekannte, die wiederum jemanden mitbrachten. So trafen wir uns also zum ersten Mal zu fünft. Es stellte sich heraus, dass wir ganz unterschiedliche Prüfungsthemen hatten. So entschieden wir uns, gemeinsam auf die Klausur zu lernen. Für die mündliche Prüfung bildeten wir dann kleinere Gruppen. Darüber war ich auch ganz froh, denn mit einer Frau konnte ich überhaupt nicht. Die hat mich bei jedem einzelnen Treffen völlig genervt mit ihrer Panik-Mache.

I: *Habt ihr euch regelmäßig getroffen?*

Silja: In der großen Gruppe war es immer ziemlich schwierig alle mit ihren Terminplänen unter einen Hut zu bekommen. Da haben wir uns alle zwei Wochen getroffen und auch hauptsächlich nur Literatur ausgetauscht. In der Kleingruppe haben wir uns mindestens zweimal in der Woche getroffen.

I: *Du hast gerade angesprochen, wie ihr eure Arbeit organisiert habt. Kannst du dazu noch ein bisschen was erzählen?*

Silja: Ja, also in der großen Gruppe haben wir aufgeteilt, wer welche Bücher und Aufsätze kopiert. Dann hat sich jede die ausgesucht, die sie gelesen und zusammengefasst hat. Die Zusammenfassungen haben wir dann ausgetauscht. Man konnte aber nicht mit allen Unterlagen gleich viel anfangen ... Manche Bücher hab ich dann trotzdem selbst noch mal gelesen. Ich kann mir dann die Sachen auch viel besser merken.

I: *Und in der kleinen Lerngruppe?*

Silja: Da haben wir mehr über die Texte geredet, versucht uns Sachen zu erklären. Außerdem haben wir zusammen eine Gliederung der Prüfungsthemen gemacht. Und kurz vor der Prüfung haben wir uns abgefragt und Prüfungsgespräche simuliert. Manchmal kam ich ganz schön ins Schwitzen, wenn ich was erklären sollte, von dem ich eigentlich dachte, dass ich darüber Bescheid weiß ... Aber das war ganz gut – so konnte mich in der Prüfung nicht mehr so viel schocken.

I: *Was würdest du jemandem raten, der sich überlegt, eine Lerngruppe zu gründen oder sich einer anzuschließen?*

Silja: Hmm, also für mich war wichtig, mit Leuten zusammen zu sein, die ich mag. Außerdem ist es echt wichtig, die Aufgaben klar zu verteilen. Sonst denkt hinterher jeder, der andere würde etwas erledigen und keiner machts. Vielleicht kann man auch einen Arbeitsplan erstellen – das hat uns damals gefehlt: Bis wann muss was gelesen sein und welches Thema abgehakt sein. Trefft euch regelmäßig aber auch nicht ständig – sonst kann man sich irgendwann nicht mehr sehen. Versucht bei den Treffen privates Plaudern von Lerngesprächen zu trennen – entweder davor oder noch besser danach quatschen.

Wichtig ist, dass alle Mitglieder ihren Lernplan aufeinander abstimmen. Von Anfang an sollte ein regelmäßiger Arbeitsrhythmus eingehalten werden. Verteilte Aufgaben müssen von allen Teilnehmerinnen seriös erledigt werden. Auftretende Probleme sollten unbedingt angesprochen und nicht geschluckt werden. Die ideale Gruppengröße für eine Lerngruppe sind 2 bis 4 Personen. Wenn Sie eine Lerngruppe gründen wollen, ist es gut etwas über die Entwicklungsprozesse von Gruppen zu wissen. In Anlehnung an Rubner/Rubner 1995 lassen sich folgende Phasen im Gruppenprozess beschreiben.

- **Phase 1: Orientierung**
  Die Anfangsphase eines Gruppenprozesses ist gekennzeichnet durch Unsicherheit und abwartendes Verhalten. Die neuen Gruppenmitglieder sind auf der Suche nach ihrem Platz und ihrer Rolle in der Gruppe. Alle wollen akzeptiert werden, jeder möchte seine Werte und Vorstellungen berücksichtigt wissen. Der eine intensiver, der andere mit größerer Distanz.

- **Phase 2: Gärung und Klärung**
  Die Teilnehmer sind nun in der Gruppe vertrauter und zeigen ihr wahres ICH. Sie zeigen die eigenen Interessen und Erwartungen. Diese Phase ist geprägt von Durchsetzungswillen, Rollen- und Statusverteilungen, evtl. auch Aggressionen. Skeptische und konfrontative Fragen werden gestellt. Da jeder seine Interessen klarer ausdrückt, werden die Unterschiede in den Erwartungen deutlicher. Rivalität und Durchsetzungswille, Rollen- und Statusverteilungen beeinflussen das Klima. Die Gruppe kommt nur langsam voran, die Konfusion und gegenseitige Blockade bringt die Gruppe zur ersten Krise und damit an einen wichtigen Punkt: Es wächst die Einsicht und Bereitschaft, Entscheidungsregeln zu finden, Rollen und Funktionen zu verteilen, akzeptable Normen für das Gruppenleben zu schaffen und unterschiedliche Fähigkeiten zu akzeptieren. Die Gruppe beginnt, sich zu organisieren und als Gruppe zu verstehen. Den Teilnehmerinnen wird klar, wofür sie in Bezug auf ihr Lernen und den Fortschritt in der Gruppe Verantwortung übernehmen müssen.

- **Phase 3: Arbeitslust und Produktivität**
  In dieser Phase wird die Unterschiedlichkeit der Personen als nutzbringend erkannt, und als Vorteil für eine kreative Aufgabenbewältigung gesehen. Aufgabenteilung und Rollendifferenzierung können stattfinden. Die Gruppe befindet sich in einer Phase relativ stabiler Arbeitsfähigkeit, Aufgabenstellungen werden konstruktiv aufgegriffen und auf der Sachebene bearbeitet. Das Klima ist von gegenseitigem Geben und Nehmen gekennzeichnet, die Kommunikation funktioniert gut. Die Gruppe ist nicht mehr so anfällig für Störungen. Frustration und Konflikt können ertragen werden, ohne die Arbeitsfähigkeit der Gruppe infrage zu stellen.

- **Phase 4: Ende der Zusammenarbeit, Abschied**
  In der Regel ist die Zusammenarbeit in der Gruppe mit dem Erreichen des gemeinsamen Ziels, in unserem Falle der Prüfung, beendet. Abschluss und Abschied sind die beherrschenden Themen der Schlussphase. Die bisherigen Themen müssen sowohl auf der Sach- als auch auf der Beziehungsebene abgeschlossen werden. Der Abschied fällt umso schwerer, je länger die Gruppe zusammengearbeitet hat und je persönlicher die Beziehungen wurden. Emotionale Bande müssen zu einem (vorläufigen) Abschluss gebracht werden.

In bestimmten zeitlichen Abständen sollten Sie Ihre Arbeit in der Lerngruppe reflektieren. Diskutieren Sie ob das Vorgehen effektiv für alle Teilnehmer ist. Kontrollieren Sie Ihren Zeitplan und korrigieren Sie ihn gegebenenfalls. Einige Regeln (Postulate und Hilfsregeln) aus der Themenzentrierten Interaktion (TZI) können als Leitlinien zum Verhalten in einer Gruppe dienen:

- Sei dein eigener Chairman.
  (D.h. übernimm Verantwortung für dein Handeln)
- Störungen angemessen Raum geben.
  (Wenn es einen Konflikt gibt, ist es besser, ihn auszutragen, als so zu tun, als ob alles in Ordnung wäre.)
- Vertritt dich selbst in deinen Aussagen: Sprich per »ich« und nicht per »man« oder per »wir«.
  (Vermeiden Sie Aussagen wie »Wir wollen doch alle ...« oder »Wir sollten jetzt ...«. Formulieren Sie lieber Ich-Botschaften: »Meine Meinung ist ...« oder »Ich würde gerne ...«.)
- Stelle möglichst nur Informationsfragen.
  (Stellen Sie nur echte Fragen bzw. fragen Sie nur etwas, das Sie wirklich wissen wollen.)
- Seitengespräche haben Vorrang.
- Nur einer zur gleichen Zeit.
  (Damit Sie sich gegenseitig zuhören können, ist es wichtig, dass immer nur eine Person spricht.)
- Sei authentisch und selektiv in deiner Kommunikation. Mache dir bewusst, was du denkst und fühlst, und wähle aus, was du sagst und tust.
- Beachte die Signale deines Körpers und achte auf solche Signale auch bei den anderen.
- Sprich deine persönlichen Reaktionen aus und stelle Interpretationen so lange wie möglich zurück.

17. Und weiter?

Wenn Sie dann das Erste Staatsexamen abgelegt haben, wartet die Schule bzw. das Referendariat auf Sie. Vielleicht haben Sie aber auch während des Studiums Ihre Liebe zur Wissenschaft entdeckt oder in Praktika den Eindruck gewonnen, dass Sie gar nicht Lehrerin werden möchten. Oder Sie fühlen sich noch nicht reif für die Schule und wollen sich noch ein wenig an der Uni aufhalten. Dann gibt es verschiedene Möglichkeiten der weiteren Qualifizierung. Wenn Sie sich wissenschaftlich/akademisch weiterbilden möchten, gibt es unterschiedliche weiterführende Studiengänge:

- Aufbaustudiengänge (Deutsch als Fremdsprache, Medienpädagogik, Theaterpädagogik, Beratung, Erwachsenenpädagogik, Schulleitungsaufgaben)
- Diplomaufbaustudiengang
- Masterstudiengang
- Promotion.

Über die Möglichkeiten können Sie sich bei der Studienberatung Ihrer Universität, auf den Homepages anderer Universitäten oder beim Arbeitsamt informieren. Sie sollten sich allerdings erkundigen, ob Sie bei weiterem Studium Studiengebühren bezahlen müssen.

Eines sollten Sie beachten, wenn Sie nach dem 1. Staatsexamen erst nach einigen Jahren das Referendariat beginnen wollen: Wenn seit der Prüfung im ersten Fach nach vier Jahren der Vorbereitungsdienst noch nicht begonnen ist, muss zum Nachweis noch ausreichender Kenntnisse am Oberschulamt ein Kolloquium abgelegt werden. Ob in nur einem Fach oder in beiden, hängt vom Einzelfall ab.

Wer vor dem Referendariat Schulerfahrungen sammeln möchte und gleichzeitig ins Ausland gehen möchte, kann als Fremdsprachenassistentin (assistant teacher) arbeiten. Man unterrichtet dann ca. 12 Wochenstunden Deutsch in der Sekundarstufe. Die Anforderungen sind je nach Land unterschiedlich. Informieren kann man sich beim Pädagogischen Austauschdienst der Kultusministerkonferenz (http://www.kultusministerkonferenz.de/pad/home.htm).

Wenn Sie sich unsicher sind, ob die Schule das Richtige für Sie ist, sollten Sie es so schnell wie möglich ausprobieren und das Referendariat machen. Aufbaustudiengänge können Sie auch später als »fertige« Lehrerin noch machen.

Viele ausgebildete Lehrer wechseln auch später noch ihr Metier. Hier ein paar prominente Beispiele: Thomas Gottschalk ist ausgebildeter Grund- und Hauptschullehrer. Später arbeitete er als freier Mitarbeiter beim Bayerischen Rundfunk, heute ist er einer der beliebtesten Show-Master Deutschlands und präsentiert »Wetten, dass ...?«. Die Fernsehmoderatorin Nina Ruge arbeitete nach Studium und Referendariat vier Jahre lang als Studienrätin an einem Gymnasium, bevor sie ihrer Faszination für das Fernsehen nachgab. Hans Eichel kümmert sich heute um die Bundesfinanzen. Bevor er sich ganz der Politik zuwandte, arbeitete er jedoch als Gymnasiallehrer für Deutsch und Latein. Bevor Sting als Frontman der Band Police in den 80er-Jahren berühmt wurde, war er Grundschullehrer. Auch der durch die Geschichte von Artemis Fowl bekannt gewordene irische Kinderbuchautor Eoin Colfer ist ausgebildeter Grundschullehrer. Otmar Hitzfeld, erfolgreicher Fußballtrainer (u.a. FC Bayern München, Borussia Dortmund) sowie sein Kollege Volker Finke (u.a. SC Freiburg) waren früher Real- bzw. Gymnasialschullehrer. Und auch die weltberühmte Modedesignerin Vivienne Westwood brachte früher Grundschülerinnen Lesen, Schreiben und Rechnen bei.

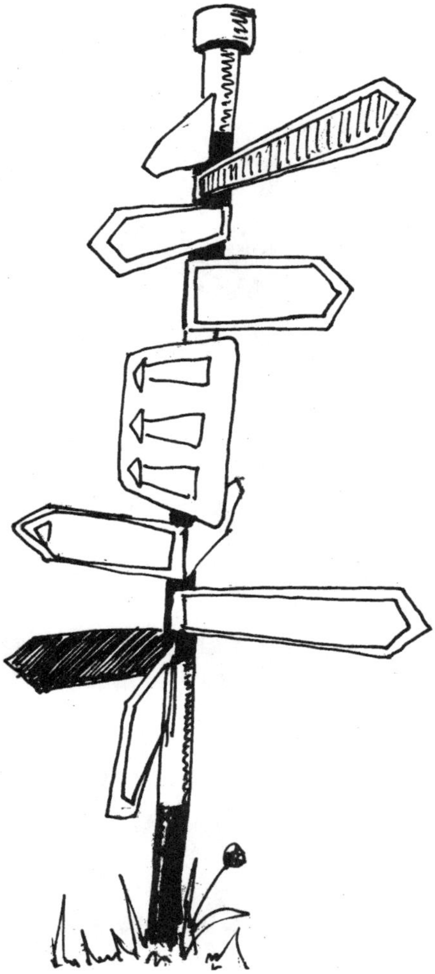

Service

1. Einstellungschancen für die nächsten Jahre

Junge Lehrerinnen und Lehrer sind in deutschen Schulen, anders als in den meisten europäischen Ländern, noch (!) Mangelware. Die meisten Kollegien sind »überaltert«. Die größte Gruppe sind die heute 45- bis 50-Jährigen. Diese ungleiche Altersverteilung hat zwei Ursachen: die unregelmäßige Einstellungspolitik nach dem »Schweinezyklus«, zum anderen werden viele »junge« Kolleginnen erst relativ spät eingestellt, im Schnitt mit 31 Jahren. Dabei ist festzuhalten: Die Überalterung ist in den alten Bundesländern wesentlich gravierender als in den neuen.

Die Einstellungschancen für angehende Lehrerinnen und Lehrer hängen von zahlreichen Faktoren ab, die es schwierig machen, genaue Prognosen zu stellen:

- *Der Ersatzbedarf:* Den deutschen Schulen steht ein dramatischer Personalwechsel bevor: In den nächsten ca. 10 Jahren werden knapp 50 Prozent der heutigen Lehrerinnen in Pension gehen und für sie werden ca. 250.000 Stellen frei. Hier allerdings entfällt der nahezu ausschließliche Ersatzbedarf auf die alten Bundesländer.

- *Der Zusatz- bzw. Minderbedarf:* Schülerzahlen verändern sich, nach oben und nach unten. Dabei werden in den alten Bundesländern die Schüler in den nächsten Jahren (bis ca. 2008) deutlich mehr, in den neuen Bundesländern weiter deutlich weniger. Nach 2008 geht es bundesweit mit den Schülerzahlen herunter, d.h. hier werden Stellen wegfallen.
- *Die Absolventen-Zahlen der Lehrer-Ausbildungsgänge (also Sie!):* Sie sind Mitte der 90er-Jahre stark angestiegen, seitdem gehen sie wieder etwas zurück. Und oft studieren die Leute auch andere Fächer als die, die besonders gebraucht werden (hier insbesondere Mathematik, Physik, Chemie, Informatik und die gewerblich-technischen Fächer in den Berufsschulen). Fakt ist: Die gegenwärtig ca. 38.000 Studienanfänger jährlich reichen nicht aus, um alleine den Ersatzbedarf zu decken.
- *Der Klassenteiler, das Unterrichts-Deputat für Lehrer und Deputats-Ermäßigungen.* Da sind die Bundesländer oft sehr kreativ, wenn es darum geht, Stellen einzusparen. Es ist zu vermuten, dass in Zukunft die Politik und die Kultusbehörden der Länder zusätzliche Kreativität in diesem Bereich entwickeln. In den letzten Jahren haben beispielsweise die Bundesländer Hessen und Nordrhein-Westfalen die Lehrerarbeitszeit, d.h. das Stundendeputat, teilweise kräftig erhöht.

Und was heißt das alles für Sie?

Einerseits dauert Lehrerarbeitslosigkeit in beachtlichem Umfang an. Im Schuljahr 2002/2003 sind etwa 30.000 Alt- und Neubewerberinnen nicht zum Zuge gekommen. Andererseits zeichnen sich deutlich fachspezifische und schultypenspezifische Mangelsituationen ab, besonders in mathematisch-naturwissenschaftlichen Fächern und an den Berufsschulen.

Die Chancen für eine Einstellung im Schuldienst steigen in den nächsten Jahren, zumindest im Gebiet der alten Bundesländer. Allerdings gibt es gravierende schulartspezifische Aspekte: Bei der Berücksichtigung von Altbewerbern aus vergangenen Jahren und solchen aus den neuen Bundesländern liegt die Einstellungschance der Lehrkräfte der Primarstufe und der nichtgymnasialen Sekundarstufe I bei ca. 80 Prozent, die der Gymnasiallehrer bei ca. 40 Prozent, an Sonderschulen bei ca. 50 Prozent. Die besten Chancen haben Berufsschullehrkräfte: Dort übersteigt das Angebot an Stellen bei weitem die Zahl der Bewerber.

Für die neuen Bundesländer sieht es in den nächsten Jahren genauso schlecht aus wie heute. Einstellungschancen wird es überwiegend nur im Bereich der berufsbildenden Schulen und für bestimmte Fächerkombinationen geben. Inwieweit die Länder durch das Instrument der faktisch erzwungenen Teilzeitbeschäftigung darüber hinaus Einstellungsmöglichkeiten schaffen, entzieht sich der Prognostizierbarkeit.

Aktuelle Zahlen zum Lehrerarbeitsmarkt sind über die Arbeitsgruppe Bildungsforschung an der Universität Essen zu erhalten oder auch vom Internet zu downloaden unter http://www.uni-essen.de/agklemm/forschung/online.phpAbb.

2. Wegweiser Studiengebühren – Fakten und Debatten (Gastbeitrag)

Seit mehreren Jahren wird in Deutschland verstärkt über Studiengebühren diskutiert. Mittlerweile ist die Situation recht undurchsichtig geworden: Hier und da existieren einzelne unterschiedliche Formen von Gebühren, und die Lage ist ständig im Fluss. Welche Gebühren gibt es wo, und wie verlaufen die zentralen Linien der Gebührendiskussion? Die folgenden Zeilen wollen ein paar Schneisen durch den Dschungel schlagen.

Was sind eigentlich »Studiengebühren«?

Jeder Studierende muss, wenn er oder sie sich für das neue Semester bei der Hochschule zurückmeldet, Geld zahlen. Das sind jedoch noch nicht notwendigerweise Studiengebühren, denn mit diesen Beträgen werden die Studentenwerke (Mensa, Wohnheime) mitfinanziert, in vielen Bundesländern erhält auch die studentische Selbstverwaltung einen Anteil, und an zahlreichen, allerdings nicht an allen Hochschulen gibt es das so genannte »Semesterticket«, mit dem Studierende die öffentlichen Verkehrsmittel vor Ort nutzen können. Diese Kosten gelten jedoch nicht als Studiengebühren, denn sie haben mit dem eigentlichen Hochschulbetrieb nichts zu tun; von daher werden sie als »Sozialbeiträge« bezeichnet.

Um Studiengebühren handelt es sich erst dann, wenn zusätzlich zu den Sozialbeiträgen noch Gelder eingezogen werden.

Wo gibt es in Deutschland Studiengebühren?

Aus allen Betrachtungen ausgeklammert bleiben hier die wenigen Privathochschulen, die zwar erhebliche Gebühren verlangen, in der Hochschullandschaft aber nur eine Nebenrolle spielen – an ihnen sind lediglich ca. 50.000 der 1,8 Millionen Studierenden eingeschrieben, d.h. unter drei Prozent.

An den staatlichen Hochschulen gibt es zurzeit drei Arten von Gebühren: a) so genannte Einschreibe- oder Verwaltungsgebühren, die für alle Studierenden gelten, b) so genannte »Langzeit-Gebühren«, die bei einer Überschreitung der Regelstudienzeit um mehr als vier Semester anfallen und c) »Zweitstudiums-Gebühren«, die dann fällig werden, wenn man nach erfolgreichem Abschluss eines Studiums einen weiteren Studiengang belegt.

Ob derartige Kosten anfallen, hängt vom jeweiligen Bundesland ab. Einschreibegebühren von ca. 50 Euro pro Semester gibt es z.Z. in Baden-Württemberg, Bayern, Berlin, Brandenburg, Bremen, Niedersachsen und Hessen. Langzeit-Gebühren fallen in Baden-Württemberg, Hamburg, Hessen, Niedersachsen, Nordrhein-Westfalen, Rheinland-Pfalz, dem Saarland und Thüringen an; sie betragen ca. 300 bis 650 Euro pro Semester.
Zweitstudiums-Gebühren von vergleichbarer Höhe gibt es in Bayern und Sachsen.

Studiengebühren von erheblicher Höhe ab dem ersten Semester sind momentan noch bundesgesetzlich verboten. Für 2004 wird allerdings ein Urteil des Bundesverfassungsgerichts über die Rechtmäßigkeit dieser Regelung erwartet, und sollte sie fallen, werden voraussichtlich zahlreiche Bundesländer ganz neue Gebührenpläne vorlegen.

Künstlicher Begriffswirrwarr

In der Diskussion tauchen häufig Begriffe wie Bildungsguthaben, Bildungsschecks, Bildungsgutscheine oder Studienkonten auf. Ihnen allen ist gemeinsam, dass deren Initiatoren – meistens finanziell klamme Landesregierungen jeglicher parteipolitischer Couleur – das Unwort »Studiengebühren« vermeiden wollen. Im Kern steht aber nichts anderes dahinter als die bereits erläuterten Langzeit-Gebühren: Man bekommt ein bestimmtes Kontingent an kostenloser Hochschulnutzung, aber sobald dieses erschöpft ist, muss man zahlen.

Leitlinien der Gebührendiskussion

Die Gebührendiskussion wird mit einer Vielzahl von Motiven und Argumenten geführt. Seitens von Landesregierungen spielt vor allem der *fiskalische Gedanke* eine zentrale Rolle, denn mit Studiengebühren lassen sich recht einfach Gelder eintreiben. Kritiker (zu nennen ist hier vor allem das »Aktionsbündnis gegen Studiengebühren« – ABS, www.studis.de/abs/) halten entgegen, dass eine Kopfsteuer für Studierende nicht zu rechtfertigen sei, zumal die Betroffenen ohnehin nur über sehr wenig Geld verfügen.

Insbesondere die Langzeit-Gebühren werden mit *steuerungspolitischen Ordnungsmotiven* begründet: Der Staat könne nicht auf ewig teure Studienplätze zur Verfügung stellen, und nach einer gewissen Zeit müsse Schluss mit der kostenlosen Hochschulnutzung sein. Dem steht der Hinweis gegenüber, dass Langzeitstudierende die Ressourcen der Hochschulen nicht umfangreicher, sondern lediglich über einen längeren Zeitraum gestreckt in Anspruch nehmen. Zudem lägen die Ursachen für ein längeres Studium praktisch nicht in mangelndem Einsatz, sondern vielmehr in äußeren Umständen begründet, namentlich in schlecht strukturierten Studiengängen und dem de-facto-Zwang zum Jobben. Schließlich träfen Langzeit-Gebühren gerade Studierende aus sozial schwachen Elternhäusern und würden eher zum Studienabbruch statt zum schnellen Abschluss führen.

Auf allgemeiner Ebene werden Studiengebühren auch aus einem *betriebswirtschaftlichen Warenmotiv* heraus begründet. Dies verficht am energischsten das Centrum für Hochschulentwicklung (CHE, www.che.de), welches Bildung als erhebliche Steigerung des individuellen Humankapitals ansieht, wofür es mehr als angemessen sei, von den Profiteuren auch einen Kostenbeitrag abzuverlangen. Die Gegenseite argumentiert, damit werde der Charakter von Bildung unzulässigerweise auf Kosten-Gewinn-Rechnungen reduziert; die Bereitstellung von Bildungseinrichtungen zur kostenlosen Nutzung sei eine vornehme Aufgabe der Öffentlichkeit.

Studiengebühren: sozial oder unsozial?

An diese Frage gelangt praktisch jede Diskussion zum Thema. Bis vor ein paar Jahren hätte jeder spontan gesagt, natürlich seien Gebühren in jedem Fall unsozial, denn Familien mit gut gepolstertem Geldbeutel hätten dann stets einen Vorteil. Die Befürworter von Gebühren, und hier ist wiederum in vorderster Reihe das CHE zu nennen, argumentieren aber wie folgt: Die Hochschulen würden aus dem allgemeinen Steuersäckel bezahlt, und damit würden Nicht-Akademiker die Akademiker finanziell unterstützen. Oder prägnanter formuliert: Die Krankenschwester bezahle bei Gebührenfreiheit dem Arztsohn das Studium, und deswegen sei gerade die Abwesenheit von Gebühren unsozial.

Dieser Gedankengang hat weite Verbreitung gefunden, auch wenn er – wie praktisch jeder Aspekt zu diesem Thema – umstritten ist. Entgegengehalten wird vor allem, dass Akademiker relativ höhere Steuern zahlten, denn ihr Lebenseinkommen verteile sich auf eine geringere Anzahl von Jahren als bei Nicht-Akademikern, sodass auf diesem Weg einer de-facto-Akademikersteuer bereits eine indirekte Refinanzierung der Hochschulausgaben durch die Nutzer bestehe.

Was bleibt?

Wie ersichtlich, ist die Studiengebührenfrage ein weites Feld. Auf jeden Fall lohnt es sich, eine eigene Meinung zu bilden und bei jedem vorgebrachten Argument auch die Gegenseite zu hören. Nach Meinung des Autors dieser Zeilen gäbe es allerdings genügend andere Probleme an den Hochschulen, deren Lösung höhere Priorität erhalten sollte als die Fragen, ob man Gebühren einführen wolle, wenn ja, welche und in welcher Höhe.

Olaf Bartz
promoviert in Köln und Dortmund und war 1999–2002 Geschäftsführer des bundesweiten »Aktionsbündnis gegen Studiengebühren« (ABS).

3. Internet-Tipps für Lehramtsstudierende

Studentisches Leben

- **www.studieren.de**
  Allgemeine Hinweise zum Studium an deutschen Hochschulen, Veranstaltungskalender, Suchmaschine für Studiengänge/Fachbereiche, Glossar akademischer Begriffe.
- **www.studentenvermittlung.de**
  Jobvermittlung im Internet, sowohl Firmen als auch Privatpersonen können Stellen ausschreiben, Suche ist gegliedert nach Tätigkeit und Region. Als Student kann man entweder auf Annoncen antworten oder selber seine Arbeitskraft anbieten. Auch Angebote von Praktikumsplätzen.
- **www.lehrer-werden.de**
  Praktische Tipps und Erläuterungen für den Lehramtsstudenten: von Auslandsaufenthalt bis Studienordnung (Glossar), außerdem kann man sich einem Test unterziehen, ob man wirklich zum Lehrerberuf geeignet ist (wenn es nicht jetzt schon zu spät ist).
- **www.studentenwerke.de**
  Verbindung zu allen Studentenwerken Deutschlands, Antworten auf alle organisatorischen Fragen rund um das Studentenleben (Wohnung, Stipendien, Jobs, BAföG, Beratungsstellen, Mensen, Studieren mit Behinderung, Auslandsaufenthalte ...).
- **www.statravel.de**
  Einer von unzähligen Anbietern für (Jugend- und) Studentenreisen. Damit es in der vorlesungsfreien Zeit nicht langweilig wird ...!
- **www.studentenseite.de**
  Alles, was Studentinnen interessiert: Studentenkneipensuchmaschine, Wohnungsanzeigen, Reiseangebote, Stellenanzeigen, Praktikumsvermittlung und als zusätzliches Bonbon: Der Uni-Wetterbericht.

Unterrichtsmaterialien und -tipps

- **www.lehrer-online.de**
  Unterrichtstipps mit Links und didaktischen Ergänzungen, Diskussion didaktischer Themen und Meldungen aus dem Bildungsbereich.

- **www.aschern.de**
  Portal für Deutsch- und Geschichtslehrer, Unterrichtsmaterialien und Downloads (z.B. Klausurtipps, Berichtigungszeichen, Zitattechniken ...), Tipps aus der Praxis, Videokassetten zum Ausleihen.
- **www.dwu-unterrichtsmaterialien.de**
  Unterrichtsmaterialien für Mathematik und Physik zum Downloaden oder Bestellen.
- **www.lehrerfreund.de**
  Tipps für Unterrichtsvorbereitungen in Deutsch und Geschichte.
  Pädagogikwissen: Linklisten für Lehrer, Referendare, Schüler.
- **www.bzga.de**
  (Bundeszentrale für gesundheitliche Aufklärung)
  Erläuterungen und Materialien zu Aufklärungskampagnen (z.B. Kinder stark machen), Gesundheitsförderung in der Schule, Medien für Lehrer (zu Themen wie Rauchen, Fernsehen, Naschen, Aids, Lärm ...) können kostenlos bestellt werden oder teilweise als pdf-Datei heruntergeladen werden.
- **www.dagmarwilde.de**
  Informationen zum Lehren und Lernen in der Grundschule. Brauchbare Tipps für den Deutsch- und Sachunterricht und zur Musisch-Ästhetischen Erziehung.
- **www.mathematik-unterrichten.de**
  Praktische und theoretische Informationen zum Mathematikunterricht (Unterrichts- und Projektideen, Arbeit mit neuen Medien, Funktionsbegriff ...), sowie empirische Untersuchungen aus der Mathedidaktik. Leider ist die Linksammlung nicht allzu umfangreich.

Wissen allgemein

- **www.metaportal.at/oben/lexika.htm**
  Links zu Online-Nachschlagewerken (allgemein bildende Lexika, Fachlexika, Wörterbücher).
- **www.bildungsserver.de**
  Kommunikationsportal für Lehrer, Links zu Institutionen, Adressen von deutschen Pädagogen, Beratung, Service und Tipps für Studierende in allen Lebenslagen, Jobbörse, Links zu den Landesbildungsservern u.v.m.
- **www.wissenschaft-online.de**
  Man lernt nie aus ...! Online-Nachschlagewerke zu verschiedenen Fachbereichen (z.B. Psychologie), Nachrichten, Sachlinks und wissenschaftliche Organisationen finden sich auf dieser fachwissenschaftlichen Seite.

Fachwissen

- **www.stangl-taller.at**
  Praktische Lerntipps für Schüler und Studenten, Einführungen in die Psychologie, Pädagogik, Methoden, Kommunikation u.v.m., einige auch unterteilt in Lerneinheiten.
  Sehr hilfreich für das Studium der Erziehungswissenschaften.
- **www.teachsam.de**
  Überblick zu Themen aus der Pädagogik, Deutsch, Medien, Filmanalyse, Psychologie, Arbeitstechniken, Didaktik, Spiele ...! Übersichtlich angeordnet, mit weiterführenden Literaturtipps versehen. Brauchbar für Studienarbeiten oder eigenen Unterricht (Hauptschule und Realschule).
- **www.fundus.org**
  Referate (kostenlos) nach Fächer sortiert (teilweise auf Schülerniveau), hilfreich als Lernmaterial fürs Studium (Psychologie) oder als Hintergrundwissen für eigene Unterrichtsstunden.
- **www.hausarbeiten.de**
  Referate, Hausarbeiten, Diplomarbeiten zu den unterschiedlichsten Themen. Download oder Druckversion sind allerdings kostenpflichtig (1,49–69,90 Euro).
- **www.referate.de**
  Hier kann man Referate zu Themen aller Unterrichtsfächer herunterladen bzw. drucken. Die meisten sind umsonst. Für einige Funktionen (z.B. Zugriff auf Bilderarchiv) muss man sich anmelden. Etwas anstrengend sind hier die sich stets öffnenden Werbefenster.
- **www.wer-weiss-was.de**
  Internetportal für Fragen zu unterschiedlichsten Fachbereichen.

Literaturrecherche

- **www.ub.uni-dortmund.de/Fachinformationen/Erziehung/berzs_online.html**
  Verzeichnis von (pädagogischen) Fachzeitschriften, von denen man jeweils Inhaltsverzeichnisse und/oder Abstracts und Volltexte aufrufen kann.
  Sehr hilfreich bei der Literaturrecherche nach aktuellen Themen und Diskussionen.
- **paperball.fireball.de**
  Recherche nach Zeitungsartikeln zu ausgewählten Themen weltweit.
- **www.paedagogen.de**
  Aktuelle Artikel zum Thema Bildung und Erziehung aus Zeitschriften (wissenschaftlichen und allgemeinen). Zu empfehlen für die Suche nach aktuellen Beiträgen für Referate oder Hausarbeiten. Zusätzlich: Hörfunktipps.
- **www.digibib.net**
  Metasuchmaschine für mehrere große Bibliothekskataloge und Literaturdatenbanken aus aller Welt. Ideal für die Literaturrecherche!

- **www.amazon.de**
  Eine der größten und best sortiertesten virtuellen Buchhandlungen, sowohl zum Bestellen von neuen, mittlerweile auch von gebrauchten Büchern (dauert nur 24 Stunden) als auch zum Stöbern und Informieren sehr geeignet.
- **www.subito.de**
  Hier kann man weltweite Rechercheaufträge nach Dokumenten zu allen erdenklichen Themen geben, das lässt sich der Anbieter allerdings bezahlen.

Suchmaschinen

- **www.google.de**
  Findet auch pdf/word/excel-Texte mit aktuellen Nachrichten aus aller Welt.
- **www.yahoo.de**
  Yahoo-Seiten 27 verschiedener Länder.
- **www.bellnet.de**

Metasuchmaschinen

- **www.suchmaschinen-verstehen.de**
  Welche Suchmaschine verwende ich wann? Wie arbeiten Suchmaschinen? Wie gestalte ich meine Suche effektiver? Antworten auf diese und viele andere Fragen erhält man hier.
- **www.metacrawler.de**
  Kommerziell/privat, Links zu thematisch sortierten Metasuchmaschinen.
- **www.metasuchmaschine.biz**
  Durchsucht acht Suchmaschinen gleichzeitig, leider ist dies erst nach Eingabe des Suchbegriffs zu sehen, Startseite unpraktisch, Differenzierung der Suche nur bedingt möglich.
- **www.apollo7.de**
  15 deutschsprachige und 4 internationale Suchmaschinen werden zu dem eingegebenen Suchbegriff befragt, außerdem Links zu regionalen Suchmaschinen deutscher Großstädte (!), klar gegliedert, man kann Suchmaschinen auswählen.
- **www.meta-spinner.de**
  Informationen zu verschiedenen Sparten schon auf der Startseite, viel Werbung, Suchkriterien können näher bestimmt werden, leider nicht auf der Startseite.

Für Kinder

- **www.die-maus.de**
  Lach- und Sachgeschichten.

- **www.geolino.de**
  Sinnvoll ausgewählte Themen für Kinder liebevoll aufgearbeitet, mit weiterführender Literatur.
- **www.wasistwas.de**
  Nach Vorbild der bekannten Buchreihe wird hier ein breites Wissen ansprechend vermittelt.
- **www.blinde-kuh.de**
  Suchmaschine für Kinder, leider nicht sehr übersichtlich.
- **www.zzzebra.de**
  Ein Web-Magazin für Kinder, mit Spielen, Bastelanleitungen, Wissenswertem, Rezepten, also alles, was Kindern Spaß macht. Sehr kindgerecht aufgearbeitet und gestaltet.

Linksammlungen

- **www.kbs-koeln.de**
  (Kölner Bildungsserver)
  Links zu Unterrichtsfächern, Unterrichtsmaterialien.
- **www.autenriehts.de**
  Links zu Unterrichtsfächern sowie Pädagogik und Psychologie.
- **www.b-o.de**
  Ausführliche Linksammlung für Unterrichtstipps (sehr gut gegliedert), Links zu Schulbuchverlagen, Unterrichtsmaterialien zum Bestellen (leider fast alles kostenpflichtig).
- **www.lehrer-hopp.de**
  Umfassende Linksammlung für Themen aus Schule und Alltag, nicht richtig geordnet aber kurz kommentiert.
- **www.guterunterricht.de**
  Bei den „Links“ findet man die größten Schulbuch- und Pädagogikfachverlage.
- **www.tu-bs.de/institute/schulpaedagogik/links**
  Sehr ausführliche Linkliste übersichtlich gegliedert nach Themen wie Bildungsangebote, Unterrichtsmaterialien, Klassenfahrten, Referate/Hausarbeiten, Schulbuchverlage, Landesbildstellen, Museen, Bundesministerien/Behörden ...
- **www.zum.de**
  (Zentrale für Unterrichtsmedien im Internet e.V.)
  Brauchbare Links zu Schulfächern, Didaktik, Sonderschule u.v.m.
  Linkdatenbank mit Suchfunktion.

Verschiedenes

- **www.referendar.de**
  Praktische Tipps für Referendare: Aufbau, Inhalte, Unterrichtsmaterialien, Steuertipps, Links, Buchempfehlungen, Tauschbörse für den Einsatz an Seminarschulen Erfahrungsaustausch.
- **www.vib-bw.de**
  (Verbundprojekt der Pädagogischen Hochschulen Baden-Württembergs)
  Virtuelle Lernumgebung, mit Studieninhalten in Form von Skripten zum Fach Deutsch/Deutschdidaktik und Politikwissenschaft/-didaktik sowie eine multimedial gestützte Lernwerkstatt für Studierende (Grundschule); (für die Lernwerkstatt Anmeldung beim Webmaster erforderlich).
- **www.bpb.de**
  (Bundeszentrale für politische Bildung)
  Aufbereitung aktueller (gesellschafts-)politischer Themen, Publikationsverzeichnis (teilweise kostenlos zu bestellen), Unterrichtsempfehlungen und -materialien.
  Informative Seite nicht nur für Politikstudenten.
- **www.schulweb.de**
  Produkte von Schülern, Schulen im Web vereint.
- **www.gew.de und www.vbe.de**
  Homepages der beiden größten Gewerkschaften bzw. Verbände für Arbeitnehmer in Bildung und Wissenschaft. Hier kann man sich bildungspolitisch auf den neusten Stand bringen und Informationen über die jeweilige Gewerkschaft und deren Angebote erlangen.
- **www.destatis.de**
  Mit dieser Adresse gelangt man zum Statistischen Bundesamt, bei dem man beispielsweise die aktuellsten Statistiken über Bildung und Schule einsehen kann. Kann somit für schriftliche Arbeiten oder Referate sehr nützlich sein.
- **www.jobvermittlung.de**
  Stellenangebote und -gesuche für deutsche Schulen (auch im Ausland).
- **www.auslandsschulwesen.de**
  Für alle, die es zum Unterrichten in die Ferne zieht ...
- **www.systran.heisoft.de**
  Kein Wörterbuch zur Hand? Hier wird ein kostenloser Service zum Übersetzen von Internetseiten und eingegebenen Texten angeboten. Funktioniert blitzschnell, aber leider kann man vom Deutschen nur ins Englische oder Französische übersetzen lassen.
  Oder auch:

4. Wichtige Bücher für Lehramtsstudierende

1. Pädagogische Wörterbücher

Beurteilungslegende:	***	sehr empfehlenswert
	**	empfehlenswert
	*	bedingt empfehlenswert
	0	eher nicht zu empfehlen

Böhm, Wilfried: Wörterbuch der Pädagogik

- *Bibliografische Angaben:* Kröner-Verlag, Stuttgart 2000. 15. Auflage. 589 Seiten. 29,70 Euro.
- *Aufbau, Inhalt (Auswahlkapitel):* 2.500 Stichwörter; Alphabetischer Aufbau; Zweispaltig.
- *Vorteile:* Umfassender Band; Zu allen wichtigen Stichworten Erklärungen; Meist mit chronologisch geordneten Literaturangaben am Ende eines Stichwortes; Viele Pädagog/innen eigens aufgeführt.
- *Nachteile:* Teilweise merkt man, dass die Angaben nicht aktualisiert wurden (z.B. Analphabetismus); Teilweise politisch gefärbte Beiträge, z.B. bei »Didaktik« v.a. Kritik an der Reformpädagogik; auch bei »Reformpädagogik«.
- *Bewertung:* **

Hintz, Dieter/Pöppel, Karl Gerhard/Rekus, Jürgen: Neues schulpädagogisches Wörterbuch

- *Bibliografische Angaben:* Juventa, Weinheim und München 2001. 3., überarb. Auflage. 430 Seiten. 20,50 Euro.
- *Aufbau, Inhalt (Auswahlkapitel):* 74 grundlegende Stichwörter; Alphabetischer Aufbau: Einspaltig; Zu jedem Stichwort Definition, Diskussion und Praxisorientierung.
- *Vorteile:* Guter Einführungsband; Überschaubares Buch; Zu vielen relevanten Schlagworten; Dosierte Literaturangaben; Stichwortkatalog am Ende; Querverweise zwischen den einzelnen Stichwörtern.
- *Nachteile:* Literaturangaben nicht immer auf dem aktuellen Stand; Aktuelle Stichworte (z.B. Schulentwicklung, Schulqualität, neue Formen der Leistungsbeurteilung).
- *Bewertung:* **

Köck, Peter/Ott, Hanns: Wörterbuch für Erziehung und Unterricht

- *Bibliografische Angaben:* Auer, Donauwörth 2002. 7., mehrfach überarbeitete und aktualisierte Auflage. 904 Seiten. 32, 80 Euro.
- *Aufbau, Inhalt (Auswahlkapitel):* 3.200 Stichwörter; Alphabetischer Aufbau; Einspaltig.
- *Vorteile:* --
- *Nachteile:* Literaturverweise enden größtenteils mit ca. 1990; Nicht auf aktuellem Stand; Literaturverweise im Anschluss an das Schlagwort alphabetisch statt chronologisch; Fehlende Lemmata, z.B. Analphabetismus, Nationalsozialismus, Schulentwicklung; Zweifelhafte Lemmata, z.B. »Querulant«; Kein Namens- und Sachregister.
- *Bewertung:* 0

Lenzen, Dieter (Hrsg.): Pädagogische Grundbegriffe. 2 Bände

- *Bibliografische Angaben:* rororo, Reinbek 2001. Erstauflage 1989. 6. Auflage. 1.650 Seiten. Zusammen 33,00 Euro.
- *Aufbau, Inhalt (Auswahlkapitel):* Ca. 200 Großstichwörter; Alphabetischer Aufbau; Einspaltig; Taschenbuch.
- *Vorteile:* Größtenteils namhafte Autor/innen; Zahlreiche (teilweise zu umfangreiche!) Literaturhinweise zu jedem Begriff; Blankverweise am Ende der Erklärungen; Erklärungen sehr umfassend und auf hohem Niveau.
- *Nachteile:* Nicht auf aktuellem Stand; Literaturverweise enden (aufgrund der nicht aktualisierten Auflage) mit 1989; Schlagwortregister fehlt; Inhaltsverzeichnis in Band 1 ohne Seitenangaben; Inhaltsverzeichnis fehlt in Band 2 gänzlich.
- *Bewertung: **

Reinhold, Gerd/Pollak, Guido/Heim, Helmut: Pädagogik-Lexikon

- *Bibliografische Angaben:* Oldenbourg, München 1999. 554 Seiten. 34,80 Euro.
- *Aufbau, Inhalt (Auswahlkapitel):* 130 Großstichwörter; Alphabetischer Aufbau; Zweispaltig; Rund 100 Autor/innen.
- *Vorteile:* Umfassender Band; Zu allen wichtigen Stichworten Erklärungen.
- *Nachteile:* Nur zu den Großstichworten weiterführende Literaturangaben; Teilweise sehr dünne Erklärungen (z.B. Schulentwicklung); Redaktionelle Fehler (z.B. fehlende Literaturangaben bei »Geschlechtsspezifische Erziehung«, falsche Reihenfolge der Literaturangaben bei »Nationalsozialismus«); Keine Querverweise.
- *Bewertung: **

Rost, Detlef H.: Handwörterbuch Pädagogische Psychologie

- *Bibliografische Angaben:* Beltz/PVU, Weinheim 1998. 2. Auflage. 650 Seiten. 39,00 Euro.
- *Aufbau, Inhalt (Auswahlkapitel):* Alphabetischer Aufbau; Zweispaltig.
- *Vorteile:* Auf dem neuesten Stand; Alle einschlägigen Stichwörter; Auch sehr aktuelle Entwicklungen eingearbeitet; Einschlägige Autor/innen; Kompakter Überblick; Sach- und Personenregister.
- *Nachteile: --*
- *Bewertung: ****

Schaub, Horst/Zenke, Karl G.: Wörterbuch Pädagogik

- *Bibliografische Angaben:* dtv, München 2000. 4., überarb. und erw. Auflage. 690 Seiten. 14,50 Euro.
- *Aufbau, Inhalt (Auswahlkapitel):* 1.800 Stichwörter; Alphabetischer Aufbau; Zweispaltig.
- *Vorteile:* Umfassender Band; Zu allen wichtigen Stichwörtern Erklärungen; Viele Pädagog/innen eigens aufgeführt; Sehr übersichtliches Layout; Auch aktuellste Literatur eingearbeitet; Biografische Daten zu ca. 250 Personen der Pädagogik; Umfangreicher systematischer Literaturkatalog im Anhang; Internet-Adressen im Anhang; Anschriften im Anhang.
- *Nachteile:* Nur teilweise Literaturverweise am Ende eines Stichwortes; Literaturverweise am Ende teilweise sehr allgemein; Kein Sach- und Personenregister.
- *Bewertung: ***

2. Erziehungswissenschaftliche Überblicksliteratur

Apel, Hans Jürgen/Sacher, Werner: Studienbuch Schulpädagogik

- *Bibliografische Angaben:* Bad Heilbrunn, Klinkhardt 2002. 398 Seiten. 19,80 Euro.
- *Aufbau, Inhalt (Auswahlkapitel):* Sammelband mit insgesamt 13 thematischen Beiträgen; 4 Hauptkapitel (Theorie der Schule; Theorie des Unterrichts; Planung und Analyse von Unterricht; Bildung, Erziehung, Förderung und Beratung).
- *Vorteile:* Einige Beiträge geben sehr guten Überblick.
- *Nachteile:* Viel Text, wenig Veranschaulichung.
- *Bewertung:* **

Arnold, Rolf/Petzold, Henning: Schulpädagogik kompakt. Prüfungswissen auf den Punkt gebracht

- *Bibliografische Angaben:* Cornelsen, Berlin 2002. 208 Seiten. 12,95 Euro.
- *Aufbau, Inhalt (Auswahlkapitel):* Ungewöhnlich aufgemachtes Buch z.B. zur Prüfungsvorbereitung; 100 wichtige Prüfungsfragen auf je zwei Seiten.
- *Vorteile:* Als ergänzender Einstieg gut geeignet; Viele Grafiken; Aktuelle Literaturangaben.
- *Nachteile:* Teilweise recht holzschnittartige Darstellungen.
- *Bewertung:* **

Blankertz, Herwig: Geschichte der Pädagogik von der Aufklärung bis zur Gegenwart

- *Bibliografische Angaben:* Büchse der Pandora, 1992. Erstauflage 1982. 319 Seiten. 16,00 Euro.
- *Aufbau, Inhalt (Auswahlkapitel):* Darstellung der Geschichte der Pädagogik auf dem Hintergrund zeitgeschichtlicher und ökonomischer Strukturen; Aufklärung; Deutsche Klassik; Industrialisierungsepoche; 20. Jahrhundert; Vertiefte Darstellungen einflussreicher Pädagog/innen.
- *Vorteile:* Sehr gut lesbar; Viele Materialien; Namensregister.
- *Nachteile:* Nicht alle relevanten Pädagog/innen ausführlich behandelt.
- *Bewertung:* **

Gudjons, Herbert: Pädagogisches Grundwissen. Überblick, Kompendium, Studienbuch

- *Bibliografische Angaben:* Bad Heilbrunn, Klinkhardt 2001. 7. Auflage. 384 Seiten. 19,50 Euro.
- *Aufbau, Inhalt (Auswahlkapitel):* Gliederung der Erziehungswissenschaft; Richtungen der Erziehungswissenschaft; Geschichte der Pädagogik; Abriss der Entwicklungspsychologie; Erziehung und Bildung; Lernen; Didaktik; Das Bildungswesen.
- *Vorteile:* Umfassender Band; Viele relevante Inhalte; Zahlreiche Literaturverweise; Aktuelle Problemfelder der Pädagogik; Lese- und Arbeitsvorschläge; Gut zu lesen.
- *Nachteile:* --
- *Bewertung:* ***

Kaiser, Arnim/Kaiser, Ruth: Studienbuch Pädagogik. Grund- und Prüfungswissen

- *Bibliografische Angaben:* Cornelsen, Berlin 2001. 10., überarb. Auflage. 295 Seiten. 16,95 Euro.
- *Aufbau, Inhalt (Auswahlkapitel):* Grundlagen der Erziehung; Erziehungsziele; Lernpsychologische Dimension der Erziehung; Soziologische Dimension der Erziehung; Institutionell-gesellschaftliche Dimension der Erziehung; Didaktische Dimension der Erziehung; Wissenschaftstheoretische Dimension der Pädagogik.
- *Vorteile:* Umfassender Überblicksband; Zahlreiche Literaturverweise; Studienbuchcharakter mit Aufgaben und Reflexionen; Gut zu lesen; Sachregister.
- *Nachteile:* Kein gemeinsames Literaturverzeichnis und kein Personenregister; Teilweise fehlt aktuelle Literatur.
- *Bewertung:* **

König, Eckard/Zedler, Peter: Theorien der Erziehungswissenschaft. Einführung in Grundlagen, Methoden und praktische Konsequenzen

- *Bibliografische Angaben:* Beltz (UTB), Weinheim 2002. 262 Seiten. 18,90 Euro.
- *Aufbau, Inhalt (Auswahlkapitel):* Erziehungswissenschaft als normative Disziplin; Erziehungswissenschaft als empirische Verhaltenswissenschaft; Erziehungswissenschaft als hermeneutische Disziplin; Erziehungswissenschaft auf Basis der Systemtheorie; Die wissenschaftliche Diskussion und die »richtige Wissenschaft«.
- *Vorteile:* Umfassender Überblicksband; Zahlreiche Literaturverweise; Gut zu lesen; Viele Quellentexte eingestreut; Kombiniertes Personen- und Sachregister.
- *Nachteile:* --
- *Bewertung:* **

Kron, Friedrich W.: Grundwissen Pädagogik

- *Bibliografische Angaben:* Ernst Reinhardt (UTB), München, Basel 2001. 356 Seiten. 29,90 Euro.
- *Aufbau, Inhalt (Auswahlkapitel):* Erste Begegnungen mit dem Fach; Begriffliche Bestimmungen; Der Sozialisationsprozess; Der Erziehungsprozess; Institutionen und Organisationsformen im Erziehungswesen; Didaktik oder die Reflexion des Zusammenhangs von Lehren und Lernen.
- *Vorteile:* Erfolgreiches Prüfungslehrbuch; Differenzierte Begriffsbestimmungen; Zahlreiche Literaturhinweise; Umfangreiche Originalzitate bzw. Quellen; Zusammenfassende Schlussfolgerungen am Ende jedes Kapitels; Querverweise zwischen den einzelnen Kapiteln; Ausführliches Sachwort- und Personenregister; Ruhiges Schriftbild.
- *Nachteile:* Einige Inhaltsbereiche fehlen weitgehend (z.B. Wissenschaftstheorie).
- *Bewertung:* **

Krüger, Heinz-Herrmann/Helsper, Werner (Hrsg.): Einführung in die Grundbegriffe und Grundfragen der Erziehungswissenschaft

- *Bibliografische Angaben:* Ernst Reinhardt (UTB), München und Basel 2002. 5. Aufl. 328 Seiten. 16,90 Euro.
- *Aufbau, Inhalt (Auswahlkapitel):* Pädagogisches Handeln in den Antinomien der Moderne; Grundbegriffe pädagogischen Handelns; Räume pädagogischen Handelns; Gesellschaftliche Bedingungen pädagogischen Handelns; Individuelle Voraussetzungen pädagogischen Handelns; Die Reflexion pädagogischen Handelns.
- *Vorteile:* Relativ umfassender Sammelband; Einschlägige Autoren; Umfassende Auswahlbibliografie am Ende jedes Beitrages; Leser/innenfreundliches Layout.
- *Nachteile:* Sachregister fehlt; Nur gering überarbeitete Nachauflage, dadurch angegebene Literatur teilweise nicht mehr auf aktuellstem Stand.
- *Bewertung:* *

Lenzen, Dieter (Hrsg.): Erziehungswissenschaft. Ein Grundkurs

- *Bibliografische Angaben:* Rowohlt, Reinbek 2002. Erstauflage 1994. 5. Aufl. 670 Seiten. 16,90 Euro.
- *Aufbau, Inhalt (Auswahlkapitel):* Erziehungswissenschaft – Pädagogik; Pädagogische Grundvorgänge; Die Träger pädagogischer Tätigkeit; Die Klientel pädagogischer Tätigkeit; Pädagogische Berufsfelder; Lehre und Forschung.
- *Vorteile:* Relativ umfassender Sammelband; Einschlägige Autoren; Umfassende Auswahlbibliografie; Umfangreiches Sachregister.
- *Nachteile:* Unveränderte Nachauflage, dadurch zum Teil veraltet; Schule betreffende Beiträge (z.B. »Der Lehrer«, »Unterricht«) zum Teil wenig umfassend; Aktuelle Entwicklungen der letzten 10 Jahre nicht eingearbeitet.
- *Bewertung:* *

Oerter, Rolf/Montada, Leo (Hrsg.): Entwicklungspsychologie. Ein Lehrbuch

- *Bibliografische Angaben:* Beltz/PVU, Weinheim und Basel 2002. 5., überarb. Auflage. 1.200 Seiten. 39,90 Euro.
- *Aufbau, Inhalt (Auswahlkapitel):* Grundlagen der Entwicklungspsychologie; Entwicklung in einzelnen Lebensabschnitten; Entwicklung einzelner Funktionsbereiche; Entwicklungspsychologie in der Praxis; Methoden der Entwicklungspsychologie.
- *Vorteile:* Vollständig überarbeitete Auflage; Umfassender Überblick und Einführung in die Entwicklungspsychologie; Stark didaktisch aufbereitet durch Merksätze, Zusammenfassungen und Beispiele, eine übersichtliche Gliederung; Auflockernde Cartoons und Fotos; Namhafte Autor/innen.
- *Nachteile:* --
- *Bewertung:* ***

Roth, Leo (Hrsg.): Pädagogik. Ein Handbuch für Studium und Praxis

- *Bibliografische Angaben:* Oldenbourg, München 2001. 2., überarb. und erw. Auflage. 1.300 Seiten. 92,00 Euro.
- *Aufbau, Inhalt (Auswahlkapitel):* Insgesamt mehr als 80 Beiträge zu allen wichtigen Themen; Teile: Grundlagen pädagogischen Handels; Institutionen der Erziehung und Bildung; Erziehung und Unterricht; Tätigkeitsfelder der Pädagogik.
- *Vorteile:* Kompakte Grundlagenartikel; Einschlägig bekannte Autor/innen; Einzelne Beiträge umfassend und kompakt zugleich; Querverweise zwischen den einzelnen Beiträgen; Sach- und Personenregister; Gutes Preis-Leistungs-Verhältnis.
- *Nachteile:* Einige Beiträge nicht mehr auf dem neuesten Stand (z.B. »Sprache im Unterricht«).
- *Bewertung:* **

3. Schulpädagogik / Allgemeine Didaktik

Apel, Hans Jürgen/Sacher, Werner: Studienbuch Schulpädagogik

- *Bibliografische Angaben:* Klinkhardt, Bad Heilbrunn 2002. 398 Seiten. 19,80 Euro.
- *Aufbau, Inhalt (Auswahlkapitel):* Sammelband mit insgesamt 13 thematischen Beiträgen; 4 Hauptkapitel (Theorie der Schule; Theorie des Unterrichts; Planung und Analyse von Unterricht; Bildung, Erziehung, Förderung und Beratung).
- *Vorteile:* Einige Beiträge geben sehr guten Überblick (z.B. Kapitel 3).
- *Nachteile:* Viel Text, wenig Veranschaulichung.
- *Bewertung:* **

Arnold, Rolf/Petzold, Henning: Schulpädagogik kompakt. Prüfungswissen auf den Punkt gebracht

- *Bibliografische Angaben:* Cornelsen, Berlin 2002. 208 Seiten. 12,95 Euro.
- *Aufbau, Inhalt (Auswahlkapitel):* Ungewöhnlich aufgemachtes Buch z.B. zur Prüfungsvorbereitung; 100 wichtige Prüfungsfragen auf je zwei Seiten.
- *Vorteile:* Als ergänzender Einstieg gut geeignet; Viele Grafiken; Aktuelle Literaturangaben.
- *Nachteile:* Teilweise recht holzschnittartige Darstellungen.
- *Bewertung:* **

Bovet, Gislinde/Huwendiek, Volker (Hrsg.): Leitfaden Schulpraxis. Pädagogik und Psychologie für den Lehrberuf

- *Bibliografische Angaben:* Cornelsen, Berlin 2000. 3., erw. und bearb. Auflage. 520 Seiten. 26,90 Euro.

- *Aufbau, Inhalt (Auswahlkapitel):* Sammelband mit insgesamt 24 Beiträgen zu den Themenfeldern: Unterricht; Lernen; Beurteilen und beraten; Interaktion; Entwicklung und Erziehung; Schule und Gesellschaft.
- *Vorteile:* Kompakte Grundlagenartikel; Einzelne Beiträge umfassend und kompakt zugleich; Querverweise zwischen den einzelnen Beiträgen; Sachregister am Ende; Schlagwörter in der Randspalte.
- *Nachteile:* Relativ einseitig gymnasial geprägt; Großes Qualitätsgefälle zwischen den einzelnen Beiträgen.
- *Bewertung:* *

Glöckel, Hans: Vom Unterricht
- *Bibliografische Angaben:* Klinkhardt, Bad Heilbrunn 2003. 4., ergänzte Auflage. 366 Seiten. 20,00 Euro.
- *Aufbau, Inhalt (Auswahlkapitel):* Insgesamt sieben thematische Kapitel (u.a. Formen des Unterrichts, Lehrplan, Unterrichtsgrundsätze).
- *Vorteile:* Umfassendes Studienbuch; Mit Sachregister und Literaturverzeichnis.
- *Nachteile:* Nicht so zielgruppenspezifisch geschrieben; Wenige aktuelle Literatur eingearbeitet; Wenige Hintergrundinformationen; Wenige Veranschaulichungen.
- *Bewertung:* **

Gonschorek, Gernot/Schneider, Susanne: Einführung in die Schulpädagogik und die Unterrichtsplanung
- *Bibliografische Angaben:* Auer, Donauwörth 2000. 285 Seiten. 20,80 Euro.
- *Aufbau, Inhalt (Auswahlkapitel):* Insgesamt 13 thematische Kapitel; Schultheoretische Grundlagen; Die Schulpraxis.
- *Vorteile:* Umfassendes Studienbuch; Zielgruppenfreundlich geschrieben; Mit Stichwortverzeichnis und Literaturverzeichnis; Viele Hintergrundinformationen; Viele Veranschaulichungen.
- *Nachteile:* --
- *Bewertung:* ***

Jank, Werner/Meyer, Hilbert: Didaktische Modelle
- *Bibliografische Angaben:* Cornelsen, Berlin 2002. 5., überarb. Auflage. 399 Seiten. 19,50 Euro.
- *Aufbau, Inhalt (Auswahlkapitel):* Grundlegung; Didaktische Modelle; Orientierungshilfen (u.a. Ratschläge für Stundenentwürfe).
- *Vorteile:* Gut geschriebenes Studienbuch; Mit Namens- und Schlagwortregister; Viele Hintergrundinformationen; Viele Veranschaulichungen.
- *Nachteile:* --
- *Bewertung:* ***

Kiper, Hanna: Einführung in die Schulpädagogik
- *Bibliografische Angaben:* Beltz, Weinheim und Basel 2001. 176 Seiten. 13,00 Euro.
- *Aufbau, Inhalt (Auswahlkapitel):* Grundformen professionellen Handelns von Lehrerinnen und Lehrern; Theorie der Schule; Wege zur Erneuerung und Reform von Schulen; Das Bildungssystem in der Bundesrepublik Deutschland; Einführung in die Allgemeine Didaktik; Methoden des Lehrens und Lernens; Frauen und Geschlechterforschung in der Schulpädagogik.
- *Vorteile:* Umfassender Überblicksband; Zahlreiche aktuelle Literaturverweise; Gut zu lesen.
- *Nachteile:* Kein Sachregister und Personenregister.
- *Bewertung:* **

Kiper, Hanna/Meyer, Hilbert/Topsch, Wilhelm: Einführung in die Schulpädagogik

- *Bibliografische Angaben:* Cornelsen Scriptor, Berlin 2002. 208 Seiten. 12,95 Euro.
- *Aufbau, Inhalt (Auswahlkapitel):* Schulpädagogik studieren; Schultheorien; Das Schulsystem der BRD; Was ist Didaktik? Einzelne Didaktische Modelle und Theorien; Beobachten im Unterricht; Unterrichtsmethoden; Unterricht analysieren, planen und auswerten; Umgang mit Heterogenität.
- *Vorteile:* Kompakter Überblick; Ansprechend zu lesen; Auf aktuellem Stand; Weiterführende Literaturhinweise; Sach- und Personenregister.
- *Nachteile:* --
- *Bewertung:* ***

Klafki: Neue Studien zur Bildungstheorie und Didaktik

- *Bibliografische Angaben:* Beltz, Weinheim und Basel 1996. 5. Auflage. 327 Seiten. 22,90 Euro.
- *Aufbau, Inhalt (Auswahlkapitel):* Wichtige Aufsätze aus der Zeit zwischen 1975 und 1991.
- *Vorteile:* Guter Überblick zum Lebenswerk Klafkis und der Entwicklung von der Bildungstheoretischen zur kritisch-konstruktiven Didaktik.
- *Nachteile:* --
- *Bewertung:* **

Meyer, Hilbert: Schulpädagogik I: Für Anfänger

- *Bibliografische Angaben:* Cornelsen, Berlin 1997. 494 Seiten. 18,50 Euro.
- *Aufbau, Inhalt (Auswahlkapitel):* Was ist eine Schule? Die Menschen zuerst; Vom Nutzen der Theorie.
- *Vorteile:* Gut geschriebenes Studienbuch; Mit Namens- und Schlagwortregister; Viele Hintergrundinformationen; Viele Veranschaulichungen.
- *Nachteile:* Nicht als alleinige Einführung geeignet.
- *Bewertung:* **

Meyer, Hilbert: Unterrichtsmethoden. 2 Bände (Theorieband, Praxisband)

- *Bibliografische Angaben:* Cornelsen, Berlin 2002. 9. bzw. 10. Auflage. Zusammen 740 Seiten. 16,50 bzw. 19,95 Euro.
- *Aufbau, Inhalt (Auswahlkapitel):* Theorieband mit Kapiteln u.a. zu Ebenen methodischen Handelns; Praxisband u.a. zu Methodenpraxis, Unterrichtseinstieg, Frontalunterricht, Gruppenunterricht, Körpersprache.
- *Vorteile:* Umfassender Überblick; Sehr zielgruppenfreundlich geschrieben; Mit Sach- und Personalverzeichnis; Umfangreiches Literaturverzeichnis; Sehr hilfreiche »Didaktische Landkarten«; Viele Veranschaulichungen.
- *Nachteile:* --
- *Bewertung:* ***

Peterßen, Wilhelm: Handbuch Unterrichtsplanung. Grundfragen, Modelle, Stufen, Dimensionen

- *Bibliografische Angaben:* Oldenbourg, München 2000. 9., aktualisierte und überarb. Auflage. 460 Seiten. 24,90 Euro.
- *Aufbau, Inhalt (Auswahlkapitel):* Grundfragen der Unterrichtsplanung; Modelle; Planungsstufen.
- *Vorteile:* Theoretisch fundiert und praktischrelevant; Alle relevanten Planungsaspekte werden umfassend erläutert; Guter Überblick über Didaktische Modelle.
- *Nachteile:* Eher für Uni-Seminare als fürs Schulpraktikum geeignet.
- *Bewertung:* **

4. Lehrerberuf und Lehrerbildung

Bauer, Karl-Oswald/Kopka, Andreas/Brindt, Stefan: Pädagogische Professionalität und Lehrerarbeit. Eine qualitativ empirische Studie über professionelles Handeln und Bewusstsein

- *Bibliografische Angaben:* Juventa, Weinheim und München 1996. 256 Seiten. 19,50 Euro.
- *Aufbau, Inhalt (Auswahlkapitel):* Lehrerprofessionalität und Lehrerforschung; Methoden der Untersuchung; Professionelles Handeln und professionelles Bewusstsein; Fallstudien zur Typologie des professionellen pädagogischen Handelns; Zusammenfassung und Schlussfolgerungen.
- *Vorteile:* Interessante empirische Studie zum Thema; Sehr hilfreich, um einen Überblick zum (nicht mehr ganz aktuellen) Stand der Lehrerforschung zu bekommen; Vermittelt einen intensiven Eindruck von der konkreten Arbeit von Lehrerinnen und Lehrern.
- *Nachteile:* --
- *Bewertung:* **

Bernfeld, Siegfried: Sisyphos oder die Grenzen der Erziehung

- *Bibliografische Angaben:* Suhrkamp, Frankfurt a.M. 1994. 7. Auflage, Orig. 1925. 154 Seiten. 9,00 Euro.
- *Aufbau, Inhalt (Auswahlkapitel):* Von der Pädagogik; Voraussetzung und Funktion der Erziehung; Mittel, Wege und Möglichkeiten der Erziehung.
- *Vorteile:* Sehr provozierender Band.
- *Nachteile:* --
- Bewertung: ***

Combe, Arno/Helsper, Werner (Hrsg.): Pädagogische Professionalität. Untersuchungen zum Typus pädagogischen Handelns

- *Bibliografische Angaben:* Suhrkamp, Frankfurt a.M. 1996. 945 Seiten. 25,00 Euro.
- *Aufbau, Inhalt (Auswahlkapitel):* Allgemeine Zugänge zum Problem der Professionalität; Pädagogische Professionalität als Gegenstand Allgemeiner Pädagogik; Professionalisierungsprobleme in pädagogischen Handlungsfeldern (Schule, Sozialpädagogik, Erwachsenen- und Weiterbildung); Grenzübergänge: Ästhetik und Therapie; Kulturelle Transformationen: Deinstitutionalisierungs- und Enttraditionalisierungsprozesse.
- *Vorteile:* Einschlägiger Sammelband zum Thema; Fundierte und anspruchsvoll zu lesende Beiträge zur Frage pädagogischer Professionalität; Viele einschlägige Autor/innen; Mit jeweils weiterführender Literatur.
- *Nachteile:* --
- *Bewertung:* ***

Terhart, Ewald: Lehrerberuf und Lehrerbildung. Forschungsbefunde, Problemanalysen, Reformkonzepte

- *Bibliografische Angaben:* Beltz, Weinheim und Basel 2001. 246 Seiten. 22,00 Euro.
- *Aufbau, Inhalt (Auswahlkapitel):* Zentrale Aufsätze und Vorträge des Autors seit 1990; Lehrerberuf; Lehrerbildung; Der Autor war Vorsitzender der von der Kultusministerkonferenz eingesetzten Kommission zu den »Perspektiven der Lehrerbildung in Deutschland«.
- *Vorteile:* Guter Überblick über Geschichte und gegenwärtige Entwicklungen in den Diskussionen um Lehrerberuf und Lehrerbildung; Plädoyer für eine realistische Sicht auf den Lehrerberuf und für einen konsequenten Pragmatismus bei der Neugestaltung der Lehrerbildung.
- *Nachteile:* --
- *Bewertung:* ***

Terhart, Ewald (Hrsg.): Perspektiven der Lehrerbildung in Deutschland

- *Bibliografische Angaben:* Beltz, Weinheim und Basel 2000. 160 Seiten. 11,00 Euro.
- *Aufbau, Inhalt (Auswahlkapitel):* Abschlussbericht der Kommission Lehrerbildung der Kultusministerkonferenz mit einer Situationsanalyse und Perspektiven für eine zukunftsorientierte Lehrerbildung.
- *Vorteile:* Umfassender Überblick über aktuelle Diskussionen und Entwicklungen im Bereich der Lehrerbildung.
- *Nachteile:* --
- *Bewertung:* **

Ulich, Klaus: Beruf Lehrer/in. Arbeitsbelastungen, Beziehungskonflikte, Zufriedenheit

- *Bibliografische Angaben:* Beltz, Weinheim und Basel 1996. 248 Seiten. 24,00 Euro.
- *Aufbau, Inhalt (Auswahlkapitel):* Der Lehrer/innen-Beruf: Arbeit in der Schule; Berufsalltag I: Belastungen der Lehrer/innen; Berufsalltag II: Lehrer/innen im Spannungsfeld sozialer Beziehungen; Entlastung und Zufriedenheit im Beruf.
- *Vorteile:* Praxisnaher Überblick über die wichtigsten Aspekte der Lehrerforschung und der Professionstheorie; Mit umfangreichem Literaturverzeichnis.
- *Nachteile:* --
- *Bewertung:* ***

5. Unterricht / Schulpraktikum

Becker, Georg E.: Unterricht planen. Handlungsorientierte Didaktik Teil I

- *Bibliografische Angaben:* Beltz, Weinheim und Basel 2001. 8. Auflage. 250 Seiten. 18,90 Euro.
- *Aufbau, Inhalt (Auswahlkapitel):* Merkmale eines qualifizierten Unterrichts; Lerninhalte auswählen; Ziele sehen; Lehr-Lern-Strategien kombinieren; Den Stundenbeginn bewusst planen; Differenzierungsmöglichkeiten einplanen; Disziplinkonflikten vorbeugen; Unterrichtsentwürfe ausarbeiten.
- *Vorteile:* Sehr praxisnah; Konzentration auf zentrale Bereiche der Planung von Unterricht; Zahlreiche Ideen; Schülerzentrierter Ansatz; Sehr gut lesbar.
- *Nachteile:* --
- *Bewertung:* ***

Becker, Georg E.: Durchführung von Unterricht. Handlungsorientierte Didaktik Teil II

- *Bibliografische Angaben:* Beltz, Weinheim und Basel 1998. 8. Auflage. 298 Seiten. 19,90 Euro.
- *Aufbau, Inhalt (Auswahlkapitel):* Leitlinien für den Lehr-Lern-Prozess; Schülererwartungen; Förderliche Eigenschaften und Einstellungen des Lehrers; Leitlinien für den Umgang mit Schülern; Handlungskompetenz im Gesprächs-, Präsentations- und Anleitungsbereich; Politische Implikationen.
- *Vorteile:* Sehr praxisnah; Konzentration auf zentrale Bereiche des Unterrichtens; Zahlreiche Ideen; Schülerzentrierter Ansatz; Sehr gut lesbar.
- *Nachteile:* --
- *Bewertung:* ***

Grell, Monika und Jochen: Unterrichts-Rezepte

- *Bibliografische Angaben:* Beltz, Weinheim und Basel 2001. 4. Auflage. 328 Seiten. 14,00 Euro.
- *Aufbau, Inhalt (Auswahlkapitel):* Die Komplexität des Unterrichts und das Vorurteil gegen Rezepte; Die Tradition des Erarbeitungsmusters; Rezept für die Ausführung einer Unterrichtsstunde; Positive reziproke Affekte senden; Der informierende Unterrichtseinstieg; Erklären und Lehrervortrag.

- *Vorteile:* Klassiker zum Thema Unterricht; Unkonventionelles Buch mit großen Stärken; Argumente gegen das Erarbeitungsmuster im Unterricht; Sehr praxisnah; Zahlreiche Ideen.
- *Nachteile:* --
- *Bewertung:* ***

Peterßen, Wilhelm: Kleines Methoden-Lexikon
- *Bibliografische Angaben:* Oldenbourg, München 2001. 2., aktualisierte Auflage. 294 Seiten. 22,90 Euro.
- *Aufbau, Inhalt (Auswahlkapitel):* Kurze, praxisbezogene Beiträge zu mehr als 100 Methoden für alle Schulstufen; Jeweils mit Beispielen und Literaturhinweisen.
- *Vorteile:* Sehr kompakte Überblickbeiträge zu den einzelnen Methoden; Gute Mischung aus traditionellen und sehr modernen Methoden; Anschaulich und motivierend, Methodenvielfalt im Unterricht zu vergrößern; Bezug der Methoden zu den Zielen von Unterricht.
- *Nachteile:* --
- *Bewertung:* **

Wiechmann, Jürgen (Hrsg.): Zwölf Unterrichtsmethoden. Vielfalt für die Praxis
- *Bibliografische Angaben:* Beltz, Weinheim und Basel 2000. 2. Auflage. 174 Seiten. 19,90 Euro.
- *Aufbau, Inhalt (Auswahlkapitel):* Darstellung der zwölf wichtigsten Unterrichtsmethoden: Frontalunterricht, Direktes Unterrichten, Gruppenpuzzle, Stationenarbeit, Wochenplanarbeit, Pädagogisches Rollenspiel, Genetisch-dramaturgischer Unterricht, Entdeckendes Lernen, Fallstudie, Werkstattarbeit, Projektmethode, Selbstständiges Lernen; Zu jeder Methode kurze Einführung in den Entstehungshintergrund und das schulpädagogische Umfeld der Methode, zentrale Arbeitsschritte für die Planung und Gestaltung des Unterrichts.
- *Vorteile:* Sehr gelungener Überblickband; Sehr aktuell; Einschlägige Autor/innen; Gut geschrieben.
- *Nachteile:* --
- *Bewertung:* ***

Klippert, Heinz: Methoden-Training. Übungsbausteine für den Unterricht
- *Bibliografische Angaben:* Beltz, Weinheim und Basel 2002. 13. Auflage. 277 Seiten. 24,90 Euro.
- *Aufbau, Inhalt (Auswahlkapitel):* Warum ein verstärktes Methoden-Training wichtig ist; Nachdenken über Lernen – ein Propädeutikum; Methoden der Informationsbeschaffung und -erfassung; Methoden der Informationsverarbeitung und -aufbereitung; Methoden der Arbeits-, Zeit- und Lernplanung; Konsequenzen und Perspektiven für den Schulalltag.
- *Vorteile:* Vielfältige Anregungen für alle Fächer und alle Klassenstufen, vor allem für die Sekundarstufen I und II; 120 erprobte Übungsbausteine; Sehr praxisnah.
- *Nachteile:* --
- *Bewertung:* ***

Heidemann, Rudolf: Körpersprache im Unterricht. Ein praxisorientierter Ratgeber
- *Bibliografische Angaben:* Quelle & Meyer, Wiesbaden 1999. 6., durchgesehene Auflage. 215 Seiten. 19,50 Euro.
- *Aufbau, Inhalt (Auswahlkapitel):* Theoretische Grundlagen; Beobachtungskonzepte; Nichtverbales Lehrerverhalten in und vor der Klasse; Lehrersprache; Der Lehrer im Umgang mit der Klasse; Beobachtungs- bzw. Trainingsbögen.
- *Vorteile:* Fundiertes Trainingsprogramm; Gut lesbar; Viele Merkkästen; Viele Fotos zur Veranschaulichung; Sachregister; Sehr praxisnah.
- *Nachteile:* Titel etwas irreführend: Es geht längst nicht nur um Körpersprache vor der Klasse; Trainingsbögen wenig abwechslungsreich und teilweise unpräzise.
- *Bewertung:* **

5. Pädagogische Zeitschriften

Pädagogische, fachwissenschaftliche und fachdidaktische Zeitschriften gibt es fast wie Sand am Meer: Allgemeine schulpädagogische Zeitschriften, schulartbezogene, stufenbezogene oder fächerbezogene. Umso schwieriger, sich darin zurechtzufinden. Da Zeitschriften oft aktueller, vielseitiger und unterrichtspraktischer sind als Fachbücher, empfehlen wir Ihnen dringend, regelmäßig in einschlägigen Periodika zu stöbern (in der Unibibliothek, im Lehrerzimmer, im Internet) und einige auch zu abonnieren.

Doch was ist »einschlägig«? Das kommt vor allem auf die Schulstufe und Ihre Fächerkombination an. Empfehlenswert ist es auf jeden Fall, die führende deutsche pädagogische Zeitschrift, die »Pädagogik« (Beltz Verlag) zu kennen. Die »Pädagogik« behandelt jeweils einen schulpädagogischen Schwerpunktbereich und bietet dazu Unterrichtshilfen an. Interessant auch das aktuelle Magazin am Ende des Heftes und der Rezensionsteil.

Darüber hinaus sollten Sie Zeitschriften Ihrer jeweiligen Schulstufe kennen, so

- für die Primarstufe z.B. »Grundschule« (Westermann), »Die Grundschulzeitschrift« (Friedrich/Kallmeyer) oder »Praxis Grundschule« (Westermann),
- für die Sekundarstufe I z.B. »Praxis Schule 5–10« (Westermann) oder »Schulmagazin 5–10« (Ehrenwirth/Prögel).

Wer an Grundschulen, Haupt- und Sonderschulen arbeitet, dem kann die Zeitschrift »Lernchancen« (Friedrich-Verlag) helfen, leistungsschwächeren Kindern und Jugendlichen beim Lernen zu helfen.

Sehr hilfreich sind auch Zeitschriften für bestimmte Fächer, wie sie vor allem vom Friedrich-Verlag herausgegeben werden (www.friedrich-verlag.de).

Und schließlich bieten auch die Bundes- und Landeszeitschriften der Gewerkschaft Erziehung & Wissenschaft (GEW, s.u.) und der anderen Lehrerverbände (s.u.) nicht nur bildungspolitische und verbandspolitische Informationen, sondern zum Teil auch unterrichtspraktische Hilfen.

6. Die wichtigsten Verlagsadressen

1. Adressen der wichtigen pädagogischen Fachbuch- und Fachzeitschriften-Verlage

Die einschlägigen Verlage für pädagogische Fachliteratur bieten für Lehrer bestimmte Vergünstigungen, allerdings in aller Regel keine Freiexemplare.

Beltz Verlag
Werderstraße 10
69469 Weinheim
Tel.: 06201/6007-0
www.beltz.de
(Pädagogik, Kinder- und Jugendliteratur, Fachzeitschriften, führender deutscher pädagogischer Fachbuchverlag)

Cornelsen Scriptor Verlag
Krampasplatz 1
14199 Berlin
Tel.: 030/8977740
www.cornelsen.de
(Pädagogik, Didaktik, Fundgruben-Bücher für die einzelnen Fächer)

Friedrich Verlag
Im Brande 17
30926 Seelze
Tel.: 0511/400040
www.friedrich-verlag.de
(Pädagogische Fachzeitschriften)

Klinkhardt Verlag
Ramsauer Weg 5
83670 Bad Heilbrunn
Tel.: 08046/9304
www.klinkhardt.de
(Pädagogik und Didaktik)

Prögel Fachbuchhandlung
Rosenheimer Straße 145
81671 München
Tel.: 089/45051227
www.proegel.de
(Fachbücher und Fachzeitschriften)

2. Adressen der wichtigsten Schulbuch-Verlage

Alle Schulbuch-Verlage bieten für Lehrerinnen und Lehrer ermäßigte Prüfstücke oder sogar Freiexemplare, besonders von neu erschienenen Schulbüchern.

Auer Verlag
Heilig-Kreuz-Straße 16
86609 Donauwörth
Tel.: 0906/73240
www.auer-verlag.de
(Schulbücher, Pädagogik, Didaktik, Lernsoftware)

Cornelsen Verlag
Mecklenburgische Straße 53
14197 Berlin
Tel.: 030/897850
www.cornelsen.de
(Lehr- und Lernmittel für alle Schulstufen, Lernsoftware, Fachliteratur)

Diesterweg Verlag
Wächtersbacher Straße 69
60351 Frankfurt am Main
Tel.: 069/420810
www.diesterweg.de
(Schulbücher, Didaktik)

Klett Verlag
Rotebühlstraße 77
70178 Stuttgart
Tel.: 0711/66720
www.klett.de
(Schulbücher für alle Schulstufen, Unterrichtsmaterialien, Lernsoftware)

Oldenbourg Verlag
Rosenheimer Straße 145
81671 München
Tel.: 089/45051242
www.oldenbourg.de
(Schulbücher, Kopiervorlagen, Fachliteratur)

Schoenigh Verlag
Jühenplatz 1–3
33098 Paderborn
Tel.: 05251/1275
www.schoenigh.de
(Schulbücher für alle Schulstufen, Didaktik)

Schroedel Verlag
Hildesheimer Straße 202–206
30517 Hannover
Tel.: 0511/83880
www.schroedel.de
(Schulbücher für alle Schulstufen, Lernsoftware)

Westermann Verlag
Georg-Westermann-Allee 66
38104 Braunschweig
Tel.: 0531/7080
www.westermann.de
(Schulbücher für alle Schulstufen, Lernsoftware, Atlanten)

3. Adressen der wichtigsten Verlage für unterrichtspraktische Materialien

AOL Verlag
Waldstraße 18
77839 Lichtenau
Tel.: 07227/95880
www.aol-verlag.de
(Materialien für den offenen Unterricht in der Grundschule und der Sekundarstufe)

LÜK Westermann Lernspielverlag
Georg-Westermann-Allee 66
38104 Braunschweig
Tel.: 0531/708763
www.westermann.de
(LÜK-Kästen, Lernsoftware)

Mildenberger Verlag
Im Lehbühl 6
77652 Offenburg
Tel.: 0781/91700
www.mildenberger-verlag.de
(Lehr- und Arbeitsmittel, Schulbücher, Lernmedien)

Persen Verlag
Dorfstraße 14
21640 Horneburg
Tel.: 04163/814040
(Bergedorfer Kopiervorlagen und Klammerkarten)

Verlag an der Ruhr
Alexanderstraße 54
45472 Mülheim/Ruhr
Tel.: 0208/495040
www.verlagruhr.de
(Bietet umfangreiches Material für Freiarbeit und Projektarbeit in Primarstufe und Sekundarstufe, Aktionsmappen, Literaturkarteien zu Jugendbüchern und auch Ordnungssysteme für Freiarbeits-Materialien)

4. Adressen der größten Lehrerverbände

Es gibt in Deutschland eine große Zahl von Lehrerverbänden: Bildungsverbände, Fachverbände, Schulstufen-Verbände und andere. Hier die Adressen von fünf wichtigen Interessensverbänden für Lehrerinnen und Lehrer. Jeder Verband besitzt Landesverbände, die aufgrund der Bildungshoheit der Länder oft die zentrale Rolle in der Verbandsarbeit spielen. Und alle Verbände haben auf lokaler Ebene Gremien und Ansprechpartner, oft auch an der Universität oder Ihrer Praktikumsschule.

Gewerkschaft Erziehung & Wissenschaft (GEW)
Reifenberger Straße 21
60489 Frankfurt am Main
Tel.: 069/789730
www.gew.de
(Die GEW ist der größte deutsche Lehrerverband, versteht sich als Bildungsgewerkschaft für alle, die im Bildungssystem arbeiten, also auch Erzieher/innen, Unidozent/innen, Mitarbeiter/innen in der Weiterbildung u.a. Sie ist Mitgliedsgewerkschaft des DGB.)

Verband Bildung und Erziehung (VBE)
Dreizehnmorgenweg 36
53175 Bonn
Tel.: 0228/959930
www.vbe.de
(Der VBE ist vor allem Interessensverband für Lehrer/innen an Grund- und Hauptschulen und Mitglied des Deutschen Beamtenbundes.)

Philologenverband (DPhV)
Bahnhofsweg 8
82008 Unterhaching
Tel.: 089/6251619
www.dphv.de
(Der DPhV ist Mitglied im Deutschen Beamtenbund und vertritt vor allem Lehrer/innen an Gymnasien.)

Verband Deutscher Realschullehrer (VDR)
Dachauer Straße 44 B
80335 München
Tel.: 089/553876
www.vdr-bund.de
(Der VDR vertritt vor allem die Lehrer/innen an Realschulen und ist Mitglied im Deutschen Beamtenbund.)

Verband Deutscher Sonderschulen e.V. (VDS)
Ohmstraße 7
97076 Würzburg
Tel.: 0931/24020
www.vds-bundesverband.de
(Der VDS vertritt Lehrer/innen an Sonderschulen bzw. Mitarbeiter von Einrichtungen für behinderte und benachteiligte Kinder und Jugendliche.)

7. Die wichtigsten Rechtschreibregeln

1.

ss – ß: Auf kurzen Vokal folgt ss: Fass, Erstklässlerin, Kuss. Auf langen Vokal oder Diphthong ß, wenn im Wortstamm kein Konsonant mehr folgt: Straße, heiß …

2.

Nach betontem kurzen Vokal wird ein Konsonant verdoppelt: nummerieren, Ass, Tipp …

3.

Man schreibt getrennt:

– Verbindungen mit sein:	pleite sein
– Verbindungen von Verb und Verb:	kennen lernen
– Verb und Partizip:	gesagt haben, lächelnd einschlafen
– Verb und Substantiv:	Rad fahren
– meist Verb und Adverb:	beiseite legen
– Verb und Adjektiv auf -ig, -isch, -lich:	lästig fallen
– meist Verb und Adjektiv:	gut lesen

4.

Man schreibt groß:

- Substantive
- Substantivierungen
- Ableitungen: Trimm-dich-Pfad, Leid tun, das Dutzend, im Deutschen, Orff'sches Instrumentarium, Schweizer Käse

5.

Man schreibt wie die Verwandtschaft: Stange/Stängel ...

6.

Man schreibt alle Buchstaben, die zusammentreffen: Schifffahrt, Rohheit ...

7.

Man schreibt du, dir, dein, euer ... in Briefen klein.

8.
Viele Fremdwörter werden eingedeutscht:
- -fon/-fot/-graf schreibt man mit f: Grafologe ...
- viele französische Fremdwörter schreibt man, wie man sie hört: Schikoree ...

9.
Weniger Kommas:
- vor »und« und »oder« steht oft kein Komma mehr
- vor erweitertem Infinitiv mit »u« meistens kein Komma mehr: Ich brauche nicht viel um glücklich zu sein

10.
Trenne nach Sprechsilben: Fens-ter, Bä-cker, A-bend ...

Weiterführende Literatur

Beuschel-Menze, Hertha/Menze, Frohmut: Die neue Rechtschreibung. Wörter und Regeln leicht gelernt. rororo Sachbuch, Reinbek 2000.

Anhang

Trainingsbausteine

Trainingsbausteine: Übersicht

Trainingsbaustein 1

Warum möchte ich Lehrer/in werden? Eine Selbsterkundung

1. Berufswahlmotive

Welche der folgenden möglichen Motive zur Berufswahl »Lehrer/in« sind für Sie wichtig oder nicht so wichtig?

	wichtig	geht so	unwichtig
Ich möchte Wissen vermitteln.			
Ich habe ein Interesse daran, Schüler/innen etwas beizubringen.			
Ich möchte mit Kindern bzw. Jugendlichen arbeiten.			
Ich möchte für die Zukunft etwas bewirken.			
Ich möchte einen krisensicheren Beruf haben.			
Ich möchte relativ viel Urlaub/Ferien haben.			
Ich möchte einen Beruf mit guter Bezahlung.			
Ich möchte es besser machen als meine eigenen Lehrer/innen.			
Ich möchte meine eigenen positiven Schulerfahrungen weitertragen.			
Ich wurde für einen anderen Studiengang nicht zugelassen.			
Mir fiel nichts Besseres ein.			
Ich glaube, dass ich für den Beruf gut geeignet bin.			
Ich möchte im Beruf meine kommunikativen Fähigkeiten einbringen.			
Ich möchte im Beruf meine organisatorischen Fähigkeiten einbringen.			
Ich möchte einen relativ lockeren Job machen.			
Ich möchte im Beruf meine Fähigkeiten, Konflikte zu lösen, einbringen.			
Ich möchte mit Menschen zu tun haben.			
Ich möchte eigene Erfahrungen vermitteln.			
Ich möchte die Welt verbessern.			
Ich möchte relativ selbstständig/autonom arbeiten.			
Ich möchte eine möglichst freie Zeiteinteilung haben.			
Ich möchte von den Schüler/innen gemocht werden.			

	wichtig	geht so	unwichtig
Ich mag Kinder und Jugendliche.			
Ich möchte nicht alleine arbeiten.			
Ich möchte eine abwechslungsreiche Tätigkeit ausüben.			
Ich möchte einen relativ sicheren Arbeitsplatz haben.			
Ich möchte einen Beruf haben, in dem ich mich weiterentwickeln kann.			

2. Meine Kompetenzen für den Beruf

	ja	geht so	nein
Ich kenne mich in meinen Fächern aus.			
Ich habe häufig gute Ideen und bin kreativ.			
Ich habe Erfahrung beim Umgang mit Kindern und Jugendlichen.			
Ich kann andere Menschen von meinen Plänen überzeugen und begeistern.			
Ich bin aufgeschlossen und kontaktfreudig.			
Ich habe auch in schwierigen Situationen Humor.			
Ich kann auch in hektischen Situationen Ruhe bewahren.			
Ich kann auch einmal Fünfe gerade sein lassen.			

3. Meine Befürchtungen und Zweifel

Welche Befürchtungen, Zweifel oder Unsicherheiten haben Sie gegenwärtig bezüglich Ihres Berufszieles? Ich befürchte

	ja	geht so	nein
... zu geringes pädagogisches Interesse.			
... schlechte Arbeitssituation.			
... geringes öffentliches Ansehen.			
... zu geringes fachliches Interesse.			
... allgemeine persönliche Eignung.			
... Gefahr der persönlichen Deformation.			
... Realisierungsschwierigkeiten von gesellschaftlichen, pädagogischen oder fachlichen Ansprüchen.			
... geringe erzieherische oder fachliche Wirksamkeit.			

4. Was Lehrer/innen tun: Ist das für Sie interessant und attraktiv?

Stellen Sie sich vor, Sie sind Lehrer/in. Wie interessant und attraktiv sind Ihnen die folgenden Fähigkeiten?

	ja	geht so	nein
A: Unterrichten			
Sich abwechslungsreiche Stunden überlegen.			
Übungsaufgaben ausdenken.			
Schwierige Themen für Schüler/innen aufbereiten.			
Den Schüler/innen einen Sachverhalt erklären.			
Materialien für den Unterricht besorgen.			
Schüler/innen bei der Einzel- oder Gruppenarbeit betreuen.			
Zurückliegende Sachverhalte wiederholen.			
B: Erziehen			
Mich in der Pause mit Schüler/innen unterhalten.			
Mit meiner Klasse einen Lehrgang machen.			
Konflikte zwischen Schüler/innen klären.			
Die Schüler/innen bei der Unterrichtsplanung und -durchführung mitentscheiden lassen.			
Vorbild sein.			
Mich in Problemschüler/innen hineinversetzen.			
Begabten Schüler/innen zusätzliche Anregungen bieten.			
Kinder mit Migrationshintergrund in die Klasse integrieren.			
Andere Kulturkreise kennen lernen.			
C: Leistungen und Verhalten kontrollieren und beurteilen			
Schüler/innen für richtiges Verhalten loben.			
Schüler/innen für falsches Verhalten ermahnen oder bestrafen.			
Darauf achten, dass alle Schüler/innen im Unterricht mitarbeiten.			
Mündliche Schülerleistungen bewerten.			
Schriftliche Schülerleistungen bewerten.			
Zeugnisnoten geben.			
Über Versetzung oder Nichtversetzung entscheiden.			

	ja	geht so	nein
D: Mit Eltern und Kolleg/innen zusammenarbeiten			
Mit Eltern Erziehungsfragen besprechen.			
Im Elterngespräch Stärken und Schwächen einer Schülerin/eines Schülers darlegen.			
Auf einem Elternabend moderne Unterrichtsmethoden vorstellen.			
Eltern in den Unterricht einbeziehen.			
Sich mit Kolleg/innen über fachliche Fragen austauschen.			
Mit Kolleg/innen über eine schwierige Klasse sprechen.			
Kolleg/innen oder die Schulleitung um Hilfe bei einem Problem bitten.			
Mit der Schulleitung und den Kolleg/innen ein Schulprofil entwickeln.			
E: Sich fortbilden			
Pädagogische Fortbildungskurse besuchen.			
Moderne Unterrichtsmethoden erlernen.			
Fachbücher und Fachzeitschriften zu meinen Fächern lesen.			
Die Gemeinde oder den Stadtteil meiner Schule intensiv kennen lernen.			
Mich über das Weltgeschehen auf dem Laufenden halten.			

Trainingsbaustein 2

Geschichte der Pädagogik – Zum Knobeln

Hier finden Sie insgesamt jeweils zehn Namen berühmter Pädagog/innen, zehn Lebensdaten, zehn pädagogische Konzepte und zehn Zitate.

Wenn Sie diese richtig zuordnen und chronologisch (nach Geburtsdatum) aufreihen, ergibt sich ein Zitat von Friedrich Fröbel.

Johann Friedrich Herbart	I	1712–1778	H	Mensch muss nach seiner Natur erzogen werden	U	»Erziehung ist Beispiel und Liebe – sonst nichts«	N
Jan Amos Comenius	E	1778–1841	S	Zukunftsschule als Gesamtschule und Arbeitsschule	I	»Hilf mir, es selbst zu tun!«	S
Peter Petersen	O	1592–1670	R	»Wohnstube« als Keimzelle von Gesellschaft und Erziehung	B	»ubi omnes, omnia, omnino doceantur«	I
Johann Heinrich Pestalozzi	O	1782–1852	L	Schulen als »Menschenwerkstätten«	Z	»Der Mensch ist von Natur aus gut«	N
Jean-Jaques Rousseau	E	1870–1952	E	Inbegriff des Erziehungsprozesses ist das Spiel	U	»Weg mit den Lehrbüchern in der Schule!«	H
Maria Montessori	B	1746–1827	=	Erziehender Unterricht	P	»Wie kultiviere ich die Freiheit bei dem Zwange?«	I
Ellen Key	D	1896–1966	I	Jedes Kind trägt einen von einem Schöpfergott gegebenen eigenen Bauplan in sich	.	»Freiheit für das Kind.«	E
Hartmut von Hentig	T	1884–1952	N	Freier Ausdruck	C	»Kopf, Herz und Hand«	E
Friedrich Fröbel	E	*1925	S	Laborschule Bielefeld, Schule als »polis«		»Mit dem Versagen des Jahrgangsklassensystems hängt eng zusammen die Tatsache, dass rund seit 1900 die Einrichtung von ›Hilfsschulen‹ nötig wird«	T
Céléstin Freinet	N	1849–1926	L	Jena-Plan-Schule	S	»Die Sachen klären, die Menschen stärken«	!

Die Lösung finden Sie auf Seite 229.

Trainingsbaustein 3

Seminar-Mitschrift: Deckblatt

Fach: ______ Semester: ______ Veranstaltung: ________ Dozent/in: _______

Datum: _________________ Sitzungs-Nr.: ____________

Thema der Sitzung: ____

Schlagwörter: ____

Gliederung

Wichtigste Aspekte (Text oder Bild)

Wichtige Literatur

Nachzuarbeiten

Trainingsbaustein 4

Seminar-Mitschrift

Sitzungs-Nr.: ________________	**Thema der Sitzung:** ________________________________	
Notizen	**Literatur**	**Anmerkungen**

Trainingsbaustein 5

Checkliste: Ein Referat halten

Vortrag	✓
Passt der Inhalt des Vortrages zur Themenstellung?	
Hat der Vortrag eine Einleitung?	
Hat der Vortrag einen Hauptteil?	
Gibt es eine abschließende Zusammenfassung?	
Habe ich das Manuskript getippt (mind. 12 Punkt mit Zeilenabstand 1,5) oder auf Karten mit Stichwörtern geschrieben?	
Habe ich provokante Fragen/Thesen zur Anregung einer Diskussion formuliert?	
Wie gliedere ich die Diskussion in einzelne Teilthemen oder Aspekte?	
Wie schließe ich die Diskussion ab?	
Habe ich einen Probevortrag gehalten?	
Wie lange dauert er? Entspricht das etwa dem gegebenen Zeitrahmen?	
Wenn nein, welche Teile des Referats könnte ich gfs. abkürzen oder ganz weglassen?	
Wenn die Teilnehmerinnen mit einbezogen werden:	
Wie formuliere ich die Arbeitsaufträge?	
Wie erfolgt die Gruppeneinteilung?	
Sind die Arbeitsmaterialien in ausreichender Anzahl vorhanden?	
Hilfsmittel	
Ist der geplante Medieneinsatz sinnvoll?	
Folie mit Gliederung des Vortrags?	
Visualisierung: Folien mit längeren Zitaten/Schaubildern/o.ä.	
Sind die eingeplanten technischen Geräte (Overhead-Projektor/Laptop/ ...) vorhanden oder müssen sie vorbestellt/organisiert werden?	
Funktionieren die technischen Geräte (Overhead-Projektor/Laptop/ ...)?	
Thesenpapier	
Ist es auf die Gliederung des Vortrags abgestimmt?	
Ist es kurz und prägnant aber verständlich formuliert?	
Ist eine Kopfzeile mit Name, Thema, Datum vorhanden?	
Habe ich Literaturangaben gemacht?	
In ausreichender Anzahl kopiert?	
Thesenpapier	
Und sonst noch?	

Trainingsbaustein 6

Checkliste: Eine Hausarbeit verfassen

Zum Inhalt	✓	**Anmerkung**
Ist das angegebene Thema inhaltlich treffend und stilistisch ansprechend zugleich?		
Ist alles, was geplant war und für die Erörterung des Themas wichtig ist, in die Arbeit aufgenommen?		
Stimmen die Gliederungspunkte und die Zwischenüberschriften?		
Gibt es Wiederholungen? Gedankensprünge? Widersprüche?		
Zum Stil		
Sind die Formulierungen klar und stilistisch in Ordnung?		
Vermeidet der Text unpräzise Formulierungen?		
Gibt es zu jedem Unterkapitel einen Einleitungssatz und eine kurze Zusammenfassung?		
Vermeidet der Text Endlossätze?		
Zu Konventionen wissenschaftlichen Arbeitens		
Haben Sie sich auf die mit der Dozentin vereinbarte Literatur bezogen?		
Sind alle Zitate korrekt markiert und vollständig mit genauer Seitenangabe nachgewiesen (Anmerkung/Fußnote)? (Fußnote = Anmerkung am Fuß einer Seite)		
Sind alle paraphrasierenden und hinweisenden Bezugnahmen auf die Literatur korrekt nachgewiesen?		
Ist alle benutzte Literatur ordnungsgemäß erfasst? Ist zu jedem Zitat der Beleg im Literaturverzeichnis aufgeführt?		
Kommt jeder Titel des Literaturverzeichnisses im Text vor?		
Zur äußeren Form		
Sind alle Anmerkungen/Fußnoten nach demselben Schema gestaltet?		
Enthält das Deckblatt alle notwendigen Angaben?		
Stimmt die Seitenzählung?		

Trainingsbaustein 7

Ein Literaturverzeichnis verbessern

AUFGABE:
Im Literaturverzeichnis haben sich fünf formale Fehler eingeschlichen. Finden Sie alle?

Das Burnout-Syndrom bei Lehrer/innen

Unter Syndrom wird allgemein »eine als typisches Krankheitsbild in Erscheinung tretende Gruppe von Symptomen« (Brockhaus 1998, S. 445) bezeichnet. Ausgehend von der Wortbedeutung ist der amerikanische Ausdruck Burnout mit der deutschen Bezeichnung »Ausbrennen« zu übersetzen. Er ist dem technischen Sprachgebrauch entlehnt, wo er für die Bezeichnung von Vorgängen wie dem Durchbrennen einer Sicherung verwendet wird. Wie vielleicht zu vermuten wäre, stammt er folglich ursprünglich nicht aus dem Bereich der Psychologie. Erst 1974, als der amerikanische Psychoanalytiker H. J. Freudenberger die berufliche Belastung von ehrenamtlichen Mitarbeitern alternativer Selbsthilfe- und Kriseninterventionseinrichtungen mit Burnout betitelte (vgl. Freudenberger 1974, S.159-165), hat sich nach und nach die heute weit verbreitete psychologische Dimension des Begriffs entwickelt. Bereits zwei Jahre später sind erste Forschungen auf diesem Gebiet durchgeführt worden. Von Barth, aber auch von zahlreichen anderen Autoren wird hier z.B. die Sozialpsychologin C. Maslach und ihre Gruppe an der Berkeley Universität in Kalifornien genannt (vgl. Barth 2001, S. 70). Sie hat durch ihre Definition des Burnout-Begriffs sowie der Entwicklung eines Messinstruments (Maslach Burnout Inventory, kurz MBI) die Forschung stark beeinflusst. 1987 ist der Begriff schließlich durch einen Artikel von Schönpflug in die Enzyklopädie der Psychologie aufgenommen worden (vgl. Schönpflug 1987). In Deutschland haben verschiedene Publikationen zu Beginn der 1980er Jahre (zusammenfassend Barth 1992) der Diskussion um das Burnout einen entscheidenden Impuls gegeben. Seitdem ist »das Ausbrennen als eine Gefahr der Sozialberufe« (Barth 1992, S.16) auch hierzulande ein viel diskutiertes Thema, wie zahlreiche Veröffentlichungen und Untersuchungen zeigen. Die erste systematische Studie zum Thema Burnout bei Lehrkräften in Deutschland ist von Anne-Rose Barth durchgeführt worden. Im Zeitraum von 1988-1990 sind dafür über 120 Grund- und Hauptschullehrer untersucht worden (vgl. Barth 1992).

Literaturverzeichnis

Barth, Anne Rose (2001): Burnout bei Lehrern. In: Rost, Detlef H. (Hrsg.): Handwörterbuch Pädagogische Psychologie. Weinheim: Psychologie Verlags Union. 2., überarbeitete Auflage, S. 50-54

Barth, Anne-Rose (1993): Burnout bei Lehrern. Theoretische Aspekte und Ergebnisse einer Untersuchung. Göttingen: Hogrefe.

Brockhaus 1998, S. 445

Freudenberger (1974), H. J.: Staff-Burn-Out. In: Journal of Social Issues 30, 1, S. 159-165.

Die Lösung finden Sie auf Seite 229.

Trainingsbaustein 8

Rückmeldung des Dozenten zu meiner Hausarbeit

Seminar: ______________________________ WS / SS ________ Sem: ______________

Abgabe der Hausarbeit an den Dozenten: __________ Besprechung am: ______________

Thema der Hausarbeit: ____

____

Was war gut? ____

____

Was ist zu verbessern? ____

____

Was fehlt? ____

____

Einzelne Aspekte der Hausarbeit

Kapitel	**+ / O / –**	**Bemerkungen, Notizen**
Deckblatt		
Gliederung		
1. Kapitel		
2. Kapitel		
3. Kapitel		
4. Kapitel		
5. Kapitel		
6. Kapitel		
Literaturverzeichnis		

Gesamt-Urteil: ____

____

Überarbeitungen nötig? ja / nein Wenn ja, welche?

Schein erhalten? ja / nein **Note:** ______________

Weitere Anmerkungen: ____

Trainingsbaustein 9

Vorbesprechung eines Referats/einer Hausarbeit mit dem/der Dozent/in

(In die Kästen entweder die eigenen Vorschläge oder, falls diese extern vorliegen, die Anregungen der Dozentin/des Dozenten eintragen)

Themenvorschlag

Titelvorschlag

Vorgeschlagene Literatur

Gliederungsvorschlag

Weitere Notizen / Anmerkungen

Zeitplan

Trainingsbaustein 10

Mein Lernstil-Check

Ich verstehe/behalte etwas besonders gut,	trifft zu	geht so	trifft nicht zu
Darbietung des Stoffes			
... wenn ich etwas darüber lese.			
... wenn ich etwas lese und es dann zusammenfasse.			
... wenn ich die Sache jemandem erkläre/erzähle.			
... wenn eine Lehrperson vorträgt und ich nur zuhöre.			
... wenn eine Lehrperson vorträgt und ich mitschreibe.			
... wenn ich ein Beispiel zu der Sache kenne.			
... wenn ich das Gelesene in einem Schaubild darstelle.			
... wenn das Gelesene mit einer Grafik veranschaulicht wird.			
... wenn etwas humorvoll formuliert ist.			
... wenn ich selbst Erlebnisse mit dem Thema verknüpfen kann.			
Umfeld			
... wenn ich allein im Raum bin.			
... wenn ich mit anderen Lernenden zusammen bin.			
... wenn ich von fremden Menschen umgeben bin (Café o.ä.).			
... wenn Musik läuft.			
... wenn mich kein Geräusch ablenkt.			
... wenn ich mich bewegen kann.			
... wenn ich etwas gegessen habe.			
... wenn ich nebenher esse/trinke.			
... wenn mir der Raum gefällt.			
Innere Gestimmtheit			
... wenn ich gut gelaunt bin.			
... wenn ich mich unter Druck fühle.			
... wenn ich Angst habe.			
... wenn mich das Thema interessiert.			
... wenn das Thema geprüft wird.			
... wenn ich etwas freiwillig lerne.			
... wenn ich mit dem Wissen imponieren kann.			
... wenn ich einen Sinn in dem Lernstoff sehe.			
... wenn ich genau weiß, was ich lernen muss.			
... wenn der Lernstoff überschaubar ist.			
... wenn ich ...			
... wenn ich ...			
... wenn ...			

Trainingsbaustein 11

Wochenplan

... für die Vorbereitung von ______________________________

Datum	Aufgabe/Ziel	Datum	Aufgabe/Ziel
____. Woche		____. Woche	
1. Tag		1. Tag	
2. Tag		2. Tag	
3. Tag		3. Tag	
4. Tag		4. Tag	
5. Tag		5. Tag	
6. Tag		6. Tag	
7. Tag		7. Tag	

Trainingsbaustein 12

Prüfungs- und Lern-Check

Was kann ich schon, was muss ich noch?

	Thema	Das kann ich ...		
		schon gut	etwas	noch nicht

Trainingsbaustein 13

Zeitplan für die Erstellung einer Hausarbeit

Arbeitsschritte	**Notizen**	**Zu erledigen bis**	**Erledigt**
Sondieren/Wahl des Themas			
Literaturrecherche			
Auswertung (lesen, exzerpieren)			
Erstellung der Gliederung			
Rücksprache mit Dozent/in			
Textentwurf			
Überarbeitung			
Zeitpuffer!			
Abgabe der Arbeit			

Trainingsbaustein 14

Leitfaden für Lerngruppen I (1. Treffen)

10 Schritte zu einer funktionierenden Lerngruppe

Vorarbeiten

1. Zielklärung: Was soll gemeinsam gearbeitet werden?
2. Welche Teilthemen sind zu bearbeiten?
3. Zeitplan: In welchem Zeitraum sollen die Aufgaben bearbeitet werden?
4. Literaturbeschaffung
5. Organisation (Tag, Ort, Regelmäßigkeit): Wie häufig, wo und wann treffen wir uns?

Bei den Treffen

6. Arbeitsverteilung
7. Störungen bearbeiten
8. Genauer Arbeitsplan bis zur Prüfung
9. Festlegen einer Leitung für jedes Treffen?
10. Reflexion der Gruppenergebnisse in regelmäßigen Abständen: Wie liegen wir im Zeitplan? Bewährt sich unsere Vorgehensweise? Können wir etwas verbessern?

Erwartungen – Wie muss die Lerngruppe sein, damit die Arbeit etwas bringt?

Unsere Zielvereinbarungen für die Lerngruppe

Trainingsbaustein 15

Leitfaden für Lerngruppen II (für weitere Treffen)

Was haben wir heute vor?

____

____

Was haben wir gearbeitet?

____

Was war heute gut?

____

Was war nicht so gut?

____

Termin fürs nächste Treffen:

____

Ort:

____

Wer bereitet was bis zum nächsten Treffen vor?

____

____

Trainingsbaustein 16

Gliederung einer Hausarbeit verbessern

AUFGABE: Finden Sie die fünf Ungereimtheiten dieser Gliederung.

Sigrid Weiß-Viel
V. Semester
Lehramt für Realschulen

Gliederung für eine Hausarbeit zum Thema:

Zur Unterrichtsplanung im Sinne kritisch-konstruktiver Didaktik nach Wolfgang Klafki

I. Einleitung

II. Von der bildungstheoretischen zur kritisch-konstruktiven Didaktik – Wichtige Marksteine auf dem Weg zu Klafkis Erweiterung seiner didaktischen Theorie (1958, 1981, 1996)

III. Die Rolle der Unterrichtsplanung in Klafkis Konzept der kritisch-konstruktiven Didaktik

1. Formale und materiale Bildungstheorien
2. Klafkis Bildungsbegriff – »Kategoriale Bildung«
3. Epochaltypische Probleme
4. Diskussion des Klafki'schen Bildungskonzeptes

IV. Zusammenfassung und Perspektiven

V. Didaktische Analyse

VI. Literaturhinweise

Die Lösung finden Sie auf Seite 229.

Trainingsbaustein 17

In einem Hausarbeitstext Rechtschreibfehler finden

AUFGABE: In diesem Ausschnitt einer Hausarbeit zum Thema »Hortpädagogik in Deutschland« sind insgesamt (nach der neuen Rechtschreibung) zehn orthografische Fehler versteckt. Finden Sie alle?

Geschichtliche Entwicklung der Horte in Deutschland

Die Geschichte des Horts ist weniger als Entwicklung einer Erziehungs- und Betreuungseinrichtung zu verstehen, die aus pädagogischen Überlegungen heraus geboren wird, sondern ist bis heute mehr eine Notmaßnahme, eine Reaktion auf eine Missliche familiäre Situation. Den Entwicklungsstufen des Horts liegt immer die jeweilige soziale und materielle Situation der Familie und die Rolle der Frau in der Gesellschaft zugrunde.

Vorläufer des Horts sind die so genannten Kinderbeschäftigungsanstalten, die aufgrund der schlechten wirtschaftlichen Lage nach der Industrialisierung und der großen Armut vieler Familien eingeführt wurden. Kinderbeschäftigungsanstalten bedeutet nicht mehr als Kinderarbeit. Bis zu 12 Stunden am Tag arbeiteten die Kinder, teilweise schon vierjährige, in Heimarbeit zu Billiglöhnen. Man wollte so eine Verwahrlosung der Kinder vermeiden, »Zucht«, »Disziplin« und »Ordnung« lehren.

Ende des 18. und im 19. Jahrhundert wurden Arbeits- und Industrieschulen errichtet, die die Kinder mit Papp-, Stroh- und Holzarbeiten zu fleißigen, gehorsamen und ordentlichen Arbeitern erziehen sollten. Die Kinder sollten die wichtigsten Handfertigkeiten, aber vor allem Tugenden wie Ordnung, Pünktlichkeit und gute Sitten erlernen.

Der Name »Kinderhort« wird erstmals im Jahre 1872 verwendet, als Proffessor Xaver Schmidt-Schwarzenberg in Erlangen das Haus Sonnenblume eröffnet. Im Haus Sonnenblume sollten Knaben alles erhalten, was sie geistig, seelich und körperlich fördert.

Man kann davon ausgehen, dass hiermit eine neue Idee geboren wurde, die viele Hortvereinsgründungen nach sich zog. Vor allem in den Grossstädten kommt es zu einer schnellen Ausbreitung von Hortvereinen und Kinderhorten.

Ab diesem Zeitpunkt genoss der Hort ein größeres öffentliches Interesse. So fand 1911 die erste Deutsche Kinderhort Konferenz statt. Im gleichen Jahr wurde eine 1½– 2-jährige Ausbildung zur Hortnerin eingerichtet. 1912 ist das Jahr der Gründung des »Deutschen Kinderhortverbandes« und des »Zentralverbandes katholischer Kinderhorte«. Außerdem erscheint in diesem Jahr auch die erste Ausgabe der Zeitschrift »Der Kinderhort«.

Genau 10 Jahre später wird das »Reichsgesetz für Jugendwohlfahrt« erlassen, dass vorschreibt jedes deutsche Kind habe ein Recht auf Erziehung zur leiblichen, seelischen und gesellschaftlichen Tüchtigkeit. Die Machtübernahme durch die Nationalsozialisten stoppt jedoch jede weitere konzeptionelle Weiterentwicklung der Hortpädagogik, da Frauen, die ihre Kinder nicht selbst erziehen, nicht ins ideologische Weltbild passten.

Mit dem Entstehen zweier deutscher Staaten nach 1945 ergaben sich für den Hort zwei völlig unterschiedliche Aufgabenstellungen. Im Westen steht die »Förderung des Individualismus« im Fordergrund. Für die Erziehung der Kinder sollten nur die Familien zuständig sein. Horte gab es keine, für so genannte Sonderfälle war zum Beispiel die Jugendhilfe vorgesehen. Im Osten dagegen gab es außerschulische Bildungseinrichtungen, die ähnlich wie die Schulen die Erziehung der Kinder in demokratischen Sinne und frei von allen Rassen-, faschistischen, militärischen und anderen reaktionären Ideen und Tendenzen gestalten sollten. Der Hort erhält in der DDR die Aufgabe, Mütter für die sozialistische Aufbauarbeit freizustellen und die Kinder zum sozialistischen Menschen zu erziehen. Nach der Wende 1989 nimmt die Bereitstellung von Hortpläzen stetig zu. Während 1989 ca. 18.500 Hortplätze zur Verfügung standen, gibt es 2001 schon ca. 30500 Hortplätze in Deutschland.

Die Lösung finden Sie auf Seite 229.

Trainingsbaustein 18

Einen wissenschaftlichen Text bearbeiten

Lesekompetenz in der PISA-Studie

Der internationale Bildungsvergleich PISA hat insbesondere die Lesekompetenz der 15-jährigen Schülerinnen und Schüler verglichen. Grundlage ist eine international anerkannte Definition von Lesekompetenz, die auch die Anforderungen verdeutlichen kann, die für ein erfolgreiches Studium notwendig sind. Erforderlich ist die höchste Kompetenzstufe (Stufe V), d. h. die Fähigkeit zur flexiblen Nutzung unvertrauter, komplexer Texte, auch wenn diese Elemente enthalten, die in starkem Widerspruch zu den eigenen Erwartungen stehen.

1. Was versteht PISA unter Lesekompetenz

Lesekompetenz ist mehr als einfach nur lesen zu können. Unter Lesekompetenz versteht PISA die Fähigkeit, geschriebene Texte unterschiedlicher Art in ihren Aussagen, ihren Absichten und ihrer formalen Struktur zu verstehen und in einen größeren Zusammenhang einzuordnen, sowie in der Lage zu sein, Texte für verschiedene Zwecke sachgerecht zu nutzen. Nach diesem Verständnis ist Lesekompetenz nicht nur ein wichtiges Hilfsmittel für das Erreichen persönlicher Ziele, sondern eine Bedingung für die Weiterentwicklung des eigenen Wissens und der eigenen Fähigkeiten – also jeder Art selbstständigen Lernens – und eine Voraussetzung für die Teilnahme am gesellschaftlichen Leben. Jugendliche und Erwachsene begegnen in ihrem privaten oder beruflichen Alltag und im öffentlichen Leben verschiedensten Arten von Texten. In PISA wurde deshalb eine große Bandbreite an Textsorten verwendet. Neben fortlaufend geschriebenen Texten (kontinuierliche Texte), wie zum Beispiel literarische Texte, Argumentationen oder Kommentare, werden dabei auch bildhafte Darstellungen wie Diagramme, Bilder, Karten, Tabellen oder Grafiken einbezogen (nichtkontinuierliche Texte). Um eine möglichst große Vielfalt von Anwendungen einzubeziehen, enthält der PISA-Test Texte, die für verschiedene Lesesituationen geschrieben wurden. Die Situationen unterscheiden sich zum Beispiel darin, ob das Lesen eines bestimmten Textes in der Regel eher privaten oder öffentlichen Zwecken, der beruflichen Weiterqualifikation oder dem allgemeinen Bildungsinteresse dient.

2. Lesekompetenzstufen

In PISA werden fünf Stufen der Lesekompetenz unterschieden. Diese beschreiben die Fähigkeit, Aufgaben unterschiedlicher Schwierigkeitsgrade lösen zu können. Der Schwierigkeitsgrad einer Aufgabe hängt unter anderem von der Komplexität des Textes ab, der Vertrautheit der Schülerinnen und Schüler mit dem Thema, der Deutlichkeit von Hinweisen auf die relevanten Informationen sowie der Anzahl und Auffälligkeit von Elementen, die von den relevanten Informationen ablenken könnten. Kompetenzstufe I bildet die niedrigste, Kompetenzstufe V die höchste Stufe. Schülerinnen und Schüler, die über Kompetenzstufe I nicht hinauskommen, können mit einfachen Texten umgehen, die ihnen in Inhalt und Form vertraut sind. Die zur Bewältigung der Leseaufgabe notwendige Information im Text muss deutlich erkennbar sein, und der Text darf nur wenige konkurrierende Elemente enthalten, die von der relevanten Information ablenken könnten. Es können nur offensichtliche Verbindungen zwischen dem Gelesenen und allgemein bekanntem Alltagswissen hergestellt werden. Kompetenzstufe I bezeichnet mithin lediglich elementare Lesefähigkeiten. Die Gruppe der Schülerinnen und Schüler mit Lese- und Verstehensfähigkeiten unter und auf Kompetenzstufe I wird nachfolgend als potenzielle Risikogruppe bezeichnet. Die Leistungen dieser Schülerinnen und Schüler im PISA-Test legen nahe, dass sie beim Übergang ins Berufsleben Probleme haben werden. Bei Schülerinnen und Schülern, die sich auf Kompetenzstufe V befinden, handelt es sich um Expertenleser, die auch komplexe, unvertraute und lange Texte für verschiedene Zwecke flexibel nutzen können. Sie sind in der Lage, solche Texte vollständig und detailliert zu verstehen. Dieses Verständnis schließt auch Elemente ein, die außerhalb des Hauptteils des Textes liegen und die in starkem Widerspruch zu den eigenen Erwartungen stehen. Die Bedeutung feiner sprachlicher Nuancen wird angemessen interpretiert. Diese Schülerinnen und Schüler sind in der Lage, das Gelesene in ihr Vorwissen aus verschiedenen Bereichen einzubetten und den Text auf dieser Grundlage kritisch zu bewerten.

Wie kann ich einen wissenschaftlichen Text lesen und bearbeiten – Zehn Schritte

1. Aktualisieren Sie eigenes Vorwissen zum Thema des Textes.
2. Vergegenwärtigen Sie sich die Textart (z.B. Lexikonartikel, Zusammenfassung, Forschungsbericht, Ergebnisse einer Studie, Traktat, Essay ...)
3. Stellen Sie Fragen an den Text.
4. Lesen Sie den Text einmal überfliegend, um die grobe Struktur des Textes zu erfassen.
5. Lesen Sie den Text ein zweites Mal (ohne Stift).
6. Erstellen Sie eine grobe Gliederung des Textes.
7. Lesen Sie den Text ein drittes Mal (mit Stift) und bearbeiten Sie ihn, z.B.:

Randmarkierungen	**Markierungen innerhalb des Textes**	**Randkommentare**
| wichtig	einkreisen	Th (These)
|| sehr wichtig	einkasteln	Arg (Argument)
! erstaunlich	unterstreichen	Def (Definition)
ϟ sehe ich anders	Wellenlinien	Log? (Logik) Widersprüche in der Argumentation
? fragwürdig	farbige Markierungen mit Buntstift, Leuchtmarker	Bsp (Beispiel)
+ gut		vgl. S.
– schlecht		
→ Verweis-Pfeil auf Seite oder Literatur		
↔ Gegenteil von		

8. Versuchen Sie, zentrale Inhalte des Textes grafisch darzustellen, z.B. als Mindmap oder Tabelle oder Schaubild.
9. Erstellen Sie ein kurzes oder ausführlicheres Exzerpt zum Text.
10. Sprechen Sie mit jemandem über den Text.

Lösungen

Trainings-baustein Nr.	Thema	Lösung bzw. Lösungsvorschläge
2	Geschichte der Pädagogik – Zum Knobeln	ERZIEHUNG = BEISPIEL UND LIEBE, SONST NICHTS!
7	Ein Literaturverzeichnis verbessern	Lösung: 1. Anne Rose statt Anne-Rose 2. 1993 statt 1992 3. Brockhaus unvollständig 4. Schönpflug 1987 fehlt 5. Bei Freudenberger Jahr vor Vornamen
16	Gliederung einer Hausarbeit verbessern	– II zu lang, Jahreszahlen weg – III falsche ÜS – IV und V vertauscht – V zu kurz – VI falsche ÜS (Literatur)
17	In einem Hausarbeitstext Rechtschreibfehler finden	Missliche (richtig: missliche), vierjährige (Vierjährige), Proffesor (Professor), seelich (seelisch), Grossstädten (Großstädten), 10 (zehn), dass (das) Fordergrund (Vordergrund), demokratischen (demokratischem), Hortpläze (Hortplätze)

Feedback-Bogen

Liebe Leserin, lieber Leser,

Sie haben sich das »Kursbuch Lehramtsstudium« gekauft oder ausgeliehen oder es geschenkt bekommen. Dieses Buch soll Ihnen Orientierung bieten in allen wichtigen Fragen Ihres Lehramtsstudiums. Aber nichts ist so gut, dass es nicht noch verbessert werden könnte. Deshalb bitten wir Sie um ein ehrliches und kurzes Urteil zu diesem Buch.

Jede Rückmeldung nimmt an der Verlosung teil, bei der jeweils zu Beginn des Wintersemesters fünfzehn Büchergutscheine des Beltz Verlages im Wert von je 30,– Euro sowie 20 Bücher aus der Reihe »Beltz Studium« verlost werden.

Kopieren Sie am besten diese Seite und senden Sie Ihre Rückmeldung an den Pädagogischen Fachverlag Beltz, »Kursbuch Lehramtsstudium«, Postfach 10 01 54, 69441 Weinheim. Die Gewinner werden schriftlich benachrichtigt. Der Rechtsweg ist ausgeschlossen.

1. Warum haben Sie das Buch gekauft? Was war für Sie kaufentscheidend?

____

____

2. Was finden Sie an diesem Buch gut bzw. hilfreich?

____

____

3. Was könnte man an diesem Buch verbessern? Zu welchen Themen Ihres Lehramtsstudiums wünschen Sie sich noch weitere Hinweise oder Materialien? Was ist überflüssig?

____

____

4. Wie bewerten Sie insgesamt die einzelnen Kapitel dieses Buches?

	Kapitel	**Bewertung (in Schulnoten)**	**Kommentar**
1	Lehrer werden		
2	Pädagogik kompakt		
3	Wissenschaftlich lernen und arbeiten		
4	Service		
5	Trainingsbausteine		

5. Möchten Sie sonst noch etwas loswerden?

____

____

6. Ich interessiere mich für weitere Bücher der Verlagsgruppe Beltz und bitte Sie, mich in Zukunft über Ihr Programm zu informieren.

☐ ja ☐ nein

Name, Vorname: ______________________________

Straße: ______________________________

Wohnort: ______________________________

Universität/Hochschule: ____________________ Studiengang: __________

Fächer: __________________ Semester: __________________